재영 저널리스트 권석하의
마지막 영국 이야기

유고집
재영 저널리스트 권석하의 마지막 영국 이야기

ⓒ 권석하

초판 1쇄 인쇄 2026년 3월 12일
초판 1쇄 발행 2026년 3월 17일

지은이 권석하
펴낸이 김영훈
감수 김학순
편집 김호경
디자인 문성미

펴낸곳 안나푸르나
출판신고 2012년 5월 11일
주소 경기도 고양시 덕양구 꽃내음 3길 33 B1
전화 070-4799-5150 **팩스** 0504-849-5150
전자우편 idealism@naver.com
ISBN 979-11-86559-98-7 (03910)

재영 저널리스트
권석하의

마지막
영국 이야기

유고집

권석하 지음

안나푸르나

권석하 님을 추모하며……

2025년 3월 31일 '처용수필' 단체 카톡방에 끔찍한 소식이 올라왔습니다.

'故 권석하 님께서 선종하셨기에 삼가 알려드립니다.'

본인이 알린 본인의 상喪이었습니다. 자세히 보니 서울 사는 아들이 아버지의 별세 소식을 카톡방을 통해 알렸던 것입니다. 부고 소식은 연합뉴스에서도 '40년 이상 유럽에 살며 영국을 소개하는 글을 써온 작가 권석하權錫夏 씨가 31일 오전 5시께 세상을 떠났다고. 권씨의 책을 여러 권 펴낸 출판사 안나푸르나 측이 전했다. 향년 74세.'라는 보도가 나오기도 했습니다. 생각해보면

산다는 게 별건가 싶어도 삼시세끼 챙기며 무탈한 하루 보내고 잠자리에 들고 일어나는 것은 기적 같은 일입니다. 그런데 뜻하지 않은 갑작스러운 죽음은 이 기적을 무너뜨리는 마른 하늘의 날벼락이었습니다.

권석하 님은 우리 문학회의 최초 해외 거주 회원입니다.

해외 문학기행의 큰길을 열어주었을 뿐 아니라 탁월한 글솜씨를 가진

해박한 지식인으로 '처용수필문학회'의 자랑이었습니다. 그와의 인연은 2004년 영국 문학기행에서 출발합니다.

런던을 기점으로 웨일스, 스코틀랜드, 잉글랜드까지 3,000㎞를 돌아오는 열흘의 대장정으로 '처용수필문학회'의 최초 해외 문학기행이었지요. 당시 권석하 님은 영국에서 여행사를 운영하고 있었는데 우리와 계약을 맺고 일정의 일부를 함께 하면서 처음 대면하였습니다.

지금 생각해도 함께했던 12명의 회원들 모두 해외 문학기행에는 정말 진심이었습니다. 윌리엄 셰익스피어를 시작으로 존 키츠, 바이런, 셸리, 예이츠, T.S. 엘리어트, 브론테 자매, 윌리엄 워즈워스 등 영국의 대표적인 작가들의 생애와 작품 세계를 회원 각자가 나누어 공부하고 토론했던 문학기행이었습니다. 문학공부를 그렇게 열심히 했던 적이 있었던가 싶을 정도였으니까요.

우리는 영국에 도착해서도 문학 토론을 이어갔습니다. 런던의 왕립공원인 하이드파크의 잔디밭에서 둘러앉아 공부하면서 "처용수필이 영국의 하이드학파가 되었다"며 뿌듯해하기도 했습니다. 그 자리에서 권석하 님은 "미국의 백 마일은 거리도 아니고, 영국의 백 년은 역사도 아니며, 한국의 백만 원은 돈도 아니다"라며 영국 역사와 문학의 깊이를 들려주기도 했습니다.

우리는 그의 유럽문화에 대한 해박한 지식과 경북 영주 닭실마을 출신의 선비다운 반듯한 인품에 반해 2004년에 발간한 〈처용수필〉 제11집의 특별 게스트로 초대하였고, 그는 '해외 떠돌이의 고향이야기'라는 초대 수필로 화답했습니다. 그리고 다음 해부터 '처용수필문학회'의 해외 거주 정식 회원이 되면서 회원 주소록에 영국 주소지가 들어가기 시작했습니다.

좋은 기억은 다시 좋은 추억을 꿈꾸는지도 모르겠습니다.

2004년 영국 문학기행에 이은 2005년 러시아 문학기행은 우리 문학회의 수필적 광기狂氣였고, 두고두고 자랑할 문학적 사치라고 하겠지요. 물론 러시아에서의 모든 일정 역시 당연 권석하 님의 주도로 이루어졌습니다.

출국 전 러시아 역사와 문학에 대해 100쪽 분량의 〈러시아문학기행자료집〉을 따로 발간하여 공부했습니다. 모스크바와 상트페테르부르크를 중심으로 고골, 고리키, 푸슈킨, 토스토예프스키, 톨스토이, 보리스 파스테르나크, 안톤 체호프 등의 러시아 대표 문인을 중심으로 일정을 잡고, 자작나무 숲에서 나서 자작나무 숲으로 돌아간다는 백야白夜의 나라로 떠났습니다. 그중 장성운 동인의 제안으로 방문했던 안톤 체호프 생가의 아름다운 정원은 지금 생각해도 가슴 짜릿한 감동이었습니다.

모스크바에서 야간열차를 타고 끝없는 들판을 달려 도착한 톨스토이의 영지는 그야말로 러시아 문학기행의 정점이었습니다. 가장 우월한 세계적인 문학가의 봉분도 묘비도 없는 가장 소박하고 검소한 무덤을 보면서 삶과 문학의 감정에 겨워 한 마디 말도 할 수 없었습니다. 이렇게 '처용수필'의 해외 문학기행에 대한 낯선 여행은 권석하 님의 인연이 아니었으면 만날 수 없는 벅찬 행복이었습니다.

저 역시 개인적 인연으로 권석하 님을 잊을 수 없습니다.

저를 사진가의 길로 이끌게 했던 분이 바로 권석하 님이었기 때문이지요. 20여 년 전에 윤동주의 흔적을 찾아 떠난 북간도 문학기행에서 백두산을 함께 올랐습니다. 산정의 천지天池가 보여주는 변화무쌍한 풍광에 빠져있던 나에게 권석하 님은 사진을 찍어달라고 자기가 가진 사진기를 나에게 건넸습니다. 들기에도 부담스러운 기다란 렌즈가 달린 큰 카메라를 받아들고 시키는 대로 생전 처음 뷰파인더라고 부르는 작은 창으로 천지를 바라보았습니다. 그 순간 온몸으로 느껴왔던 전율은 지금도 잊을 수 없습니다.

소설 〈메디슨 카운티의 다리〉의 사진작가로 등장한 주인공이 "애매함으로 둘러싸인 이 우주에서 이런 확실한 감정은 단 한 번만 오는 거요. 몇 번을 다시 살더라도 다시는 오지 않을 거요"라는 그 심정 그대로였습니다. 백두산 천지에서의 전율은 나를 사진의 길로 이끌었고 지금의 사진가인 나를 있게 했습니다.

거기에 런던 소재 고등학교와 교류를 위해 영국을 방문하였을 때 혹시나 하면서 연락을 드렸더니 바쁜 일정에도 불구하고, 영국총리 관저가 있는 다우닝가 일대를 자동차로 돌면서 영국의 과거와 현재의 정치와 역사와 문화 전반에 대해 친절하게 설명하던 모습이 지금도 눈에 선합니다. 권석하 님! 참으로 고맙고 또 고맙습니다.

권석하 님은 영국의 가장 유명한 한국인입니다.

그는 영국인보다 더 영국을 잘 아는 영국통으로 〈주간조선〉과 매일신문의 재영 칼럼니스트로 영국과 관련한 많은 저서를 남겼습니다. 〈영국인 재발견 1,2〉, 〈유럽문화 탐사〉, 〈두터운 유럽〉, 〈핫하고 힙한 영국〉에 이어 2025년에는 〈여왕은 떠나고 총리는 바뀐다〉 등을, 역서로는 〈영국인 발견〉을 펴내기도 했습니다. 특히 〈핫하고 힙한 영국〉은 한국출판학회가 선정하는 '2022 올해의 책' 중 하나로 선정되기도 했지요. 〈두터운 유럽〉은 무려 580쪽에 달하는 두꺼운 책으로 유럽 전반의 음악, 종교, 역사, 풍경 등 지식의 깊이와 박학에 혀를 내두를 정도입니다.

이렇게 유럽문화에 대한 다양하고 깊이 있는 식견으로 영국인도 따기 어렵고 변호사 시험보다 더 어렵다는 예술문화역사 해설사의 공인자격증 (일명 'Blue Badge')도 취득하여 영국 가이드계의 전설이 되기도 하였습니다. 일만이 아닙니다. 1남 1녀의 자식들도 훌륭히 키워 냈는데 따님인 권보라 씨는 영국지방의회 의원으로 당선되어 한국계의 위상을 드높이기도 했습니다.

그는 비록 1982년 영국 주재원으로 출발하여 러시아에서 한동안 머물다가 이후 줄곧 영국에서 살기는 했지만 고국에 대한 자부심과 사랑은 꾸준했습니다. 그가 출간한 저서의 서문에는 항상 모국에 대한 그리움이 깔려 있습니다.

우리 〈처용수필〉에 대한 사랑 역시 마찬가지입니다.

정식 회원이 된 이래로 꾸준히 수필을 내다가 2022년 '중수中壽 인생의 가장 중요한 이야기'가 마지막이었지요. 그러다가 올해는 수필을 쓰시겠다고 했는데 결국 개인적 사정으로 원고를 내지 못하겠다고 하셨지요. 그때가 생로병사 중 병病의 힘든 시기였음을 이제야 알겠습니다.

그리 멀고 바쁨 속에서도 국내 문학기행에도 참여하기도 했고, 특히 2022년 〈처용수필〉 제29집 출판기념회에도 부부가 함께 참석하시어 김미진 회장을 비롯 모든 회원님들과 함께하는 소중하고 의미있는 자리를 가지기도 했습니다.

그 자리에서 그는 공식적으로 〈처용수필〉이 공모를 통해 선발한 우수한 수필가에 한해 영국으로 초대하여 영국을 직접 안내하겠다는 당찬 약속을 하기도 했지요. 그리고 평생 책 10권 출판과 유가 판매 부수 1만 권을 달성하면 좋겠다는 소망을 이야기하기도 하였습니다.

권석하 님!

영국 가이드의 전설, 재영 칼럼니스트, 유럽문화의 정수를 펴낸 저술인, 영국에서 가장 성공한 한국인의 한 사람 등 권석하 님을 드러낼 수많은 소개가 있겠지만 우리 모두는 권석하 님을 '처용수필문학회'의 회원으로 기억하려 합니다.

그 기억들 모두 모아 〈처용수필〉 제32호 말미에 자취를 남기면서 〈두터운 유럽〉의 서문 마지막 문장으로 권석하 님에 대한 그리움을 대신하고자 합니다.

"우리는 우리의 삶을 살아야 합니다. 그래서 이 아름다운 세상을 떠나는 날 후회하지 않을 삶을 삽시다."

후회 없는 삶을 사시고 후회 없이 떠나신 권석하 님!
부디 평안히 잠드소서.

2026년 2월

허석도

처용수필문학회 일동 드림

제1부

영국의 사회

만일
돈·명예·권력 중
하나만 선택한다면?

영국의 '세속 삼권분립'은 아주 철저하다

입법·사법·행정의 분권을 '민주주의의 꽃'인 삼권분립이라 한다. 권력의 3권을 개인이나 집단이 장악하여 절대권력을 휘두를 독재를 막기 위한 최소한의, 그러나 '절대적'인 장치이다. 1880년대 중반 영국 정치인 제1대 액턴 남작John Dalberg-Acton은 "절대권력은 절대 부패한다Absolute power corrupts absolutely."는 유명한 말을 남겼다. 원래 이 말 앞에는 "원래 권력은 부패하기 마련이며Power tends to corrupt"라는 문구가 붙어 있다. 어떤 권력이든 부패하기 마련인데 거기다가 절대권력까지 가지면 절대 부패한다는 의미다.

그 이유로 액턴 경은 "인간은 그 혹은 그녀의 권력이 느는 만큼 도덕심은 약해진다"라는 지적도 했다. 인간의 본성은 무한한 탐욕 덩어리여서 어떤 힘이든 강해지는 만큼 더 휘두르고 싶어지는 것이라고 경고했다.

권력의 3권이 입법·사법·행정이라면 과연 인간 세상의 3권은 무엇일까? 이름하여 '세속世俗의 삼권'은 권력·명예·재화가 아닐까 생각한다. 인간의 수많은 욕심 중 가장 큰 욕심이 바로 이 3개여서 그렇다. 세상 사람들은 3가지를 쟁취하기 위해 온갖 수단·방법을 가리지 않는다.

공정하고 공평한 방법으로 3개를 다 갖기는 정말 어렵다. 그래서 사람들은 부정하고 불공정한 방법을 동원해서라도 1개 이상을 가지려 한다. 권력을 가진 사람은 돈을 가지려 하고, 돈을 가진 사람은 권력을 가져 돈을 더 가지려 하고, 돈과 권력을 가진 사람은 명예까지 욕심낸다. 3개를 다 가진 사람이 공정하고 공평하게 권력을 행사하는 경우는 인류 역사를 통틀어 한 번도 없었다고 단언한다.

세 가지를 모두 가질 수 없는 사회

영국 사회는 다행히도 '세속의 삼권분립'이 철저하게 되어 있다. 예를 들어 정치인은 권력만 있을 뿐 돈과 명예는 없다. 재벌은 돈은 있을 뿐 권력과 명예를 탐하지 않는다. 영국 교수들은 명예만 있을 뿐 돈도 권력도 없고 욕심을 내지도 않는다. 영국인들은 욕심이 없어서 그런지 1개를 가진 사람이 다른 1개를 가지려 하지도 않고, 그것을 가진 사람을 부러워하지도 않는다. 또 사회도 그것을 용납하지 않는다.

영국 하원의사당

한국은 어떤가? 불행하게도 누구나 최소한 2개는 가지려 하고 실제 2개 이상을 가진 사람이 너무 많다. 특히 한국의 교수는 명예를 가지고 있음에도 권력 주변에서 기웃기웃한다. 인문계열 교수, 예를 들어 서울대 정치학과 교수 중에 교수로 일생을 마친 사람은 드물다는 말도 있다. 또 기업인마저 권력을 가지려 하고 권력자는 돈에 욕심을 낸다. 이러한 모든 현상은 사회 정의를 위해서도 결코 바람직하지 않다.

우선 정치인부터 보자. 영국 정치인, 특히 하원의원은 권력(권한)만 있을 뿐 돈도 명예도 없다. 얼핏 보면 영국은 내각책임제라 여당 하원의원들은 거의 절대권력을 가진 듯 보인다. 의회의 과반수를 장악한 여당 의원이 행정부 장·차관을 맡고 심지어는 국장급까지 차지해 행정부를 쥐락펴락 하는 것처럼 보인다. 그러나 영국 하원의원은 의회 외에 현실 속에서는 권력이 없다.

'왔다가 가는 나그네'인 현역 의원 장관은 여당이 결정한 정책의 방향만 부처에서 제시할 뿐 실질적 세부 실행에는 영향력을 미치지 못한다. 자신이 장관으로 있는 행정부 부처 내에서마저 장관의 지시를 콧등으로 듣는 오랜 경력의 사무차관들과 그 밑의 공무원들의 벽을 넘기 어렵다. 개별 사안에 대해 자의로 무언가를 해낼 수 있는 권한은 거의 없다.

그래서 영국 장관은 당과 내각, 의회가 정한 정책의 의미를 설명하고 그 방향으로 가도록 길만 열어줄 뿐이다. 좀 심하게 비하하면 당, 내각, 의회, 정부를 뛰어다니면서 얻은 정보를 전달하는 연락원이라고 보면 된다.

돈도 명예도 없는 하원의원

영국에서는 사업에 도움을 받으려고 하원의원과 골프를 치거나 밥을 먹거나 검은돈을 주었다는 말은 들어본 적이 없다. 왜냐하면 하원의원은 유권자 실생활과 연관되는 일에는 권한이 전혀 없기 때문이다. 지역구 관내 모든 민원은 시의원이 전권을 가지고 있다.

한국과 달리 영국 하원의원은 지자체 의원에 대한 추천권마저 없다. 그래서 하원의원은 차라리 시의원들에게 늘 '을'의 신세이다. 지역구 민원을 해결하려면 시의원에게 부탁해 손을 빌려야 한다.

지자체 공무원들에게 상관은 하원의원이 아니라 지자체 의원이다. 결국 자신의 지역구에 관해 하원의원은 실질적 권한이 없는 그냥 '종이호랑이' 같은 존재에 불과하다. 그 사실을 자신도 잘 알고 유권자와 지자체 행정관리들도 다 안다.

거기다가 하원의원은 6,800만 명의 인구에 650명이니 의원 1명이 10만여 명을 대표한다. 10만 명의 지역구 인구 중 대개 60% 정도가 투표권을 가진다. 그중 4만 명 정도가 투표하므로 결국 2만 명 이상의 표만 얻으면 당선된다. 그런 이유로 의원에게는 유권자의 1표가 너무나 중요하다. 그래서 의원은 유권자들에게 군림할 수 없다. 유권자들도 그것을 잘 알기에 지역구 의원과 친교를 하려 들지 않는다.

물론 두려움도 느끼지 않는다. 사람은 특정인으로부터 무언가를 얻어낼 수 있거나, 그에게 미움받으면 불이익 당할 가능성이 있을 때 두려워하기 마련이다. 한국과 달리 영국 하원의원은 장관급 예우는커녕 관용차도 없고 운전기사도 없으며, 보좌관도 수행비서도 없다. 공항 출입도 일반인과 똑같이 입출국한다. 의원 세비는 8만1,932파운드(1억 3,500만 원)에 불과하다.

폴리페서는 발붙이지 못하는 사회

영국에는 '정치교수polifessor'도 없다. 한국에서는 대학에 적을 유지하고 휴직한 상태에서 장관이나 국회의원을 하는 일이 흔한 관례지만 영국에서는 본 적도 없고 들은 적도 없다. 개인적으로 정당 활동을 하기도 하지만 교수가 공개적으로 정치적 발언을 하고 정치활동을 하는 경우도 극히 드물다. 당연히 교수가 어느 날 갑자기 장관이 되거나 전략공천을 받아 하원의원이 되는 경우도 전무하다.

만일 교수를 하다가 의원이 되면 퇴직해야 한다. 한국처럼 휴직하고 의원이나 장관을 하다가 돌아와 다시 교수하는 경우는 정말 없다.

영국 교수들은 지식이나 능력에 비하면 부당한 대우를 받는 부류이다. 일부 스타 교수를 빼면 연봉이 정말 적다. 연륜이 쌓인 학과장급 정교수professor가 되어야 연봉이 9만 파운드(1억4,800만 원)가 되고, 부교수Associate Professor는 6만 파운드, 조교수lecturer는 겨우 4만 파운드(6,600만)에 불과하다. 교수들은 상아탑에서 학문 연구와 학생들을 가르치는 일을 즐거움으로 삼아 세인들의 존경을 받는다. 명예만 갖고 권력이나 돈과는 거리가 먼 사람들이다.

성직자들은 또 어떤가? 한때 신권神權을 누리며 부와 권력, 명예까지 함께 누렸던 성직자들은 이제 명예만 가진 자리로 물러난 지 오래다. 아주 소수만 상원의 말석을 차지하고 있다. 영국인의 삶에서 종교가 멀어진 지는 아주 오래되었다. 그래서 영향력도 사라지고 당연히 권력은 없다. 6,800만 명 중 일요일에 정기적으로 교회나 성당에 나가는 인구는 5%도 안 되는 약 250만 명이라는 통계도 있다. 그래서 성직자들은 더 이상 권력의 중심도 아니고 그렇다고 돈이 있는 직업도 아니다.

런던의 막스앤스펜서 백화점

재벌들도 마찬가지다. 영국인들은 재벌이나 부자를 부러워할지언정 존경하거나 두려워하지는 않는다. 영국에서는 돈의 힘으로 누군가에게 부당한 위해를 가하기가 불가능하다. 재벌이 정치를 하는 경우도 물론 없고 권력 근처에 기생하는 일도 없다. 단지 지지하는 정당에 공식적으로 기부해서 가끔 공식행사에 초대받는 정도다. 왕이 주는 작위를 받기도 하지만 사회적 기여를 많이 하는 경우여야 한다. 사회적 비난을 받는 악덕 기업주라면 정당에서 기부를 받지도 않는다.

영국 재벌 후손들이 직접 경영에 참여하는 경우도 지극히 드물다. 국민기업인 존루이스John Lewis 백화점과 막스앤스펜서Marks & Spencer 백화점, 그리고 세인즈버리스Sainsbury's 슈퍼마켓 그룹 등은 후손들이 대주주로서 배당금만 받을 뿐 직접 경영에는 참여하지 않는다. 그들의 직업은 자선과 문화사업이다. "왜 경영에 참여하지 않는가?"라는 기자의 질문에 세인즈버리의 후손이 대답한 말은 유명하다.

"왜 그 골치 아픈 경영에 참여하나요? 나는 이 재미있고 보람된 자선사업과 문화사업만도 매일 너무 바쁩니다."

'은수저'(silver spoon: 영국인들은 금수저라는 말을 안 쓴다)를 입에 물고 태어난 '푸른 피'(Blue Blood: 왕족과 귀족을 이르는 별칭)의 왕족과 귀족들도 한때 '세속삼권'을 다 갖고 있었다. 그러나 권력이 그들의 손에서 떠난 지 오래되었고 이제는 명예와 부만 남아 있다. 그래서 "영국 왕족과 귀족들이 하는 일은 무엇인가?"라는 질문에 대한 답은 바로 '자선'이다.

실제 엘리자베스 여왕이 대표로 있었거나 후원자인 자선단체만 600여 개에 이르렀고 왕족 전체가 후원하는 자선단체는 영국에만 2,415개나 있다. 세계적으로는 3,000개가 넘는다.

귀족들이 부동산으로 먹고사는 이유

그렇다면 영국 귀족들은 무엇을 먹고살까. 답은 부동산 투자이다. 영국 귀족들은 태생이 지주이다. 그들은 봉토 내에 있는 농민들을 보호하고 보살피는 '온정주의'가 봉건사회의 기본이었다. 만일 한 귀족이 봉토 내 농민들을 학대하거나 착취하면 평판이 나빠져 귀족사회에서 왕따를 당하거나 왕으로부터 제재를 받는 전통이 있었다. 그러한 가부장적 전통이 영국에 아직도 존재해 왕족과 귀족들은 자선활동에 매진한다.

런던의 거리 이름에는 다른 지역 이름을 붙인 곳들이 많다. 지방 귀족들의 봉토가 있는 지역 이름이다. 귀족의 작위 명칭도 봉토 지역 이름이다. 그래서 귀족이 거리 양쪽의 건물들을 개발하면 그 길은 그 귀족의 이름이 붙는다. 재산이 100억 파운드(16조 원)로 제일 귀족 부자인 웨스트민스터 공작Duke of Westminster은 연간 수입이 4,400만 파운드(704억 원)나 된다. 그런데 이 모든 수입이 런던 시내 한복판의 건물 임대료에서 나온다. 건물 중 전체 색깔이 옅은 노란색이면 웨스트민스터 공작 소유로 보면 된다.

'힘과 돈, 명예'를 가진 귀족이 물건을 만들고 파는 경제활동에 참여하면 어느 누구도 감히 경쟁이 안 된다. 그래서 귀족들은 지금도 자신들이 가진 땅만으로 삶을 영위한다. 그래서 귀족들이 시골에서 농사를 지으면서 이른바 '취미농부hobby farmer', '신사농부gentleman farmer'라는 일반명사가 생겼다.

물론 영국 사회에도 명예와 돈을 가진 전통적 직업들이 있긴 하다. 의사, 변호사 등 전문 직업인들이다. 하지만 이제 변호사는 더 이상 존경받지 못한다. 다만 의사는 아직 존경을 받긴 하지만 국가의료보험제도로 인해 거의 공무원 수준보다 조금 더 번다. 일반인(평균 4만6,000파운드)보다 2배(7만6,000파운드·1억 2,000만 원) 정도 연봉이 많긴 해도 공부한 노력이나 능력에 비하면 많은 보수를 받는 것은 결코 아니다.

이렇게 영국 사회에서 1개 이상의 세속 권력을 가진 직업이 거의 없다. 결국 그 말은 누구도 특별한 사람이 없고 모두가 평범한 직업을 가진 평범한 사람들의 사회라는 뜻이다. 이러한 평범한 사회에서는 다른 평범한 사람에게 특권을 부릴 일도 없고 부당한 일을 행할 수도 없다. 그래서 영국에는 불공정 논쟁도 없고 갑을 논쟁도 없다.

그러고 보면 한국 사회에는 2개 혹은 심지어는 3개까지 가진 사람들이 너무나도 많다. 만일 한국이 언젠가 영국처럼 세속삼권 분립이 철저하게 된다면 당신은 돈·명예·권력 중 어느 것을 선택할 것인가?

2

'킹스맨'처럼…
영국신사를 완성하는
정장의 철학

은근한 멋으로 예의를 지키는 영국인들

유럽에서 가장 멋을 부리는 남자들로는 이탈리아 남자가 제일 먼저 꼽힌다. 그 다음이 프랑스 남자들이다. 그래서 보통 영국 남자들은 멋과는 거리가 먼 듯한 느낌이다. 하지만 영국 남자들도 은근히 멋을 부린다. 단지 이탈리아나 프랑스 남자들처럼 노골적으로 멋을 부리지 않을 뿐이다.

영국 남자는, 멋을 부리되 그러지 않은 듯하게 보이는 것이 중요하다. 특히 정장 복장을 할 때 신경 써서 옷을 입는다. 눈에 띄지 않게 멋을 부려야 제대로 된 '영국신사' 반열에 들어간다. 멋을 더 부리는 이탈리아 신사나 프랑스 신사라는 말은 없는데 왜 '영국신사'라는 고유명사화된 단어가 있을까.

사실 영국과 신사라는 단어가 합쳐져 만들어진 영국신사는 문법을 정확히 따르자면 '영국 신사English Gentleman'로 두 단어를 띄어 써야 맞다. 그러나 우리에게 영국신사는 한 단어의 고유명사처럼 느껴진다. 또 영국신사 이야기를 하다 보면 그들의 친절, 예의, 정중함 등 품성보다는 복장부터 먼저 떠올린다. 그런 영국신사를 가장 잘 그린 영화가 2014년 처음 나온 후 2017년, 2021년 후속작까지 나온 〈킹스맨〉 시리즈다. 시리즈 1편

〈비밀요원The Secret Service〉은 영화의 주 무대인 영국에서는 '쪽박은 아니고 소박' 정도로 끝났음에도 한국에서는 613만 명이 보았을 정도로 '대박'을 쳤다.

한국에서 유독 대히트를 친 배경에는 영국신사에 대한 한국인의 환상이 깔려 있다. 비밀정보요원으로 등장한 정장 차림의 미남 배우들의 매력에 흠뻑 빠진 것이다. "예의가 신사를 만든다Manners maketh man"는 대사도 한국인들에게 깊은 인상을 남긴 듯하다.

〈킹스맨〉이 보여준 정장의 철학

'예의가 신사를 만든다'고 하지만 영국신사 하면 복장부터 떠올린다. 친절, 예절, 예의 등의 인성보다 산뜻한 복장이 더 중요해 보이는 것이다.

영화 〈킹스맨〉 포스터

〈킹스맨〉에서도 "양복 정장은 현대 신사의 무기이다. 그리고 킹스맨은 새로운 기사knights이다"라는 대사가 등장한다. 곧이어 "아울러 킹스맨이기 위해서는 우리가 입는 신사복과 우리가 소지한 무기보다는 무언가를 더 가져야 한다. 그것은 바로 위대한 선을 위해 희생할 각오이다"라는 말이 나온다. 영국인들에게는 정말 손발이 오그라드는 공자왈 맹자왈이다.

어찌 되었건 영국에서는 전통적

으로 여성보다는 남성의 복장이 더욱 중요하게 여겨졌다. 이는 대영제국을 유지시킨 가장 중요한 요인이 군인이었다는 사실에서 알 수 있다. 군인에게는 군복이 어떤 것보다도 중요함은 굳이 강조할 필요도 없다. 군복이 바로 일치, 권위, 권력, 규율 등 군을 유지하는 모든 요소를 대변하는 물건이기 때문이다. 영국인들, 특히 남자들은 군복뿐 아니라 각종 제복을 입었을 때 가장 멋있다고 정평이 나 있다. 요즘에도 영국인들 사이에는 소방관, 경찰, 해난구조요원 등 제복 입은 직업이 가장 존경받는다.

맞춤 양복점의 성지 새빌로

영화에서도 킹스맨의 비밀 본부는 맞춤 양복점의 성지인 새빌로Savile Row 거리에 있다. 영화에서 맞춤 양복점 안으로 들어가 재봉실을 지나면 바로 비밀 본부가 나온다. 정장을 갖춰 입은 신사가 양복점을 출입하는 일은 너무나도 자연스러운 일이라 비밀 본부로는 더할 나위 없다.

새빌로 거리는 실제 영국인들이 대대로 맞춤옷을 해 입던 양복점들이 지금도 상존한다. 한국의 60대 이상은 할아버지나 아버지 세대로부터 '사비루 양복'이란 말을 들어본 기억이 있을 것이다. 그 '사비루'가 바로 새빌로의 일본식 발음이다. 거의 100년 전에도 멋쟁이 남자들은 새빌로에서 맞춤 양복을 해 입어야 제대로 된 신사 취급을 받았다.

사실 1970~80년대 남자 양복 유행은 이탈리아 기성복들이 선도했다. '레디투웨어Ready-to-wear'라 불리는 기성복은 어깨, 가슴 폭, 키만을 기준으로 대·중·소로 나눠 제작했다. 어깨에서 통짜로 내려오면서 허리 부분에서도 줄어들지 않아 웬만하면 몸에 맞았다. 몸통, 소매 부분도 체형보다 크게 제작되어 편하게 입을 수 있게 대량으로 공장에서 제작되었다.

그러나 새빌로 양복은 이러한 느슨한 패션의 이탈리아 기성 양복이 대세일 때도 더 개인 체형에 맞게 제작된, 소위 말하는 슬림형이었다. 특히 허리 부분이 들어가고 소매는 좁게 만들어져 전반적으로 날씬한 인상을 주었다. 영국 양복은 '뽕패드'도 많이 들어가 어깨를 강조하는 형태여서 흡사 군복 분위기의 권위적 모습이다.

영국 남자들은 전통적으로 정장 양복도 두꺼운 천을 좋아한다. 반면 이탈리안들은 얇은 천을 선호한다. 영국 옷은 어깨 부분과 소매가 합쳐지는 부분이 분명해서 위엄을 보이는 로만Roman 스타일인 반면, 이탈리아 옷은 어깨가 부드럽고 자연스럽게 내려오면서 어깨 재봉이 분명하게 드러나지 않는 네오폴리탄Neopolitan 스타일이다.

이탈리아와는 다른 영국 정장 스타일

이러한 군복 형태의 옷을 만드는 성지가 바로 새빌로 거리이다. 런던 중심부 고급 명품 가게들이 즐비한 올드본드Old Bond 스트리트와 대중 쇼핑 거리 리젠트Regent 스트리트 사이에 위치한 새빌로에는 맞춤옷 공방이 즐비하다. 낮게는 2,000~3,000파운드(약 320만~480만 원)로 시작해서 한 벌에 1만 파운드(약 1,600만 원)까지 고급 양복을 만드는 공방이 널려 있다.

새빌로 양복에도 계급사회 영국이 녹아 있다. 새빌로 거리의 양복점들은 대부분 400년의 역사를 자랑한다. 그래서 영국의 거의 모든 유명 인사들과 그들의 가문은 대대로 새빌로에서 양복을 맞춰 입었다. 현대에 들어와서는 찰스 3세 왕을 비롯해 그 아버지 필립공, 윈스턴 처칠 등 상류층과 유명인사들이 새빌로 양복을 입었다.

2000년대 들어 세계 모든 남자의 양복 패션이 새빌로 스타일로 바뀌기 시작했다. 즉 느슨한 형태의 이탈리아 양복도 영국식으로 바뀐 것이다. 이제는 거의 모든 나라의 양복이 몸에 맞는 슬림형으로 바뀌어 버렸다. 거기다가 상의 길이마저 짧아져 하체가 길어 보이도록 하는 게 유행이 되었다. 그래서 이제는 영국 새빌로 양복만의 특징이 사라진 것이 사실이다.

정장을 완성하는 몇 가지 디테일들

영국신사들 옷은 색깔도 천편일률적이다. 오래전부터 영국신사들의 정장 양복은 검은색이 아니었다. 차라리 짙은 회색이거나 진한 감색紺色이 주 색깔이었다. 거기다가 제대로 멋을 부린 정장은 단색이 아니라 핀스트라이프pinstripe라 불리는 세로 줄무늬 양복, 그것도 더블 브레스티드double breasted 양복이어야 했다. 언제부턴가 영국에도 신사정장 양복이 흑색 단색이 많이 보이긴 하지만 그래도 전통적인 멋을 내는 영국신사는 아직도 핀스트라이프의 더블 브레스티드 양복을 입는다.

거기에 더해 제대로 된 영국신사는 명품 상표가 바깥에서 보이는 넥타이는 절대 매지 않는다. 굳이 말을 하지 않아도 서로를 알아챌 수 있게 클럽이나 출신 학교 무늬가 들어간 넥타이를 맨다. 그렇지 않으면 그냥 단순한 단색 넥타이나 사선무늬 넥타이이다.

손목시계는 아버지나 할아버지가 차던 기계식 시계를 찬다. 물론 전통 있는 고급명품 시계이면 더 빛나긴 한다. 둥근 모양에 줄은 반드시 흑색이거나 갈색 가죽이어야 한다. 롤렉스나 카르티에 같은 고가의 명품 손목시계를 차면 졸부 취급 받는다. 집안의 가구가 대를 이어 내려온 손때 묻은 고가구가 아니라 새로 만든 고급 가구이면 무시를 당하는 것과 같다.

영국 중산층에서 가장 모욕적인 말 중 하나가 "자신의 손으로 가구를 샀다$_{bought\ his\ own\ furniture}$"이다. 마거릿 대처 시절 장관이던 앨런 클락$_{Alan\ Clark}$이 동료 장관 마이클 헤슬타인$_{Michael\ Heseltine}$을 향해 자수성가한 졸부라고 비웃었을 때 한 말이 바로 그 말이다.

은근하게 멋을 드러내는 국민, 규칙을 깨는 국민

영국신사의 정장이 완성되려면 기본에 몇 가지 디테일이 또 더해져야 한다. 예를 들어 와이셔츠는 소매 끝이 접히는 더블 커프$_{double\ cuff}$여야 하고, 커프링크스$_{cufflinks}$까지 차야 한다. 영국신사는 규칙을 지키면서 은근하게 멋을 부리는 반면 이탈리아인들은 개성을 드러내기 위해 규칙 깨는 것을 두려워하지 않는다.

영국신사들에게는 정장과는 완전히 다른 또 다른 멋도 있다. 바로 시골 영국신사들의 일상 복장이다. 보통 홈스펀$_{Homespun}$이라 부르는 트위드 상의$_{tweed\ jacket}$가 영국신사들이 가장 애호하는 일상복이다. 체크(격자)무늬 상의에 역시 체크무늬 셔츠를 입고, 두꺼운 모직 넥타이를 맨다. 보통 에드워디안$_{Edwardian}$ 패션이라 부르는 트위드 상의는 몰이꾼을 이용해 말을 타고 사격하면서 동물 사냥을 하는 영국 최상류층이 입는 복장이다. 트위드 양복 상의의 팔꿈치에 가죽이나 다른 색의 천을 덧대 멋을 부리기도 한다.

거기다가 하의는 화려한 색깔의 코듀로이$_{corde\ du\ roi}$ 바지이다. 눈에 확 띄는 선명한 분홍색과 노란색, 심지어는 밝은 진홍색 바지도 용감하게 입는다. 이러한 복장을 한 영국 남자를 보면 전통을 지키는 시골에 농장과 장원을 가진 전형적 시골 영국신사라고 보면 틀림없다.

이러한 멋을 이어가는 새빌로 거리 3번지에는 한때 비틀즈가 세운 애플레코드 사무실과 지하 녹음실이 있었다. 그 녹음실에서 희대의 명곡

새빌로 거리에는 비틀즈가 세운 애플레코드 사무실이 있었다.

'Let It Be'가 녹음되었다. 또한 1969년 1월 30일 비틀즈의 유명한 지붕 꼭대기 공연이 이곳에서 있었다. 허가받지 않은 야외공연이란 이유로 경찰에 의해 중단되었지만 존 레넌은 "나는 우리가 오디션을 통과했다고 희망한다"라고 만족을 표했다. 그래서 새빌로에는 맞춤양복과는 관련 없는 영화팬들과 비틀즈 팬들도 심심치 않게 찾아온다.

실패한 영국의
포르노 규제

인간의 성적 욕구를 법조문으로 막을 수 있을까

인간의 가장 원초적 욕망은 오욕五慾으로 분류된다. 물욕·성욕·식욕·명예욕·수면욕이다. 이 중 범죄와 가장 관련 깊은 욕망이 바로 물욕과 성욕이다. 그중에서도 성욕 산업은 인터넷 시대 들어 호시절을 만난 듯 성업 중이다. 현존하는 세계 웹사이트 중 4%가 포르노porno 관련이라는 통계가 있을 정도다. 그런데 4%의 성인물 사이트가 인터넷 전체 데이터 통신량의 30% 이상을 차지하고 있다. 결국 인간의 가장 원초적 욕망인 성욕이 다른 어떤 욕망과 비교해도 8배 강하다는 뜻이다.

문제는 청소년들이 제대로 된 판단 능력을 갖추기도 전에 무방비로 인터넷 성인물 공세에 노출된다는 사실이다. 한 포르노 차단 프로그램 회사의 통계에 따르면 90%의 소년과 60%의 소녀가 18세 성인이 되기 전 인터넷을 통해 성인물 포르노에 접한다. 더 경악할 사실은 '10대 포르노teen porno' 검색량이 매년 증가해 1일 50만 건을 넘는다는 통계다. 성인들에 의한 청소년 성학대에 대한 수요가 그만큼 늘어나고 있다는 뜻이다.

세계 최초 포르노 사이트 연령 확인 법안

영국에서도 미성년자들이 인터넷 성인물에 쉽게 접근할 수 있다는 사실은 큰 두통거리다. 집권 보수당도 이 문제에 대한 심각성을 깨닫고 2015년 총선부터 대비책 마련을 위한 입법 준비를 시작했다. 그 결과 2017년 말 〈디지털 경제법 2017〉이 하원을 통과했다. 세계 최초로 성적 내용물을 게시하는 상업 인터넷 웹사이트에 사용자의 연령 확인(age verification: 통상 AgeID라고 불린다)을 하도록 의무화한 제도였다.

데이비드 캐머런 총리가 이끄는 보수당 정부는 이 법을 통과시킨 후 "청소년을 해치는 성인물 사이트를 법적으로 규제할 수 있는 법적 근거를 드디어 마련했다"고 자랑스럽게 축배를 들었다. 1년 이상의 준비를 거쳐 2019년 7월부터 전면적으로 시행한다면서 야심 찬 시행세칙을 그해 2월에 발표하고 무언가를 해냈다고 의기양양해 했다.

하지만 캐머런 정부의 의기양양이 얼마나 순진하고 현실을 모르는 탁상공론에 의한 법 제정이었는지가 밝혀져 법 자체가 놀림감이 되었다. 이 법과 제도는 문제의 끝이 아니라 오히려 시작이었다. 시행세칙 발표 후 야기된 여러 기술적 문제와 사생활·인권보호 논란 등으로 법 시행이 수차례 연기되다가 2019년 10월 갑자기 중단되고 말았다. 영국 정부가 발표는 하지 않았지만 결국 인터넷 성인물에 대한 규제를 포기했다는 뜻이다.

기술적 문제 중에는 아주 망신스러운 절차상 문제가 포함되어 있다. 2020년 12월 말 영국이 유럽연합EU과 완벽하게 결별하기 전까지 영국은 EU법에 따라야 했다. 그에 의하면 모든 법 시행 6개월 전에 EU와 소속 회원국에 통보해야 하는 의무 규정이 있다. 그런데 이 의무 통보가 시행규칙 준비 과정을 거치는 동안 실수로 빠졌다는 것을 하루 전에야 발견했다. 물론 이 이유가 시행을 포기한 전부는 아니지만 모든 면에 완벽을 기해야 할 정부가 망신을 당할 정도로 나사가 빠져 있었다.

뭘 믿고 포르노 업자에게 내 정보 넘기나?

법 시행 중단의 또 다른 이유인 사생활과 인권보호 문제는 연령 확인을 위한 기술적 절차 때문이었다. 연령확인증인 'AgeID'를 받기 위해서는 운전면허증이나 여권 등 신분증과 신용카드를 제출해야 한다.

바로 이 단계가 영국 여론을 악화시켰다. "도대체 뭘 믿고 '성인물 취급 업자porn peddlers'들에게 내 인적사항과 신용카드 내용을 주어야 하나?"라는 반발이 일어났다. peddler는 보통 마약상이나 밀매꾼을 지칭할 때 쓰는 단어이기에 성인물 웹사이트 업자를 영국인들은 그런 수준으로 취급한다는 뜻이다.

데이비드 캐머런

성인물 사이트를 이용하는 일도 결국 사생활인데 자신이 누구인지 신분증으로 밝히라는 발상 자체에도 영국인들은 경악했다. '성인물 사이트를 보기 위해 운전면허나 여권을 스캔해서 업로드하라'는 요구는 도저히 받아들이기 힘든 조건이었다. 흡사 창녀촌을 출입하는데 여권을 스캔해서 등록한 후 성인임을 증명하고 이용하라는 조건과 같다고 영국인들은 생각했다. 더군다나 성인물은 '개인의 성 취향'에 따라 선택하는 것임에도 그것을 정부가 들여다볼 수 있다는 것은 사생활 문제에 엄청나게 민감한 영국인들로서는 도저히 받아들일 수 없는 요구였다.

성적 취향은 어떤 권리보다 보호받아야

영국인은 개인의 성적 취향은 어떤 권리보다 더 보호되어야 하고 어느 누구에게도 밝힐 수 없다고 믿는다. 영국 정부가 그 존재를 여러 차례 부인했지만 '빅브라더 컴퓨터Big Brother Computer'가 있다고 믿는 영국인들은 상당히 많다.

예를 들어 가구나 고가품을 구입할 때 할부로 하겠느냐고 판매원이 물어 '그렇다'고 하면 주소와 이름을 받아 적고는 '잠깐 기다리라' 하고는 어딘가에 전화를 건다. 약 5분쯤 후에 계약금(보통 1개월분)을 받고 물건을 내준다. 이 말은 거의 5분 내로 개인의 신용상태를 조회할 수 있다는 뜻이다. 지금의 이야기가 아니다. 무려 40년 전 이야기이다. 그때도 빅브라더 컴퓨터는 존재했다는 뜻이다.

또 영국은 주민등록 자체가 없다. 이사를 해도 주소 이전을 신고하는 국가 기관이 없다. 당연히 신분증이 없다. 영국인은 태어나서 죽을 때까지 국가에 단 3번만 신고한다. 출생신고, 결혼신고, 사망신고이다. 그런데도 영국 경찰은 문제가 있으면 옮긴 주소로 귀신같이 잘 찾아온다. 결국 이사하면서 신고한 은행, 운전면허, 자동차 등록, 전기·가스·전화 등을 통해 파악하고 있다는 뜻이다.

이처럼 정부는 자동차 등록, 운전면허 등을 취급하는 공기관은 물론 은행, 상업기관의 기록에도 접근할 수 있다. 그러니 성인물을 보고 싶다면 등록하라는 요구에 영국인들이 민감해 하는 것은 너무나 당연하다.

가장 큰 염려는 정보 누출 문제다. 자료의 소장처는 반드시 해커들의 타깃이 되기 마련이다. 내 신상정보가 해커들에 의해 누출돼 무차별적으로 공개되거나, 누군가에 의해 협박당하는 사태에 대한 염려도 언론을 대거 장식했다. 유부남 유부녀들의 불륜을 매개해주는 애쉴리메디슨Ashley Madison 웹사이트가 해킹되어 온 세상 남녀가 불안에 떤 사건이 영국인들의 걱정에 불을 지폈다. 성인물 사이트에 개인정보를 제출한 영국인들로서는 그 사이트가 해킹당한다고 생각하면 분명 악몽이었다. 이러한 여론 악화로 영국 정부는 고심 끝에 법 시행을 중단했다.

가정에서 먼저 관심을 가질 것

어찌 되었건 1,450만 명의 청소년을 보호하자고 영국 성인 인구 5,200만 명의 거의 절반인 2,500만 명(성인 웹사이트 이용자 숫자)이 연령 확인을 해야 하는 불편을 끼치게 한다는 발상 자체가 인기가 없었다. 반대하는 측은 부모가 조금만 더 신경 쓰면 해결될 문제라고 주장한다. 부모가 하면 될 일을 왜 국가가 나서서 하느냐는 항변이다.

만일 법이 시행되어 성년 인증이 확실하게 된다고 부모가 믿는다면 더욱 위험한 사태가 벌어질 수 있다는 주장도 나온다. 술과 담배도 법으로는 청소년에게 판매하지 못한다고 규정되어 있지만 현실은 그렇지 않다는 것을 누구나 안다.

영국도 인터넷을 통해 가짜 성인 신분증을 구입할 수 있다. 마약을 아무리 막아도 중독자들은 어떤 방법으로든 구한다. 그 과정에서 불법 거래상들이 떼돈을 벌어 범죄집단만 강해지고 비싼 마약값에 중독자들은 도

둑질을 하거나 강도질을 한다. 이처럼 법제도로는 인간의 욕망을 절대 막을 수 없다. 인간 세상이 만들어진 이후 '절대' 변하지 않는 철칙이다.

그렇다면 국가와 사회는 손을 놓고 있어야 하는가? 물론 방법이 있긴하다. 완벽하지는 않지만 가장 좋은 방법은 가정에서 관심을 가지고 제어하는 것이다. 그래서 연령 확인을 반대하는 측에서는 부모가 청소년 컴퓨터에 인터넷 성인물 차단 프로그램porn block and filter program을 설치하라고 권한다. 이러한 차단 프로그램을 사는 성인들 중에는 미성년자 자녀들이 아니라 자신을 위해 사는 경우가 더 많다.

영국 정부의 연령 확인 제도가 실패한 이유는 결국 영국인 특유의 자유사상 탓이다. 영국인은 표현의 자유와 언론의 자유를 특히 중요시한다. 인터넷 규제를 언론과 표현의 자유를 감시·감독하려는 '인터넷 검열censorship'이라 부르며 반대하는 사람이 많았다. 영국인들은 어떤 형태로든 정부가 사생활을 규제하는 것에 거의 동물적 거부감을 갖고 있다.

보통 영국인은 자신의 자유를 '소극적 권리negative right'라고 정의한다. 이는 누구도 타인의 권리를 침해하지 않는 권리라는 의미다. 그래서 좋은 목적에서 시작한 인터넷 규제라도 언론자유와 표현의 자유에 대한 도전으로 취급한다. 폭력적이거나 불쾌한 발언이 거슬린다고 규제하기 시작하면 언론자유와 표현의 자유가 결국 언젠가는 침해받을 것이라는 염려에서다. 공공의 이익과 사회 통념 등등의 이유로 검열을 시작하면 "정부라는 조직은 태생적으로 우리가 말하는 것은 물론 우리가 믿는 것마저 모두 규제하려 할 것"이라고 우려한다.

아이 뺏긴
25만 미혼모의 비극,
청문회에 서다

아프고 부끄러웠던 흑역사를 올바로 보기 위해

유럽에서 살다 보면 한국에서 입양 온 동포들을 만나게 된다. 대개 좋은 가정을 만나 서양 주류 사회에서 활발하게 활동하는 자랑스러운 청년들이다. 스스로는 그렇게 생각하지 않지만 유럽 해외 동포들은 그들을 만날 때면 항상 미안한 감정이 든다. 한국에서 감싸안지 못하고 해외로 내보내야만 했던 우리들의 아픈 역사이기에 어쩔 수 없이 죄의식에 빠져든다.

영국은 한국과는 다른 입양 문제 청산에 골몰하고 있다. 2차대전 직후부터 1970년대 말까지 미혼모의 아이를 국가 차원에서 강제입양forced adoption시킨 흑역사가 있기 때문이다. 이제 영국은 그 아픈 흑역사를 정면으로 대면하려 하고 있다.

영국은 종교적 도덕관념 때문에 미혼모를 중죄인 취급했다. 10대의 임신은 생각할 수도 없는 중범죄였고 미혼모들은 중죄인이었다. 그래서 미혼모들을 '모자집mother and baby homes'이라는 집단수용소에 수용했다. 주로 출산 전에 주위의 눈이 무서운 가족들에 의해 보내졌다.

모자집에서 태어난 아이들은 생모 동의도 없이 강제로 입양 보내졌다. 편모슬하의 결손가정보다는 정상적인 중산층 가정에서 양육되어야 훨씬 더 사회 정의와 도덕에 맞다고 생각한 탓이다. 강제입양으로 아이를 뺏긴 뒤 산모는 모자집에 오래도록 갇혀 임금도 받지 못하고 강제노동을 했다. 당시 150여 곳의 모자집이 민간 종교 자선단체에 의해 운영되었다. 1950~70년대 말까지 30년 동안 25만 명의 미혼모들에게 이처럼 불행한 일이 벌어졌다.

미혼모 강제수용소 '모자집'

미혼모들은 모자집에서 태어난 아기를 강제입양 보내도 거부하지 못했다. 혼전 성관계와 임신은 수치스러운 일인데 죄인이 무슨 말을 하느냐는 분위기였다. "누구도 내게 입양을 원하는지 묻지 않았다. 강제입양이 당연하다는 식이었다. 그냥 모든 절차가 이미 정해진 기정사실처럼 진행되었다"라고 미혼모들은 증언한다. 어린 여성들에게 수치심을 느끼도록 만들어 아이들을 강제로 빼앗아간 셈이다. 누구도 이러한 강제입양과 미혼모의 강제노동이 부당하다고 생각하지 않았다.

그 미혼모들이 받은 부당 처우에 대한 이야기는 2000년대 들어 거론되기 시작했다. 언론들은 당시 실상을 소개하면서 아기를 빼앗긴 미혼모들의 아픈 인생사까지 다루었다. 독자들은 기사를 읽으면서 자신이 한 일이 아닌데도 죄의식과 함께 미혼모와 혼외자들의 힘든 삶에 가슴 아파한다. 그럼에도 애달픈 모자들을 위한 조치가 하나도 이루어지지 않았다. 반세기도 훨씬 지난 2021년 6월 비로소 역사적 첫 의회 청문회를 가졌을 정도로 비극적 과거 청산에 소홀했다.

혼외자 강제입양은 영국뿐 아니라 캐나다, 아일랜드, 호주, 뉴질랜드 등 영연방국가에서도 광범위하게 행해졌다. 호주 정부는 2013년 제일 먼저 사과했고, 2018년에는 아일랜드 정부도 사과했다. 아일랜드 정부는 피해자들 모두에게 5000만 파운드(825억 원)의 보상까지 했다. 하지만 영국 정부는 2017년을 비롯해 그전에도 수차례 공식 조사 요구가 있었으나 충분한 정당성이 없다는 이유로 기각하면서 문제를 외면해 왔다. 수많은 피해자와 자선단체들은 왜 영국 정부가 외면해 왔는지 의아해한다.

언론들도 이 문제를 진지하게 공론화하자 더 이상 미룰 수 없는 상황에 처했다. 결국 2021년 5월 보수당 10선 중진의원이 존슨 총리에게 영국 정부가 이제는 무조건 공식 사과를 해야 한다는 편지를 공개적으로 보냈다. 현재 피해자들은 일단 정부가 정식 사과부터 먼저 하라는 요구이다. 그리고 나서 보상 문제를 협의하자는 입장이다. 교회를 중심으로 만들어진 모자집의 횡포와 착취 그리고 입양기관의 비행을 묵인했을 뿐 아니라 적극 권장한 정부가 책임지고 사과하라는 요구이다.

아이 뺏기고 강제노역

미혼모 중에서는 자식을 찾으려고 노력한 소설 속 주인공 같은 이야기도 적지 않다. 그중 하나가 아일랜드 여인 필로미나 리Philomena Lee의 사연이다. 그녀의 이야기는 영화 〈필로미나Philomena〉로 만들어져 2013년 오스카 최우수작품상 등 4개 부문 후보로 지명되었다. 연기파 명배우 주디 덴치Judi Dench가 비운의 여주인공을 맡아 진한 감동을 자아냈다. 2009년 발간된 마틴 식스미스Martin Sixsmith의 〈필로미나 리의 잃어버린 아이The Lost Child of Philomena Lee〉라는 탐사기를 극화한 영화이다.

아일랜드 시골 처녀 필로미나는 동네 청년과의 불장난으로 19살에 임

신을 하게 된다. 미혼인 딸이 임신
하자 부모는 이웃 몰래 미혼모 수
용소인 '모딜린, 회개하는 여인들
을 위한 피난처Maudlin'로 보낸다. 일
명 모딜린세탁소 혹은 모딜린피난
처라 불린 이곳은 가톨릭 수녀들이
1700년대부터 운영해 왔다.

필로미나 역을 맡은 주디 덴치

  수용소 이름에서 알 수 있듯 아
일랜드 사회에서는 10대 미혼모를
'타락한 여인Fallen Woman'이라 불렀다.
여자들은 자신이 지은 죄를 노동으
로 뉘우치면서 회개해야 했다. 수용
소는 원래 창녀(아일랜드에서는 퍼블릭우먼public woman이라 칭했다)들을 거두어
관리하기 위한 기관이었으나 나중에는 혼전 임신녀들까지 수용했다. 미혼
모들은 수용소에서 해산을 기다리면서 세탁일을 했다. 죗값을 치러야 하
니 당연히 월급이 없었다. 그렇게 일하다가 출산하면 아기는 곧바로 입양
보내졌다. 아기를 뺏긴 후에도 수용소에서 금방 나올 수 없었다. 일정 기
간 무보수 노역을 한 후 죗값을 다 치렀다고 판단될 때만 풀려났다.

  수용소에는 창녀부터 경범죄인, 정신병자, 성추행 당한 아동, 심지어는
너무 활달하고 아름다운 소녀들까지 다양한 인간군이 갇혀 있었다. 아름
다운 소녀는 타락의 위험이 크다 해서 가족들에 의해 보내졌다. 그만큼
독실한 가톨릭 국가였던 아일랜드의 도덕관은 대단히 엄격했다.

  길게는 70년 전 짧게는 50년 전까지 문명국이라는 영국을 비롯한 영연
방국에서 이처럼 비인간적 만행이 신앙이라는 이름 아래 행해졌다. 사실

아일랜드에서는 1995년에야 이혼, 2018년에야 유산이 법적으로 허락되었다. 그 전에는 영국으로 건너와 이혼과 유산을 해야 했다. 아일랜드는 가톨릭의 종교 윤리가 엄격한 나라이다.

'필로미나'의 비극

필로미나는 19살에 '천사 같은'(필로미나의 묘사) 아들을 낳았다. 원래 아기를 볼 수 없었으나 노동이 끝난 후 유아실로 가서 아기를 보고 행복해했다. 그러나 어느 날 아침에 아기는 양부모와 함께 수용소 문을 나서고 있었다. 미국 가정으로 2000파운드에 팔려가는 중이었다. 필로미나는 모딜린세탁소에서 10년을 더 무보수로 일하고 나서야 풀려나 영국으로 건너갔다. 헤어진 아들을 당연히 하루도 잊지 못하고 살았다. 그러다가 결혼후 낳은 딸에게 50년 전 사연을 이야기했고, 딸은 어머니의 한을 풀어주기 위해 기자에게 아들 찾는 일을 도와달라고 부탁한다.

기자와 필로미나는 더블린의 모딜린수용소를 찾아간다. 그녀로서는 40년 동안 외면한 곳이었으나 가지 않을 수 없었다. 출산 때 있었던 수녀도 만났으나 아무런 도움을 받지 못한다. 입양 아동에 대한 인적사항을 알려주는 자체가 불법이었다. 그러나 기자는 입양된 곳을 알아내고 필로미나와 함께 미국으로 간다. 아들은 공화당 수석 고문변호사로 출세했지만 43세의 젊은 나이에 에이즈로 세상을 떠난 상태였다. 어머니가 찾아가기 7년 전 이미 죽음을 맞았다.

여기서 소설 같은 슬픈 반전이 있다. 아들도 어머니에 대한 소식을 알기 위해 모딜린수용소를 여러 차례 찾아갔으나 알려주지 않았다는 사실이다. 모자가 평생 서로 애타게 찾았지만 끝내 만나지 못했다. 아들은 유언으로 자신이 태어난 수용소 묘지에 묻어달라고 했다. 죽어서라도 어머니의 손길이 남아 있는 곳에 묻히고 싶다는 뜻이었다.

필로미나가 아들에 대한 소식을 알리려고 수용소로 찾아갔을 때는 이미 그곳에 아들이 묻혀 있었다. 해피엔딩으로 끝날 수 있었던 모자의 이야기는 이렇게 비극으로 끝난다. 피도 눈물도 없는 제도에 희생된 모자는 서로 간절히 찾으면서도 끝내 만나지 못했다.

앤 킨 하원의원과 아들의 재회

또 다른 미혼모 앤 킨Ann Keen의 스토리는 다행히 해피엔딩으로 끝난다. 앤은 노동당 하원의원으로 고든 브라운 노동당 정부 시절 보건부 차관을 지냈다. 17살 때 동네에 온 미남 기혼자 영업사원과의 첫 데이트에서 강제로 임신된다. 비틀즈와 롤링스톤스를 좋아하던 소녀에 불과했던 앤은 임신이 무엇인지도 몰랐다. 부모는 딸을 먼 친척집으로 피신 보냈으나 그곳에서도 친척에게 성폭행 당하는 불행을 겪는다.

결국 모자집으로 보내지고 앤은 임산부의 몸으로 딱딱한 마룻바닥을 기면서 하루종일 닦아야 했다. 출산도 쉽게 되지 않아 외음부 절제 수술을 해야 했지만 병원에서는 마취제도 주사하지 않고 수술했으

앤 킨(Ann Keen) 하원의원

며 수술 후에 진통제도 주지 않았다. 앤의 고통은 이루 말할 수 없었다.

출산 후 앤은 아기를 옆에 있게 해달라고 빌고 빌어 열흘 동안 함께 있게 해주었다. 앤은 아들의 발에 둥근 자국이 있어 훗날 알아볼 수 있을 듯했다고 당시를 기억했다. 제이슨이라는 이름도 지어주었다. 그러나 8일째 되는 날 아침 아기는 사라지고 없었다. 아기는 없는데 모유가 나오자 그것이 가장 슬펐다고 앤은 회상했다. 아기에게 채웠던 팔찌, 침대에 누운 아기 사진과 이름표, 신발을 평생 보관했다.

앤은 강제 입양에 대해 '강압설득coercion'이라 표현했다. 모자집 직원들은 "아기와 너를 위해서는 입양이 최선이다. 너는 아무런 일도 없었던 듯 새로운 시작을 하면 된다"고 말했다. 사생아라는 어두운 그늘에서 살기보다는 입양 후 정상적 집안의 아이로 살아가는 길이 최선이라고도 했다.

앤은 1972년 성탄절 즈음에 아들의 나이인 5살 아이에게 딱 맞는 빨간색 자전거를 백화점에서 보았다. 아들에게 선물로 주고 싶었지만 줄 방법이 없었다. 그럼에도 앤은 자전거를 사서 백화점 주차장에 놓아두고 왔다. 그 자전거를 탈 아이를 가진 가족이 발견해 아이에게 주기를 바라서였다. 앤은 결혼했지만 아이를 가진다는 생각조차 해보지 않았다.

1994년 4월 23일 45살의 앤은 28살의 아들 제이슨을 드디어 만났다. 앤은 그동안 자신이 아들을 버렸다는 죄의식에 찾을 생각도 못했었다. 그러나 아들이 먼저 엄마를 찾으려 노력해서 연락처를 알아냈다. 1976년 아동보호법이 생기면서 그전까지는 금지되었던 입양아에 대한 추적이 법적으로 가능하게 되었다. 앤은 여동생에게서 "누군가 언니를 간절히 만나기를 원한다"는 전화를 받자마자 평생 소원이 이루어졌음을 직감했다.

아들을 만난 순간 앤은 철없던 시절에 만났던 한 남자를 너무나도 닮은 잘생긴 아들을 즉각 알아보았다. 그녀는 아들에게 수천 번 미안하다고 했고 아들은 미안해할 이유가 하나도 없다고 했다. 아들을 만나고 3년 뒤 앤은 하원의원이 되었다. 아들을 만나는 날 하원의원 후보 공천심사가 있었다. 심사에서 무슨 말을 했는지 전혀 기억하지 못할 정도로 흥분해 있었던 것은 당연하다. 아들은 양부모가 지어준 마크라는 이름을 엄마가 지어준 제이슨으로 바꾸었다.

정부 사과 요구하는 피해자들

영국에서 자식과 생이별한 미혼모들은 지금 대부분 70대이며, 아직도 자식을 만나지 못한 엄마가 대부분이다. 그러고 보면 앤은 행복한 엄마인 편이다. 그동안 수도 없이 들었던 "자녀가 있느냐?"는 질문에 이제는 "네! 아들이 하나 있어요"라고 어디를 가든 자랑스럽게 답한다. 앤은 자신을 모자집으로 보낸 부모를 비난하지 않았다.

"그때는 그것이 최선이라 믿었고 그래서 사람들이 그런 모진 일을 했을 수밖에 없었지요. --- 나는 아들을 포기하거나 버린 적이 없어요. 정부가 사과를 통해 나와 아들의 명예를 다시 찾아주어야 합니다. 이제는 역사의 불의를 정부가 사과해야 할 때입니다."

앤은 정치 경력을 활용해 강제입양 문제의 사회공론화에 앞장서 왔다. 강제입양 피해자들이 정부로부터 사과를 원하는 이유는 한 가지이다. 정부가 그런 강제입양이 이루어지고 있음을 알고 용인했다는 점 때문이다. 피해자들은 당시 정부를 대신해 현 정부가 대표로 사과하라고 요구한다. 또한 공식 조사도 요구하고 있다. 어느 선에서 누가 결정했고, 어떻게 해서 그런 일이 누구에 의해 일어났는지를 찾아내야 한다고 주장한다. 당사자를 처벌하기 위함이 아니라 진실을 알아내 어떤 제도에 의해 희생되고 고통 받았는지를 알아야 과거의 장을 넘길 수 있기 때문이다.

수십 년 전, 법에 의해 희생된 삶을 지금 사과하고 보상한들 무슨 소용이 있을까? 라고 생각할 수 있다. 그러나 그렇게 해서라도 과거와 화해해야 미래에 다시는 그런 불행이 일어나지 않는다.

애국심, 국산품…
영국인들 사전에
이런 단어는 없다

애국심을 가르치지 않아도 나라를 사랑한다

영국인들 곁에서 오래 살아본 경험으로는 그들이 일상에서 '국산품 애용'이니 '애국심'이니 하는 단어를 거의 쓰지 않는다는 점이다. 그래서인지 영국 언론에서도 애국심 운운하는 내용을 듣거나 읽은 적이 별로 없다. 특히 영국 정치인의 입에서는 애국심이란 단어를 들을 수 없다. 정치인이 애국심을 말하면 일종의 사기꾼 취급 받을 정도로 금기 단어이다.

중산층 지식인들은 애국심이란 단어를 들으면 "몸에 두드러기가 돋아나는 느낌을 받는다"고 표현할 정도다. 이는 최근에 생긴 현상이 아니다. 1775년 유명 작가 사무엘 존슨Samuel Johnson도 "애국심이야말로 날건달의 마지막 피난처이다Patriotism is the last refuge of the scoundrel"라고 말했다. 영국인들의 애국심에 대한 강한 의심을 대변하는 말이어서 아직도 유효하다.

존슨이 이 말을 했다는 것은 오래전 영국에서도 애국심을 들먹이며 권력을 탐한 자들이 많았었다는 뜻으로 해석된다. 1755년 최초의 제대로 된 영어사전을 편찬하기도 했던 존슨은 런던의 다양함을 가리킬 때면 항상 인용되는 —너무나 유명한— "런던에 싫증난 사람은 인생에 싫증난 사람이다"라는 말도 남겼다.

'애국심은 날건달의 마지막 피난처'

특히 영국인들은 국기에 너무나도 엄숙하게 경배하는 미국인들을 보면 거의 몸서리친다. 도널드 트럼프 대통령이 '미국을 다시 위대하게Make America Great Again: MAGA'라는 선거 구호로 유권자를 끌어들이는 것을 보면서도 비슷한 반응을 보인다. 만일 영국에서 누군가 그런 식의 구호를 내걸고 애국심을 강조하면서 표를 요청했다면 덜떨어진 극우 정치인으로 여겨 표는커녕 놀림감이 된다.

실제 토니 블레어 총리가 사용한 'Cool Britannia'(멋진 영국)라는 구호는 트럼프의 MAGA에 비하면 점잖은 편인데도 유권자들에게 공감을 일으키지 못했으며 코미디언들의 놀림감 소재가 되었다. 서로 갈라진 지 200년 만에 어찌 이렇게 달라졌을까 놀랄 정도다.

영국의 국기인 유니언잭(Union Jack)

영국인의 애국심에 대한 무심함을 방증하는 예를 살펴보자. 2016년 6월, 한 민간 TV 방송이 영국인의 국가國歌에 대한 관심을 테스트하기 위해 거리로 나섰다. 배우 한 명을 코미디 프로그램 '미스 홀랜드Miss Holland'로 분장시켜 런던 거리를 다니면서 행인들에게 영국 국가를 불러보라고 했다. 하루종일 런던 시내를 돌아다녔으나 놀랍게도 단 1명도 국가를 제대로 부를 줄 몰랐다. 영국 사회에 상당한 충격을 준 사건이었다. 우연히 만난 네덜란드 학생은 자랑스럽게 자신의 국가를 다 불렀다.

프로그램 PD는 "하루종일 촬영한 필름을 우습게 보이려 굳이 편집할 필요조차 없었다"고 했다. 인터뷰한 행인들 모두 국가를 몰랐기 때문이다. 국가를 전부 부를 줄 아는 사람은 1명도 없었고, 한두 사람만 1절 첫 소절을 겨우 부르다 말았다. 이렇게 영국인들의 삶에서 국가와 국기는 거의 존재 자체가 없다고 봐도 된다.

국가 부를 줄 모르는 런던 시민들

2014년에는 영국인의 국가 인지 여론조사가 다시 한번 세간에 회자되었다. 여론조사기업 유고브YouGov 조사에 의하면 18~24세 청년들 중 43%는 국가 1절의 첫 줄 가사조차 전혀 모르고, 28%는 평생 국가를 한 번도 불러본 적이 없다는 결과가 나와 심한 충격을 주었다. 그에 비해 60세 이상 89%는 1절을 다 알고, 10%만 전혀 모른다고 답했다. 반면 18~24세는 44%만 알고, 43%는 전혀 모르고, 13%는 잘 모른다고 답했다. 전 국민으로 범위를 넓히면 68%는 1절을 부를 줄 알고, 5%는 잘 모르고, 26%만 전혀 모른다는 결과여서 영국인들은 그나마 조금 안심했다.

이 결과는 정치 성향에 따라 달라졌다. 보수당 지지자는 전체의 82%, 영국독립당은 85%가 국가를 아는 데 비해 노동당과 자민당 지지자는 66%만 아는 것으로 나왔다. 어느 나라나 좌파는 이런 일에는 좀 무심한 편이긴 하다. 11년이 지난 지금 똑같은 조사를 한다면 국가를 아는 비율은 분명 더 낮아졌으리라 판단된다.

이렇게 영국인이 국가에 무지한 이유는 교육 때문이다. 영국 학교에서는 국가를 가르치지 않고 배우지도 않는다. 또 부르지도 않는다. 조회시간에 국기를 위한 경례나 국가 제창은 초·중·고와 공·사립을 불문하고 존재하지 않는다. 이러한 관행은 비록 학교뿐이 아니다. 사회의 어떤 행사에서도 시작 전 국민의례 절차가 아예 없다.

영국에서 국가를 들을 수 있는 경우는 여왕이 참석하는 공식 행사를 제외하면 국가대표팀의 국제경기가 거의 유일하다. 유로2020 축구 결승전에서는 영국과 이탈리아 국가가 제창되었다. 그 자리에 참석한 관중들은 가레스 사우게이트Gareth Southgate 감독을 포함해 영국 선수들과 함께 입을 모아 국가를 불렀다. 전에는 국가 대항 시합에서도 영국 선수들 절반은 국가를 몰라 부르지 못했다. 2014년 브라질월드컵에서 영국 축구 감독 로이 호지슨Roy Hodgson은 선수들에게 국가를 외워 제대로 부르게 했다. 이후 이것이 일종의 전통으로 굳어져 축구 국제시합에서는 국가가 제창된다. 당시 여론조사에서 영국 국민 64%가 호지슨의 아이디어에 찬성했다.

금기 단어가 돼버린 애국심

2015년 9월 제1야당 당수였던 제레미 코빈Jeremy Corbyn은 영국 본토 '공방 공중전Battle of Britain' 75주년 기념 예배에서 국가를 안 불러 비난받았다. 행사 참석 전 코빈은 '전쟁을 중지하자Stop the War'라는 반전단체 의장 자격으로 반전 성명을 발표하고 행사장에 들어왔다. 언론들은 그가 왕정제 폐지론자이기 때문에 '신이여 여왕을 구원하소서God Save the Queen'라는 가사가 들어가는 국가를 부를 수 없었으리라고 지적했다. 비난 여론이 격해지자 여론으로 먹고사는 정치인인 코빈도 "앞으로 그런 자리에서는 국가를 부르겠다"는 약속을 하고야 말았다.

영국인 중 국가를 부르지 않는 사람들에게는 여러 이유가 있다. 우선 공화주의자나 무정부주의자처럼 신념에 따라 부르지 않는다. 이들은 신을 믿지 않아서 혹은 왕정을 지지하지 않아서 국가를 부르지 않는다는 이유를 댄다. 또 선출직이기에 세습직의 여왕에게 충성하는 국가를 부를 수 없다는 이유도 있다. 곡 자체가 장송곡 같아서 싫다는 사람도 많다.

곡이 느리고 처지면서 시대착오적인 '신과 여왕' 운운하는 현재의 국가보다는 차라리 토마스 아르네Thomas Arne 작곡의 '브리타니아여 지배하라Rule, Britannia!'나 에드워드 엘가Edward Elgar 작곡의 '희망과 영광의 땅Land of Hope and Glory' 혹은 휴버트 페리Charles Hubert Hastings Parry 작곡의 '예루살렘Jerusalem'이 국가로 훨씬 더 낫다는 사람도 많다.

이유 불문하고 굳이 국가가 무슨 의미가 있느냐는 단순 무관심도 상당히 많다. 사실 영국인 중에는 체질적으로 노래 부르기 싫어하는 사람도 대단히 많다. 영국인 중에 성인이 되고 나서 한번도 노래를 부른 적이 없다는 사람이 대다수라는 말도 있을 정도다. 그래서 굳이 국가를 부르고 싶어 하지 않는다. 그러나 그보다 더 큰 이유가 있다. 영국인들에게 애국심은 하나의 금기 단어이기 때문이다.

중산층 지식인들이 국가와 국기에 대한 지나친 존중에 대해 유독 반감을 나타낸다. 영국 근대 역사에서 기득권층과 정치인들이 자신만의 이익과 목적을 위해 애국심을 오랫동안 악용해온 것에 대한 반감도 배경 중 하나이다. 18세기 조지안Geogian 시대 때 수많은 정치인, 특히 상류 지배계급들이 자신의 이익을 위해 애국심을 강조했다는 것을 영국인들은 잘 안다. 그래서 지금도 중산층 지식인들은 "애국심이야말로 날건달의 마지막 피난처"라는 말을 신념처럼 믿는다. 정치인들이 가장 '날건달'이라는 뜻이다.

거기다가 영국 역사의 최고 전성기인 대영제국 시기에 일어났던 악행에 대한 부채의식과 특유의 집단 죄의식이 국기와 국가에 대한 무시나 경시로 나타나기도 한다. 노예제도, 인종차별, 식민지 과정에서의 탄압과 수탈, 제국주의의 악행을 국가가 주도한 것에 대한 반성이라고 영국 학자들은 말한다. 이런 식으로 영국의 지식인, 특히 1970~80년대에 활동했던 좌파 지식인들과 정치인들에 의해 영국 학교에서는 애국심, 국가주의, 민족주의 등이 금기사항이 되었고 그 기조는 아직도 이어져 오고 있다.

학교 교육에서도 사라진 애국심과 국가주의

영국 국가와 관련해 가장 재미있는 사실은, 엘리자베스 여왕은 어떤 경우에도 국가를 부르지 않았다는 사실이다. 따지고 보면 가사가 여왕 자신을 구원하라는 내용이니 부르기 민망할 수도 있긴 하다. 그래서 여왕은 공식 행사에서 국가를 부르지 않아도 되는 유일한 유명인사였다.

또 하나 흥미로운 사실은 영국 국가는 누가 가사를 지었고 작곡했는지 전혀 알려져 있지 않다는 점이다. 1745년 조지 2세 왕 때 스코틀랜드 반역군 보니 프린스 찰리Bonnie Prince Charlie의 군대가 런던을 위협할 때 애국심 고취를 위해 처음으로 불렸고 그 이후 다른 대안이 없어 전통으로 이어져왔다고만 알려져 있다.

그렇게 300년이 지나다 보니 최근에는 신과 여왕 운운하는 국가를 가사라도 현대에 맞추어 바꾸자는 주장이 계속 나온다. '브리타니아여 지배하라', '희망과 영광의 땅', '예루살렘'들이 제2, 제3, 제4로 꼽힌다. 하지만이 노래들도 너무 제국주의적이거나 종교적이어서 반감을 가진 영국인이 많아 쉽게 채택할 수도 없다.

이러한 정서는 매년 여름 7월 말부터 9월 중순까지 로열앨버트홀에서

BBC 주최로 열리는 음악축제 프롬나드콘서트Promenade concert에서부터 문제가 되고 있다. 이미 국가적 행사가 되어버린 2020년 프롬 때는 미국에서 시작된 '흑인의 생명도 중요하다Black Lives Matter' 운동으로 인한 역사 재조명 시도를 계기로 제2, 제3의 국가 곡목에도 시비가 걸려 거의 곡목이 취소될 뻔한 적도 있었다.

런던 여름밤을 더욱 빛내는 프롬은 클래식 음악이 부유층 음악이라는 편견을 없애기 위해 일반 시민 대상으로 BBC가 1895년에 만든 행사다. 1·2차 대전 중에도 계속되던 축제였다. 마지막 날 공연 명칭이 '프롬스의 마지막 밤Last Night of the Proms'이다. 이 날은 영국인들이 애국심을 맘껏 발휘하는 날로, 잉글랜드 국기가 아닌 영국 국기 유니언잭을 흔들면서 제2, 3, 4의 대안 국가를 청중들 모두 크게 부른다. 이곳이 아마 영국 중산층이 애국심 발휘를 마음껏 하는 유일한 장소이다.

오로지 여왕을 위한다는 난센스 가사

굳이 공화주의자나 무정부주의자가 아니라도 정상적인 현대 감각과 사고를 가진 영국인이라면 국가 1절만 들어도 두드러기가 날 만하다. 영국이라는 나라 자체도 아니고 오로지 여왕을 위한 가사를 현대 영국인이 부른다는 사실은 난센스에 가깝다.

God save our gracious Queen/Long live our noble Queen/God save the Queen/Send her victorious/Happy and glorious/Long to reign over us/God save the Queen!
신은 우리의 자비로운 여왕을 지켜 주신다/고귀한 여왕께서 만수무강하게 하소서/신이여 여왕을 구해 주소서/그녀에게 승리와/행복과 영광을 주시고/길이길이 우리를 다스리게 하시고/신은 여왕을 구해 주소서!

거의 독립국 형태를 갖춘 영국 내의 각 지방국가들은 나름대로의 국가가 있다. 스코틀랜드는 '스코틀랜드의 꽃Flower of Scotland', 웨일스는 '아버지의 땅Land of My Fathers' 등이다. 유로2020 축구 본선에도 4개 지방국가 모두 참가했으며 본선에 오른 스코틀랜드, 웨일스는 시합마다 자신들만의 국가를 연주했다.

영국인 마음속에 애국심이 전혀 없느냐 하면 그건 아니다. 영국인의 애국심은 미국식과 다르고, 다른 어떤 나라 국민들의 애국심과도 다르다. 영국인들은 국가라는 형태 자체에는 사랑을 쏟지 않는다. 차라리 역사적 인물, 참전용사, 특정 전투를 기념하고 아낄 뿐이다.

그래서인지 영국은 국민들에게도 굳이 애국심을 강조하지 않으며, 영국인들은 애국심을 코에 걸지 않는다. 전쟁에 져본 적도 없는 강국이어서 그럴 이유도 없기는 했을 터이다.

애국심을 의심하고 경계하는 이유는 지배층들이 이익을 취하기 위해 애국심을 이용했기 때문이다. 영국인들은 자연발생적이 아닌 것을 지나치게 강조하면 일단 의심하고 본다. 그래서 냉소적이고 만사에 비판적이다. 그렇기 때문에 애국심을 비롯해 애사심, 애향심 등 무언가 의도가 있는 듯한 강요에는 두드러기가 난다.

'영국판 세월호' 힐스버러 참사의 26년 진실 찾기

96명의 희생자는 누가, 어떻게 만들었나

4월은 잔인한 달이라지만 영국인들, 특히 리버풀Liverpool FC 축구팬들에게는 무척 가슴 아픈 달이다. 1989년 4월 15일 영국 축구클럽들의 잔치인 축구협회컵FA Cup 준결승전 경기장에서 리버풀 팬 96명이 압사 사고로 숨지는 사건이 벌어졌다.

참사 9개월 뒤 나온 조사 보고서는 사고 원인을 "술 취해 입장권 없이 경기장 안으로 들어온 리버풀 팬들의 폭거 때문"이라고 밝혔다. 희생자의 사망 원인을 '사고사accidental death'로 결론 짓고 사태를 끝냈다.

96명이 압사하고 766명이

힐스버러 축구장

상처를 입었어도 아무도 책임지는 사람이 없었다. 그렇게 사태는 순전히 불특정 홀리건 리버풀 팬들 책임으로 끝났다.

그러나 이는 현장 경찰이 책임을 피하려고 은폐 조작한 증거와 강압에 회유된 증언이 담긴 경찰 보고서가 근거였다. 망연자실하고 분노했던 유족들과 리버풀 팬들은 보고서가 나온 이후 진실 규명을 위해 끈질기게 노력하기 시작했다.

1차 조사보고서가 나온 지 22년이 지난 2012년, 진상을 밝혀내기 위한 재판이 열렸다. 4년 후인 2016년에, 당시 참사가 '중대한 직무유기로 인한 과실치사unlawfully killed'라는 판결이 나왔다. 억울한 죽음들이 유족들의 끈질긴 노력으로 26년 만에 진실을 찾아 마침내 평화의 안식을 하게 된다.

축구장에서 30분 만에 96명 압사

이 사건을 영국인들은 간단하게 '힐스버러 참사Hillsborough Disaster'라 부른다. 세계 축구 역사상 최악의 참사가 벌어진 과정은 이랬다.

리버풀과 노팅엄포레스트Nottingham Forest의 '1988~89년 시즌' 영국 축구협회시합(FA컵) 준결승전이 셰필드웬즈데이Sheffield Wednesday 힐스버러 축구장에서 열렸다. 오후 3시 경기 시작이 다가왔는데도 미처 입장하지 못한 리버풀 응원단은 경기장 밖에서 소란을 피웠다. 현장 관리를 하던 남요크셔 경찰서장이 1명씩 들어가는 회전 출입구로는 그들을 제시간에 입장시키기 어렵다고 판단해 출구를 열어버리는 엄청난 오판을 했다.

문이 열리자마자 이미 꽉 찬 입석 관객석으로 팬들이 한꺼번에 몰려들었다. 당시 축구장들은 팬들의 경기장 난입을 막기 위해 관객석과 경기장 사이에 강한 철망을 설치했었다. 밀려들어온 사람들로 인해 철망 가까이에 있던 앞자리부터 압사자가 나오기 시작했다. 사고는 경기 시작 15분 전 출구 개방을 한 직후부터 철망이 무너지기까지 30분간 일어났다. 그 짧은 시간 희생은 너무 컸다. 96명 사망과 766명의 중경상자가 발생했다.

사고 원인은 여러 가지가 겹친 결과였다. 경기장 밖에서 현장을 지휘하던 경찰서장은 군중 관리 경험이 전혀 없었고 전근 온 지 2주밖에 안 되어 경기장 안을 본 적도 없었다. 거기다가 입장권을 판매하는 축구협회와 경기장 측은 입장권에 '경기 15분 전'에 오라고 안내하는 실수까지 했다. 경기장을 소유한 셰필드웬즈데이클럽은 1981년 FA컵 준결승 때도 사고가 나서 토트넘 팬 38명이 부상당한 적이 있었다. 경기장 구조 자체가 안전에 미흡하다는 지적을 받았음에도 개선하지 않았다. 그 경기장을 다시 준결승 장소로 선정한 축구협회 모두 안이한 판단을 했다.

더욱 안타까운 일은 사고 이후였다. 앰뷸런스 40대가 달려왔으나 1대만 경기장 안으로 들어갈 수 있었고 나머지는 밖에서 기다렸다. 경찰이 진입을 막은 탓이다. 경찰은 경기장에 쓰러져 있는 사람들이 이미 사망했다고 판단해 앰뷸런스가 안으로 들어오면 추가 안전사고가 발생할 수 있다고 여겼다. 결국 관객들이 광고판을 들것 삼아 부상자를 밖으로 옮기는 일이 벌어졌다.

그렇게 해서 병원으로 실려간 사람은 12명뿐이었다. 2012년 재조사에서는 빨리 손을 썼으면 무려 41명의 희생자를 더 살릴 수 있었다는 결론이 나왔다. 유족들로서는 땅을 칠 일이었다. 현장을 총괄 지휘하는 사령탑이 없어 각자가 이리 뛰고 저리 뛰는 상황이 벌어졌고 이는 사태를 더욱 악화시켜 희생자를 늘렸다. 경찰, 축구협회, 클럽, 앰뷸런스 등의 총체적 부실이 참사를 만들어냈다.

더욱 안타까운 것은 96명의 희생자 중 10대가 38명, 20대가 40명,

30대가 12명이라는 사실이었다. 90명, 즉 사망자 94%가 꽃다운 청춘들이었다. 그뿐 아니라 부상은 입지 않았으나 참사 현장을 목격한 관중 중에서 수많은 트라우마(외상증후군) 환자가 생겼다. 부상 생존자 중 3명이 자살했고 정신병원 입원, 약물중독, 음주, 충격으로 실직 후 이혼하는 가정 등 후유증이 엄청나게 발생했다.

사태 주범으로 지목된 극성 리버풀 팬들

사고가 난 4일 뒤인 4월 19일 영국의 우익 언론이자 가장 부수가 많은 대중지 〈더선The Sun〉은 영국 역사에 길이 남는 초대형 오보를 낸다. 전면 표지에 'Truth'(진실)라는 큰 제목의 기사를 냈는데, 지금도 힐스버러를 구글링하면 제일 먼저 뜨는 사진이다.

기사에는 "만취된 리버풀 팬들의 횡포로 참사가 일어났고 그들은 심지어 시체에서 지갑을 빼내고 인공호흡 등 구조 작업을 하는 경찰에게 방뇨하고 폭행까지 했다"는 헛소문이 담겼다. 심지어 리버풀 팬들이 "괜히 쓸데없는 짓 하지 말고 (시체를) 이리 던져라. 우리가 강간하겠다고 아우성쳤다"라고까지 극단적 보도를 했다. 이는 경찰이 제공한 거짓 정보를 현장 확인도 하지 않고 책상에 앉아 기사화한 탓이었다.

사고 후 8개월이 지난 1990년 1월, 영국의 보고서치고는 드물게도 빨리 나온 〈테일러 보고서〉도 사고에 특별히 책임질 사람이나 기관은 없고 "음주를 한 리버풀 팬들의 횡포가 사고의 가장 큰 원인인 단순 사고사"라는 결론을 냈다. 후속 재판에서도 〈테일러 보고서〉와 경찰이 제출한 증거가 가장 중요한 근거로 작용했다. 유족 측의 주장은 전혀 채택되지 않았다. 결국 아무도 책임지는 사람과 기관 없이 사태가 묻히는 듯했다.

물론 유족들은 이 같은 결론을 도저히 받아들일 수 없었다. 참사 생존자인 리버풀 팬들도 결론을 보고 눈과 귀를 의심하지 않을 수 없었다. 유족들은 대다수의 희생자가 음주할 나이도 아니고 그날 입장권을 모두 소지하고 있었음을 알고 있었다. 나중에 밝혀진 바이지만 알코올이 일부 채취된 사망자의 경우도 만취는커녕 '가벼운 즐거움modest for a leisure' 정도의 음주량에 불과했다.

사고 23년 후 〈더선〉에 실린 기사

조작되기 전 초급 경관들의 보고서에 의하면 희생자 모두는 입장권을 소지하고 있었다.

그러나 경찰에 의해 퍼진 헛소문과 이를 다룬 영국 언론들에 의해 진상은 오도됐고 이것이 오랫동안 영국을 지배했다. 정론지 〈더타임스〉마저도 경찰과 〈테일러 보고서〉를 믿고 리버풀 팬들의 만행을 나무랐다. 〈데일리익스프레스〉도 술 취한 팬들의 행위라고 비난했고, 〈선데이피플〉은 광란의 팬들이 도망가느라 시신을 밟고 지나갔다는 헛소문도 보도했다. 공영방송 BBC 인기 드라마 '이스트엔더스EastEnders'에서마저 리버풀 팬을 비난하는 대사가 등장했다. 결국 정치인을 비롯한 사회 저명인사들도 동조해 희생자들을 꾸짖기 시작했다.

유족들은 처음에는 숨을 죽이고 가만히 있었다. 사회 분위기가 희생자들을 죄인vilified 취급하고 있음을 알기 때문이었다. 더욱이 리버풀 팬들의 과격성은 워낙 잘 알려져 있기에 경찰의 조작이 쉽게 받아들여졌다. 성적이 좋았던 리버풀에 대한 다른 팬들의 질투도 합쳐져 리버풀 팬과 시민들 말고는 모두가 '리버풀 축구난동꾼hooligan'들에게 책임이 있다고 믿었다.

사실 'Kop'(쿱)으로 불리는 리버풀 팬들은 원정팀과 응원단을 기죽이는 격렬한 응원으로 유명하다. 1985년 벨기에에서 열린 유럽컵 결승전 이탈리아 유벤투스Juventus와 리버풀 시합에서도 경기가 시작되기도 전에 리버풀 팬들이 담장을 무너뜨려 39명이 희생되고 600명이 부상을 입은 사고가 났었다.

조작과 위증으로 만들어진 조사보고서

당시 〈더선〉 편집국장은 극우 성향의 보수당 열렬 지지자였다. 리버풀이 전통적으로 노동당 지지의 야도野都여서 〈더선〉이 그런 식으로 진실을 오도했다는 말도 훗날 나돌았다. 〈더선〉의 기자로 있었던 한 저자는 자신의 책에서 "이미 다 만들어진 기사에 내 이름이 들어 있는 걸 보고 경악했으나 막을 방법이 없었다"고 썼다.

이후 유족들이 끈질긴 진실 찾기에 나섰지만 세상은 쉽게 인정하지 않았다. 사고 후 23년이 지난 2012년, 조사위원회가 진실을 밝혀내기 전까지 세상은 유족들의 집착에 가까운 환상이라고 치부했다. "이제 그만하고 희생자를 보내주고 유족들도 갈 길을 가라"고 권했다. 사정을 모르는 지식인들은 "이제 끝도 없는 재조사, 재재판, 재검사를 그만하고 참사를 뒤로하고 희생자를 그만 보내주자"라고 간곡하게 애원도 했다.

그러나 희생자들의 결백을 확신하는 유족들은 명예를 찾아주고 자신들의 신원伸寃도 풀기 위해 '힐스버러 정의 찾기 캠페인The Hillsborough Justice Campaign'을 시작했다. 1989년 5월 유족과 생존자 팬들이 합심해 힐스버러 유족후원협회Hillsborough Family Support Group: HFSG를 결성해 활동을 개시했다. 조직적 활동 외에도 지역구 하원의원을 비롯해 유관기관에 편지를 쓰고 언론 기고와 인터뷰도 하면서 불씨를 꺼뜨리지 않으려는 행동을 줄기차게 이어나갔다.

그 활동이 결실을 맺어 1차 보고서 7년 후인 1997년 토니 블레어 노동당 정부가 들어선 후 고등법원 판사가 재조사를 위한 법적 검토를 시작했다. 그러나 또 결론은 "조사를 할 근거가 부족하다"였다. 보수당에서 노동당으로 바뀌면서 한껏 기대를 걸었던 유족들은 다시 한번 실망했으나 그래도 재판을 이어갔다. 국가가 도와주지 않으니 이제 유족 개인이 검사가 되어 책임자인 경찰서장과 차석을 형사기소하는 '사인기소私人起訴, Private Prosecution'도 여러 건 시도했다. 그러나 새로운 증거 없이 경찰 증거와 보고서만으로 이뤄진 판결은 역시 그대로였다.

그런데 참사 20주년인 2009년, 한 정치인에 의해 진실 찾기는 전기를 맞게 된다. 노동당 고든 브라운 총리 정부에서 문화언론체육부 장관이자 의원(맨체스터 시장)인 앤디 번햄Andy Burnham이 리버풀 구장에서 매년 열리는 추모식에 연설하기 위해 참석했다. 그는 추모식에 초대받았을 때 상당히 망설였다. 정부가 유족들에게 더 이상 해줄 것도 없는 상황에서 연설을 하다가 울기라도 하면 안 되기 때문이었다.

리버풀의 라이벌인 에버턴Everton 클럽 팬이던 번햄은 사고 당시 19살이었다. 참사가 일어났던 날 버밍엄 클럽에서 열리는 에버턴과 노리치Norwich의 준결승전을 아버지와 함께 보러 갔다가 참사 소식을 들었다. 자신에게도 아픈 그 기억 때문에 연설 중 눈물을 흘리는 사태가 벌어질까 염려한 것이었다.

결국 연설 중간에 리버풀 팬 3만여 명이 '96명을 위한 정의Justice for the 96'

라고 고함을 지르기 시작하는 곤혹스러운 일이 벌어졌다. 번햄은 군중의 고함소리에 할 말을 못하고 고개만 끄덕이며 동의를 표하는 장면이 카메라에 잡혀 온 나라로 중계되었다. 6분의 연설이 10여 차례의 고함과 박수로 중단된 그날, 번햄은 다음 내각회의에서 이 문제를 반드시 끝장내겠다고 결심했다.

'정치'가 배제된 최종 조사단 구성

번햄의 필사적 노력으로 고든 브라운 내각은 법 검토 단계를 생략하고 바로 힐스버러독립조사위원회Hillsborough Independent Panel를 구성했다. 위원장으로 리버풀 성공회 주교가 지명되고 인권변호사, 정보추적 전문가, 탐사보도 전문기자, 의사, 경찰 간부, 범죄학 전문가, 방송인, 전직 국가문서기록관장이 위원으로 임명된다. 기존의 관료와 이른바 전문가들은 다 빼고 상식에 의거해 새로운 시각으로 사태를 살펴볼 사람들을 리버풀 시민들이 선정했다. 그래서 유족들은 "결론이 어떻게 나든 조사위원회의 결론을 진실이라고 무조건 받아들이겠다"고 했다.

조사위원회는 '관련 서류 공개 시한 30년'이라는 정부 조례를 '20년'으로 바꾸면서까지 80개 기관으로부터 45만 쪽의 서류를 제출 받았다. 놀라운 일은 관계기관들이 20년 넘게 자신들에게 불리한 서류를 보관하고 있다가 훼손 없이 선선히 제출했다는 점이다.

이 조사는 영국에서 사고 조사와 관련해 두 가지 신기원을 세웠다. 위원회가 정부 서류 공개의 법적 시한을 당긴 점과 함께, 20개씩 열거된 서류 목록만으로도 1,296쪽인 45만 쪽의 모든 서류를 공개·비공개 따지지 않고 모두 위원회 웹사이트에 올렸다는 점이다.

위원회가 서류를 공개한 이유는 두 가지이다. 조사를 밀실에서 하지 않고 관련 서류들에서 진실을 찾겠다는 공개 선언이 첫 번째 이유이다. 공개된 자료를 보고 국민 누구나 서류 조작이나 오류, 혹은 서류에 포함되지 않은 진실이나 목격한 사실을 알려주기를 바란다는 희망이 두 번째였다. 이른바 집단지성을 통한 대중조사Cloud Investigation의 첫 시도였다.

완전한 서류 공개는 희망했던 결과보다 훨씬 더 큰 성과를 이루었다. 우선 리버풀 시민들을 비롯해 영국 국민들이 정치에 휘둘리지 않는 선명한 조사가 이루어지고 있다는 신뢰를 보냈다. 그 다음이 국민들로부터 엄청난 제보와 정보 그리고 제안이 쏟아져 들어왔다. 위원회는 이를 통해 위원들이라면 도저히 찾아내지 못할 경찰 조작 증거의 모순점과 오류는 물론 현장에서 빠진 폐쇄 카메라의 존재, 방송기자들의 촬영분 등 기존 조사의 결론을 뒤집을 중요한 증거들을 찾아냈다.

모든 서류를 온라인에 띄우고 '대중조사'

진실 규명에 가장 중요한 증거는 회유된 증인들의 참여에서 나왔다. 자신의 이름이 들어간 위증 서류가 만천하에 공개되자 증인들은 더 이상 가만히 있을 수 없었다. 비록 경찰 조사에서 강요로 위증했지만 그동안 죄책감을 느끼고 있던 참이었다. 선뜻 나서지 못하다가 서류가 공개되자 수치감에서 벗어나려 진실을 털어놓기 시작했다.

이렇게 모인 새로운 증거와 증언으로 위원회는 2년 9개월에 걸친 조사 끝에 2012년 9월 최종 보고서를 내놓았다. 현장 초급 경관 164명이 작성한 현장 보고서 중 116군데가 고위 경찰에 의해 수정되었다는 사실을 밝혀냈다. 만취한 폭도라고 몰아가기 위해 심지어 어린아이들을 포함한 모든 시신을 대상으로 알코올 검사를 했고, 희생자 전원에 대해 경찰 기록과 전과 기록도 조사했다는 사실을 밝혀냈다. 희생자를 전과자로 발표하기 위함이었다.

395쪽의 보고서는 153개 항목으로 구성되어 있지만 제일 중요한 결론은 의외로 간단했다. 많은 요인에 의해 일어난 참사의 책임을 결백한 팬들에게 돌리려고 거짓말을 퍼뜨리고, 증거를 조작하고, 증인들을 회유하는 진실 은폐와 공작을 경찰이 자행했다는 사실이다. 그래서 참사는 사고사가 아니라 현장 경찰들을 비롯한 축구협회, 셰필드 구단, 앰뷸런스 구조 등 관계기관과 단체의 '중대한 직무유기로 인한 과실치사'로 결론지었다.

보고서는 해당 책임자들의 죄를 물어야 한다는 기소 의견을 냈고, 영국 축구장의 안전에 대한 권고도 했다. 정부는 조사보고서가 나오자 바로 독립기관인 경찰고충처리위원회 주도로 런던, 맨체스터, 더럼의 총경급 3명을 수뇌부로 하는 '해결 작전Operation Resolve' 특별 수사팀을 구성해 관련 책임자와 기관들에 대한 형사처벌과 수사에 들어갔다.

그리고 보고서의 권고대로 영국 축구경기장 중 톱 2개 리그의 관중석 전체를 입석이 아닌 좌석으로 바꾸는 대작업을 시작했다. 관중석과 경기장을 막는 철책도 없애는 등 각종 안전조치도 이루어졌다. 그 덕분에 힐스버러 이후 영국 축구장에서는 더 이상의 참사는 일어나지 않았다.

유족들로서는 23년 동안 줄기차게 주장해왔던 모든 내용이 보고서 안에 들어 있음을 읽고 너무 기뻐했다. '정의가 이루어졌다Justice Is Done'는 구호가 직힌 깃발을 흔들며 흐느끼는가 하면 2명은 감정이 격해 기절하기도 했다. 이렇게 해서 유족들은 22년에 걸친 투쟁을 승리로 이끌었다. 리버풀 대성당 계단에 리버풀 유니폼 색깔인 붉은 조명으로 쓴 'Truth' 장면은 유명한 순간이다.

조사단이 성공한 이유는 어찌 보면 간단하다. 정치색이 전혀 없는 순수한 전문가들로 이루어져 유족들에게 신뢰를 주었다는 점이다. 또 충분한 시간을 허용했고, 조사단이 쓸 자금에도 제한을 두지 않았다. 그리고 모든 서류를 공개함으로써 집단지성에 의한 대중조사라는 기발한 방법까지 동원했다.

힐스버러 사건의 진상을 밝히기까지 엄청난 혈세 지출도 있었다. 2012년 조사보고서 이후 2016년까지 경찰의 변호사 비용을 비롯해 재판 비용으로만 2,510만 파운드를 내무부가 지급했다. 경찰 업무 수행 중 일어난 사고로 소송을 당했다는 이유에서다. 유족 법정 비용 6,360만 파운드도 내무부가 지급했다. 경찰이 책임져야 할 사건이니 피해자 정의 실현을 위한 비용이기 때문이었다. 도합 8,870만 파운드(1,330억 원)라는 천문학적 혈세가 지출되었다.

영국 전체는 이 비용을 '유용한 경비'라고 결론지었다. 유족들의 23년이 넘는 원한이 드디어 풀렸고 더 이상 여한이 없기 때문이었다.

'가장 큰 적은 무사안일이다'

이제 모든 영국인이 리버풀 희생자와 유족들을 죄책감 없이 대할 수 있게 되었다. 그동안 영국인들은 리버풀 희생자 얘기만 나오면 무언가 죄책감을 느끼고 있던 참이었다. 힐스버러 참사는 영국인들로서는 정말 더 이상 돌이키기 싫은 비극이다. 그러나 리버풀 팬들을 비롯한 전 국민들은 자신들이 잘못해 비극이 일어난 듯 매년 4월 15일이면 '힐스버러를 잊지 말자'는 행사를 진행한다. 연도는 다르지만 한국의 세월호 참사가 딱 하루 뒤의 일인 점도 참 공교롭다.

유족들은 대처, 메이저, 블레어, 브라운, 캐머런 정권까지 5개 정권, 22년에 거쳐 결국 정의를 이루어냈다. 그러고 보면 영국인들은 무서운 민족이다. 냄비 끓듯 파르르 하다가 금방 식는 민족이 아니다. 무언가에 한번 꽂히면 끝장을 보기 전에는 결코 포기하지 않는다. 비록 1차 조사보고서는 결론을 잘못 냈지만 최종 조사를 주도한 테일러 법관의 말은 우리도 귀 기울여야 한다.

"안전을 위협하는 가장 큰 적은 바로 무사안일이다.

The greatest enemy of safety is complacency."

7 정년 없앤 영국에서
벌어진 일들

누구에게나 일할 권리와 노동의 행복감이 있다

인간에게 정년停年은 축복일까, 저주일까? 영국에서 정년이란 개념은 2011년 10월 1일 사라졌다. 일정 연령이 되면 무조건 직장을 그만두어야 하는 일괄적 정년제도가 법으로 금지되었다. 연령차별이 사회 정의에 어긋나고 평균수명 증가와 함께 노년층의 건강이 향상되어 65세에 일괄 은퇴하는 것이 비현실적이라는 시대 상황에 맞춘 조치였다.

경험이 풍부한 노년층의 근로를 유도해서 국가경제에 도움을 주자는 이유도 있었다. 노년의 근로가 신체와 정신건강에 도움을 주어 건강보험 부담도 줄이고, 일을 함으로써 돈을 벌어 소비가 늘어날 수 있다는 점도 고려된 다목적의 '역사적 조치'였다.

국가가 정한 정년 혹은 자신이 정한 정년이 되면 직장을 그만두고 여행 다니고 취미생활 즐기는 일이 그간 영국 사회의 기본이자 규범이었다. 동시에 영국인 개개인의 인생철학이기도 했다. 영국인들의 필생 목표는 "열심히 일해서 멋진 은퇴를 맞이하자"였다. 영국에서도 정년은 전반기 인생을 마감하고 또 다른 인생을 시작한다는 의미였다. 영국의 모든 사회제도와 의식구조도 그에 맞춰 정해져 있었다. 그런 점에서 정년을 없앤 조치는 영국 사회의 기본을 흔드는 혁명적 조치였다.

오래전부터 'Age UK' 같은 노년층을 위한 자선단체와 사회운동단체들이 "연령으로 인한 차별을 하면 안 된다"는 대의명분을 내세워 10년 이상 꾸준히 사회운동을 벌인 결과 유럽에서 처음으로 시행되었다. 정년이 사라진 지 10년이 훨씬 넘은 지금 영국에서는 65세 이상의 노인이 일하는 것은 당연한 일이다. 물론 공중의 안전과 관련한 특수 업무(경찰·소방관·항공교통통제관 등)는 여전히 정년이 정해져 있다.

정년철폐법을 제정하는 기간 내내 기업을 대표하는 각종 협회나 단체들은 정년 폐지에 맹렬히 반대했다. 특히 중소기업들은 "나이가 들어 제대로 일을 못하는 직원을 내보내려면 복잡하고 돈이 드는 방법으로 해고해야 하는데 어찌하라는 것이냐"는 걱정을 많이 했었다. 해고를 하려면, 노동자가 '일을 더 할 수 있다'는 것을 증명해야 하는 것이 아니라 고용자가 '현재의 일에 부적합하다'는 것을 증명해야 하니 보통 문제가 아니었다.

그렇게 노년층이 나가지 않고 버티면 젊은 인력을 고용하지 못하는 사태가 벌어져 청년실업이 큰 사회문제로 대두하리라는 예상도 팽배했었다.

영국 최고의 정책

영국에서는 회사가 직원에게 언제까지 근무할 계획이냐는 질문을 함부로 할 수 없다. 직원이 이 질문에 답할 의무도 없지만 질문 자체가 퇴직 강요나 압박으로 들린다면 중재위원회를 통해 손해배상을 할 수 있다. 직원의 능력이나 업무실적이 현저히 나빠지면 당연히 회사는 적법한 절차를 거쳐 권고해직할 수 있다. 그러나 그 절차가 보통 힘든 게 아니다. 대기업은 노무勞務 전문인력이 대처할 수 있다 해도 중소기업은 어떻게 하느냐는 우려를 많이 했었다. 언론에는 이러한 우려가 계속 보도되었다.

결론부터 말하면, 정년이 철폐된 지 10년이 넘은 지금 모든 걱정과 우려는 기우로 나타났다. 오히려 정년철폐가 '선견지명이 있는 시대를 앞서가는 결정'으로 평가받고 있다. 영국이 결정한 최고의 정책 중 하나라는 칭찬도 있다. 유럽인권재판소는 2010년 각국 정부의 기초연금 수령에 맞춰 정년제도가 위반이 아니라고 판결했다. 그럼에도 영국은 다음 해에 바로 정년금지법을 시행했다. 영국의 선행 조치가 빛나는 순간이었다.

영국의 정년철폐가 환영받은 가장 중요한 이유는 경제 호황이었다. 코로나19 전의 영국 실업률은 거의 완전고용 수준이었다. 특히 슈퍼마켓 계산원 등 단순업무 종사자가 너무 많이 모자랐다. 이 문제는 지금 더 심각해졌다. 브렉시트로 동구권 단순 노동자들이 고국으로 돌아가자 현재 영국 소매상과 식당들은 직원을 못 구해 난리이다. 70세 이상의 노인들이 2배나 많이 일하고 있는데도 실업률이 떨어졌다는 말은 노인들이 일해도 청년들 일자리를 빼앗는 것은 아니라는 의미다.

정년 폐지 4년 만인 2017년 65세 이상 여성 노동자가 5.6%에서 11.3%로 2배 늘었다. 70세 이상 남성 중 15.5%가 일해 2012년의 10%에 비해

영국의 공장 노동자

많이 늘어났다. 2009년에 3만6,302명이던 70세 이상 근로자가 2019년에는 11만3,513명이 됐다. 80세 이상도 5만3,000명이나 일하는데 그중 25%는 파트타임이 아니라 풀타임이다. 영국 노년층(65세 이상) 12명 중 1명이 일한다는 통계가 있다. 10년 전에는 22명 중 1명만 일했다.

나아가 노년층의 근로만족도를 보면 80%가 행복하다는 통계가 있다. 기업들은, 노년 직원들의 건강이 좋고 경험도 많아 회사 업무에 도움이 된다고 환영한다. 노년 근로자들의 만족도 역시 당연히 높다. 건강도 좋아지고, 경제적 도움도 되고, 직장에서 사람들을 만나면서 고독하지 않아서 좋다. 거기에 더해 영국 국민건강보험National Health Service: NHS은 노인들의 건강이 현저하게 좋아져 비용이 많이 줄었다고 반색이다.

4마리 토끼 잡았다

영국 정부의 입장은 75세, 심지어 80세까지도 사정이 허락하면 일을 하라고 권고한다. 현재 영국인 평균수명은 거의 81세이다. 결국 이 말은 본인이 원하고 체력이 되면 "숨이 넘어가는 순간까지 일하라"는 뜻이다. 영국 인구 6,692만 명 중 17.9%인 1,200만 명이 65세 이상이다. 2037년이 되면 24%가 65세 이상이 된다. 그래서 영국 정부는 국민기초연금 지급 연령을 2020년 66세로 이미 올렸고, 2050년에는 70세로 올릴 예정이다. 현재 20대는 거의 50년을 일해야 국가연금을 받을 수 있게 된다.

세금을 낼 근로자들이 은퇴로 줄어들면 결국 젊은이들이 내는 세금으로 매년 늘어나는 노년층을 먹여 살려야 한다. 그 고민을 해결할 수 있는 방법은 은퇴 나이를 늦추는 방법밖에 없다는 결론에 영국 정부는 일찍 도달했다. 그래서 2011년 일괄정년제를 과감하게 폐지했다.

노동력 부족, 은퇴 후 사회적 소외로 생기는 심신의 문제, 세금 납부자 증가로 인한 세수 증가, 개인 경제력 향상으로 인한 소비 증가 등 4마리 토끼를 한꺼번에 잡았다.

평생을 일상에 쫓기는 '쥐들의 질주ratrace'에서 벗어나 느긋한 노년을 즐기고 싶은 노인들도 분명 있다. 실제 많은 영국인은 대개 65세가 되면 그냥 사직한다. 주위의 시선을 의식해서 하는 사직이 아니라 다른 삶을 살아보겠다는 각오로 직장을 그만둔다. 그동안 영국인에게 정년은 은퇴를 의미했고 은퇴가 꿈이었다. 사실 영국인들은 일찍부터 은퇴 준비를 시작한다. 좀 과장해서 이야기하면 거의 일생을 은퇴 준비와 이후의 인생 설계에 쏟아붓는다.

결혼을 하면 부부의 연봉 3년치에 해당하는 장기 저리 주택융자금mortgage을 받아 집을 우선 마련하면서 어른의 삶을 시작했다. 지난 30년간 집값이 천정부지로 오르기 전에는 부부 연봉 3년치를 합친 금액이면 가정을 꾸릴 자그마한 집은 살 수 있었다. 젊은 부부가 집을 마련하고 인생을 시작할 수 있었기에 영국이 안정된 국가라는 평을 받았다.

은퇴 이후의 삶을 미리미리 준비한다

그런데 영국도 전국에 걸쳐 집값이 엄청 올라 주택 구입과 함께 인생을 설계해야 하는 젊은 부부들은 심각한 고민에 빠졌다. 국가적으로도 큰 문제이다. 영끌(영혼까지 끌어와서)을 해도 집을 못 사는 한국의 젊은이만큼 영국의 젊은이들도 고민이 많아 집 사는 것을 거의 포기하고 공공임대주택에서 사는 것을 목표로 한다. 그런데 공공임대주택도 쉽게 얻어지지 않는다는 데 문제가 있다.

영국인은 주택융자를 받는 시점에 두 가지 조치를 더한다. 하나는 생명보험이다. 부부 중 1명이 불상사를 당해 생명을 잃거나 일을 못하게 되는 사태를 대비해 드는 보험이다. 대개 이 보험은 사고가 나면 주택융자금 잔액이 얼마이건 전액 보험회사에서 상환해 준다. 가장 큰 빚을 해결하니 불행 중 다행이고, 가장이 없어 가족이 길거리로 나앉는 사태도 방지할 수 있게 한 보험이다.

다른 하나는 개인 은퇴연금이다. 어차피 정부 기본연금(약 700파운드: 112만 원)은 기초생활비밖에 되지 않으므로 노후생활을 위해 개인연금을 추가로 가입한다. 55세에 은퇴하겠다고 계획을 세우면 주택융자 잔액을 은퇴 시점에 다 갚도록 만들고 거기에 맞춰 개인 은퇴연금도 부어간다. 앞에서 말한 것처럼 은퇴 준비로 평생을 보내는 영국인들은 연봉에서 은퇴 준비금을 빼면 정말 여유가 없다.

대학 학비는 본인이 갚아야 한다

영국인은 초중고 공립을 다니면 학비를 국가에서 지원하기 때문에 한국처럼 사교육비에 큰 지출을 하지 않는데도 여유가 없다. 영국 공교육은 대학에 가기 전까지는 전혀 돈이 안 든다. 몇 년 전까지만 해도 대학 등록금도 구청에서 내주었다. 이제는 은행에서 저리로 빌려서 내고 졸업 후 연봉이 2만1,000파운드(3,360만 원)가 되면 그때부터 갚아나가면 된다.

만일 평생 취직을 못하면 안 내도 되고, 해외로 이주해서 살면 소득 추적이 안 되니 이론상으로는 안 내도 된다. 하지만 대부분의 영국인은 해외에서 일하면서도 갚아나간다. 그러고 보면 대학 다니면서 해외연수, 심지어는 해외 대학 진학까지 부모가 당연히 대주어야 한다고 여기는 한국의 젊은이들이 한심해 보인다.

그런데 최근 상황이 바뀌었다. 개인은퇴연금private pension이 쪼그라들고 있어서다. 세계적 불황과 경제난으로 인한 기업의 이익 감소, 낮은 이자율 등으로 인해 노인 연금도 줄어들고 있다. 그럼에도 영국의 연금생활자들은 사정이 좀 낫다. 특히 대기업 직장연금을 받는 은퇴자들은 여유가 있는 편이다.

지금은 거의 없어졌지만 영국의 직장연금은 과거 국영 대기업에는 모두 있었던 제도였다. 6,692만 명 중 1,200만 명이 이 혜택을 받고 있다. 영국 가구수 2,720만의 40%에 해당하는 이 연금이 영국을 먹여살리고 있다 해도 과언이 아니다.

노인을 위한 나라

1,200만 명의 연금생활자 중 200여만 명의 빈곤층이 존재한다는 통계가 있다. 빈곤 연금자들을 위한 사설 양로원도 있다. 이 노인들의 비용은 정부에서 전액 지원한다. 시설에 입주하기 위해서는 일정 금액 이상의 예금이나 재산이 있으면 안 된다. 노년이 되어 시설에 입주하기 위해 평생 모은 돈을 크루즈 여행 등으로 쓰는 경우도 허다하다. 영국 병원의 제일 큰 고민 중 하나가 노인들이 병원에 들어와 온갖 구실을 대고 눌러앉는 일이다. 집에 가면 외롭고 본인이 모든 걸 해야 하는데 병원에 있으면 다 챙겨주고 동료 환자들이 친구가 되기 때문에 눌러앉는다.

정년이 사라진 영국에는 과거의 직장연금 대신 다른 종류의 직장연금 workplace pension 제도가 생겼다. 노동자가 자신의 연봉 3%를 내면 고용자가 2%를 보조해주는 제도이다. 최대 8%까지 적립할 수 있다. 개인과 회사가 공동으로 부담해서 미래에 대비하라는 제도이다. 이제 영국 일반 기업에는 퇴직금 제도가 일절 존재하지 않는다. 일반 대기업은 물론이고 교사나 공무원도 퇴직금이 없다.

이렇게 보면 영국은 정말 노인을 위한 나라이다. 은퇴자들을 위한 배려가 사회 구석구석에서 눈에 띈다. 통계를 보면 영국 인구 중 45~49세 사이가 가장 자살 비율이 높지만 60세를 넘어가면 현격하게 줄어든다. 그만큼 영국인은 은퇴 계획을 일찍 세워 착실하게 준비해 노년이 그렇게 힘들지 않다.

한국은 그 반대이다. 노인 자살률이 경제협력개발기구OECD 국가 중 가장 높다. 이제는 신문에 노인 자살은 다루지도 않는다. 결국 평생 자식 위해 살다가 자신의 은퇴자금까지 빼서 해외유학을 보내거나 그도 아니면 해외연수까지 보내준 자식이 돌봐주지 않으면 자살로 몰리게 된다.

영국의 사례에서 우리가 배울 점은 인생 설계를 일찍 시작해서 착실하게 준비하고, 은퇴 후에는 소박한 곳에서 즐거움과 보람을 찾아야 한다는 점이다. 하나 더 있다. 한국처럼 자식 교육과 뒷바라지에 노후자금까지 다 털어넣는 짓을 하면 안 된다. 거기다가 영국은 정년까지 없애 더 일하고 싶으면 일하고, 놀고 싶으면 놀게 하는 선택권을 노인들에게 주었다.

노인들이 더 이상 쓸모없는 존재라는 자괴감이 들지 않게 하는 성과를 얻으면서 동시에 경제적 효과도 올렸다.

제2부

영국에서 사는
영국인들

영국인이
주민등록을
안 만드는 이유

국가가 국민을 통제하기보다 스스로 알아서

수년 전, 한국의 장애인 중·고등학생으로 이루어진 악단 10여 명이 하모니카 공연을 위해 영국에 왔다. 나는 순수한 의미로 그 행사를 도와주었다. 그때 한국의 교육청에서 요구하는 구비 서류를 보고 기절초풍을 했다. A4용지 한 장을 가득 채운 무려 24종이었다. 교육청으로부터 서류 목록을 받아본 나는 입을 다물 수 없었다.

겉으로는 부드러운 어조로 이야기했지만 "당신들 미쳤느냐? 나는 이런 걸 제출하면서까지 도와줄 마음이 없다"는 뜻을 공손하게 전하면서 거절했다. 교육청 담당자 말로는 세월호 이후 사고에 민감한 교육부에서 정해준 목록이라면서 자신들의 사정을 이해해달라고 애걸하다시피 부탁했다.

그 서류 목록을 —당연히 조금 길지만— 여기 열거한다. 탁상에 앉아 현장을 모르는 공무원들이 얼마나 비현실적이고 기가 막힌 요구를 하는지 보여주기 위함이다.

- 숙박업소 관련 서류 8종: 숙소와의 계약서, 객실 배치도, 숙소 내외와 객실 사진, 식단표, 호텔 사업자등록증 사본, 종업원 화재안전교육 확인서, 소방기관 점검 합

격증, 식당 위생검사증.

- 식당 관련 서류 8종: 식당과의 계약서, 식단표, 사업자등록증, 식당 영업신고서, 종업원 화재안전교육 확인서, 소방기관 점검 합격증, 식당 위생검사증, 식당주방장 자격증.
- 운송 관련 서류 8종: 운송회사와의 계약서, 각종 사본(여객 운송업 사업등록증, 여객 운송사업 면허증, 회사 종합보험증, 배정 차량등록증, 배정 차량 종합보험증, 운전자 운전면허증), 운송회사가 파악하고 있는 개별 운전자 인적사항(범죄·사고 기록 확인 내용)

여기에다가 추가로 해온 요구는 기가 막혀 말이 안 나왔다. '매일 아침 버스 운행 시작 전 버스기사 음주 테스트를 위한 기기'였다. 아침에 운전하려는 기사에게 다짜고짜 음주 테스트를 하라는 요구였다. 이 요구가 가당키나 한 것인가!

한국에서 중·고등학생들이 수학여행을 갈 때마다 위와 같은 24가지 서류를 요구하는지 확인은 못했지만 분명 하지 않을 것이다. 그러면서도 왜 해외 나라에 요구하는지 모르겠다. 유럽에서 서비스업, 그중에도 특히 식당은 손님이 갑이 아니라 주인이 갑이다. 10여 명의 학생들에게 밥 팔기 위해 8가지 서류를 내라고 하면 정신병자 취급당할 것이다. 콧대 높기로 유명한 프랑스 식당에서는 물론 영국에서조차 말도 꺼내지 못하고 쫓겨날 것이다.

제도 없이도 잘 돌아간다

한국 담당자 말에 의하면 세월호 사건 이후 교육청이 요구하는 서류들이 그렇게 많아졌다 한다. 전국의 교육청마다 조금씩 다르긴 해도 거의 비숫할 것이라는 말도 덧붙였다. 이러한 서류를 요구하는 한국 공무원들의 심리 상태는 무엇일까?

서류 목록을 보고 문득 떠오른 단어는 '갑질'과 '면피'였다. 한국에서 일상용어로 자리 잡은 갑질은 어떤 형태로든 힘을 가진 자가 못 가진 자에게 내미는 주먹이라 할 수 있다. 순수하게 보면 세월호의 재발을 막으려는 의도였을 것이다. 그러나 모든 선생님이나 교육청 관계자들을 포함해 독자들도 다 안다. 이러한 서류들은 문제가 생겼을 때, 혹은 내부 감사를 대비한 '면피용'이라는 것을!

'영국에는 주민등록이 없다'는 글을 썼을 때 많은 댓글이 달렸다.

- 정부가 국민의 주거지를 모르는데 어찌 세금을 부과하고 부동산 관리를 하느냐?
- 인구통계는 어떻게 내나?
- 불법 이민자는 어떻게 막나?

이외에도 많다. 한국인이라면 당연히 궁금해할 기본적 의문이었다. 답부터 말하자면 "개별 사안별로 오랜 관리제도가 있어서 문제없이 잘 돌아간다"이다. 한국처럼 주민번호만 입력하면 출입국 날짜부터 개개인의 복지 내역, 병원 출입, 약품 사용, 부동산까지 모든 것이 물샐틈없이 파악되고 관리되는 통합 제도가 영국에는 없다. 그래도 아무런 문제없다.

당연히 영국에서도 전국 어느 병원에 가더라도 자신의 병력이나 투약 정보를 확인할 수 있다. 그러므로 주소와 생년월일, 이름만 대면 치료와 입원 수속이 가능하다.

굳이 주민번호, 주민등록 같은 일괄적 제도가 없어도 필요하면 통합적으로 정보가 모아진다. 어찌 보면 이 측면에서는 한국보다 낫다. 한국 병원은 장기 입원 환자를 싫어해서 대부분의 병원이 6개월 이상 입원을 막는다. 그래서 다른 병원으로 갈 때 예전에는 입원기록을 비롯해 검사 내역, 투약 내역들을 주지 않았다. 새 병원에 가면 다시 모든 검사를 받았다. 병원 이기주의에 멍드는 한국 환자들인 것이다.

영국은 주민번호 시스템을 만들어 정보를 한꺼번에 파악하고 관리하려 하지 않는다. 여기에 영국인의 오랜 믿음과 철학이 숨어 있다. 다시 말하면 통제를 못하는 게 아니라 안 하는 것이다.

국가 관리는 자발적인 신고가 기반

1982년 영국에 왔을 때 크게 놀란 것이 한두 가지가 아니었다. 그중 하나가 온라인 송금이다. 벌써 한국에서는 전 은행이 참여하는 온라인 송금이 전국적으로 실시되고 있었다. 어느 곳에서든 5분도 걸리지 않고 돈을 보냈다. 그런데 당시만 해도 한국이 감히 쳐다보지도 못할 '최강 선진국'이라는 영국에서는 타 은행에 돈을 보내려면 길게는 1주일, 짧게는 3일이 걸렸다. 너무 답답해 영국 은행 이사에게 불만을 털어놓자 돌아온 답이 기가 막혔다.

"우리도 버튼 하나면 가능하다. 그런데 우리가 왜 그걸 해야 하나? 그 기간에 우리 은행들은 공짜 돈을 쓸 수 있는데…."

기절초풍할 만큼 솔직하고, 동시에 무책임하기 그지없고, 이기적이기 짝이 없는 대답이었다. 이제는 영국도 동일한 은행 지점 사이에서의 입금은 즉시 처리되지만 타 은행으로 돈을 보낼 때면 2~3일 걸린다. 못해서 안 하는 게 아니라 이익 때문에 하지 않는다. 영국 정부는 이 사실을 알면서도 왜 즉각 은행에 명령해서 처리하지 않는지 알 수 없다. 이렇게 영국에는 '못하는 일'과 '할 수 있는데 안 하는 일'이 혼재돼 있어 외부인 시각으로만 보면 상당히 헷갈린다.

세금 문제도 마찬가지다. 각자 본인이 알아서 직접 신고하거나 회계사를 통한 신고로 관리된다. 영국 조세제도는 국민 모두를 일종의 개인사업자로 본다. 한국 회사원은 회사에서 일괄적으로 신고하기 때문에 개인이 따로 신고하지 않는다. 영국에서는 자신의 소득세를 자신이 신고하고 관리해야 한다.

영국은 개인의 부동산도 국가가 관리하지 않는다. 개인이 부동산을 얼마나 갖고 있는지 일괄적으로 관리하지 않는다는 뜻이다. 본인 소유의 부동산에서 소득이 발생하면 연간소득세 신고를 할 때 제출하면 된다. 1가구1주택 개념도 없기 때문에 양도소득세도 없다. 주택을 아무리 많이 갖고 있어도 그에 따른 중과세가 없으니 국가가 개개인의 주택 보유를 파악할 이유가 없다. 수십 채의 부동산에서 들어온 수입이라도 소득세만 내면 된다.

영국에서는 매년 전국의 각 상업 건물로 부동산 관련 신고서가 날아온다. 만일 세를 얻어 영업한다면 건물 주인이 누구이며, 세를 얼마나 내고 있는지 신고한다. 국세청은 세입자의 신고대로 건물주가 수익을 신고하지 않으면 문제 삼는다. 일단 국세청의 레이더에 그런 징후가 발견되면 경을 치게 되니 감히 수입신고를 누락할 간 큰 영국인은 없다.

각 개인의 부동산 신고 외에 각 가정 단위로 매년 지방정부종합세council tax 신고 서류도 날아온다. 그 주택에 누가 살고 있는지 등 현황을 지방정부에서 파악하고 지방정부종합세(부동산 세금, 청소비, 하수도비, 지방자치분담금)를 부과한다. 이 세금은 지자체마다 금액이 달라 지방정부 능력 평가에 가장 중요한 지침이 된다. 여기에 따라 다음 선거에서 어느 당에 투표할 것인지 결정된다.

인구통계의 경우는 각 가정으로 인구조사 용지가 온다. 여기에 적어내는 내용에 따라 인구수가 잡힌다. 아무리 서류를 보내도 회답이 오지 않으면 조사원이 직접 방문하지만 전국적으로 5%도 안 된다. 투표를 하기 위해 본인이 직접 작성한 투표등록부도 주민등록과 똑같은 역할을 한다. 이를 광고회사나 여론조사기관들이 이용한다.

불법이민자들에 대한 궁금증의 답은 "별로 단속할 방법도 없고 단속하려 하지도 않는다"이다. 이민자들에게 신경을 곤두세우는 보수당 지지 유권자들에게 잘 보이려 만든 법이 몇 개 있기는 하지만 누구도 처벌받았다는 말은 못 들었다.

원칙을 지키지 않으면 잃는 것이 더 많다

결국 영국에서는 주민등록, 주민번호가 없기 때문에 국민의 자발적 신고에 의해서만 국가 관리가 이루어진다. 귀찮은 일이지만 영국인들은 기꺼이 신고를 한다. 어찌 보면 비효율적 절차이므로 비용이 발생하지만 이에 대해서도 무덤덤하다. 원래 그렇게 해왔기 때문인지 전혀 시시비비가 없다.

워낙 엉성해서 구멍이 마구 뚫려 있음에도 제도 보완을 하지 않는 이유가 뭘까? 공권력에 대한 맹렬한 불신이 첫 번째 이유이다. 예를 들어, 원칙적으로 영국 경찰은 보행 중인 행인이 이상한 행동을 하지 않는 한 불심검문을 하지 못한다. 문제없이 주행 중인 차량을 정지시킨 후 운전면허증 검사를 하지 못한다.

경찰은 도보 순찰이나 차량 순찰을 할 때 반드시 2인 1조로 다닌다. 경찰 자신의 안전을 위한 이유가 가장 크지만 동료 경찰의 월권이나 부정행위를 막고 비상상황이 생겼을 때 법적 판단을 위한 목적도 있다.

영국인은 동료나 상관의 부정과 월권을 눈감아주지 않는다. 그런 면에서 철저하게 동료애가 없으며 의리도 없다. 특출나게 정의감이 있어서라기보다는 그런 의리나 동료애를 지켜서 얻는 이익보다는 잃는 게 더 많기 때문이다.

법과 제도보다는 합의와 이해

과거에 영국에 여행 오는 친지들을 맞으러 공항에 나가면 대부분 "입국자 관리가 왜 그렇게 까다롭냐"고 불평했다. 한국과는 비자 면제조약이 체결되었음에도 "왜 왔느냐, 어디에 묵느냐, 언제 돌아가느냐, 심지어 돈은 얼마 있느냐" 등 꼬치꼬치 캐묻는다는 불평이었다. 유럽 다른 나라들은 무사통과였다. 별로 묻지도 않고 그냥 여권 한번 보고 도장을 쾅 찍어주었다.

불평을 늘어놓는 한국의 방문객들이 놓치는 사실이 하나 있다. 까다롭더라도 영국에 일단 들어오면 6개월은 거의 영국인처럼 행동할 수 있다는 점이다. 길거리를 다

조지 오웰의 소설 〈동물농장〉

녀도 여권 보자는 사람도 없고, 국내 항공기를 타도 신분증을 보여줄 필요도 없다(한국에서는 기차 탈 때는 신분증 검사를 안 하면서 국내선 여객선과 비행기에서는 왜 신분증 검사를 하는지 모르겠다).

외국인도 주소가 있으면 운전면허 시험을 쳐서 면허증도 받을 수 있고, 자동차를 사서 내 이름으로 등록할 수 있다. 물론 영국 운전면허가 없더라도 한국 국제면허증이 있으면 가능하다. 심지어 한국인이 여행 와서 집을 사서 등기하고 소유할 수도 있다. 등기를 할 때 신분증 보자는 사람도 없고 주민등록도 필요 없다.

더욱 놀라운 점은 여행자로 와서도 영국 기업이나 식당을 인수해서 영업할 수도 있다는 사실이다(영국에는 영업허가 제도가 없다). 들어올 때는 까다롭지만 일단 들어오면 내국인과 외국인의 차이가 없다는 뜻이다. 실제 영국에서 30~40년째 살면서 사업체를 서너 개씩 운영하는 교민들 중에 한국 국적을 유지하면서 영주권 하나만으로 사업하는 사람들이 많다.

영국을 보통 '불문법의 나라'라고 학교에서 배운다. 전혀 아니다. 영국 역시 글로 된 성문법으로 움직인다. 어떻게 국가가 법 없이 움직일 수 있겠는가? 단지 제일 중요한 헌법이 없어서 그렇게 부른다. 헌법을 굳이 글로 명확하게 해놓지 않아도 오랜 전통과 관습을 통해 국가를 유지할 수 있다는 영국인들의 자신감이다.

그런 의미에서 법과 제도, 즉 권력이 인간을 억압하는 불행을 경고한 조지 오웰의 〈동물농장〉과 〈1984〉가 영국에서 나온 것은 우연이 아니다. 법과 제도. 문서보다는 무언의 합의와 이해가 더욱 우선한다는 영국인의 지혜가 새삼스럽게 와 닿는다.

폭로된 사랑과 거짓말···
모두가 피해자

스파이, 섹스, 사랑, 미남계, 신분위조, 이중생활, 위장 경찰, 위장 잠입, 함정수사, 좌파 사회활동가···.

동서냉전 시절을 다룬 TV 첩보 드라마 혹은 영화에나 등장할 단어들이다. 이러한 단어들과 연관된 실제 사건이 동서냉전이 한창이던 1960~70년대 영국에서 있었다. 더욱 놀라운 것은 사건이 일어난 지 40년이 지난 지금까지도 독립 조사위원회에서 그 사건을 파헤치고 있다는 사실이다.

조사 결과는 2026년 연말에나 나올 예정이다. 영국 민영방송 ITV가 이 사건을 추적해 기록영화로 방영하면서 다시 한번 주목을 받았다. 제목은 '위장 경찰 추문: 폭로된 사랑과 거짓말The Undercover Police Scandal: Love and Lies Exposed'이다. 제목부터 자극적이다.

영국인들은 이 사건이 다시 조명받는 현실을 두고 '벽장 속에 있던 해골Skeleton in the closet'이 걸어나온 듯하다고 말한다. 이 사건을 한마디로 요약하면, 동서냉전이 한창이던 1960년대 후반 영국 경찰이 사회 안전을 이유로 좌파 단체에 위장 경찰들을 잠입시켜 오랫동안 밀착 감시하고 때로는 함정수사를 벌여 형사처벌을 받게 유도한 사건이다.

위장 경찰들은 국가공공질서 정보부와 수도권 경찰특수시범대 소속 경찰관 139명이었다. 이들은 신분을 위장한 후 1,000개가 넘는 좌파단체에 1968년부터 40년 동안 잠입해 정보를 캐내고 감시해왔다.

이러한 은밀한 사실이 2015년 처음 밝혀지자 영국이 발칵 뒤집혔다. 내무부 장관 테리사 메이(Theresa May, 훗날 76대 영국 총리)가 위장수사조사위원회Undercover Policing Inquiry: UCPI를 구성해 사건 조사를 시작했다. 조사위원회는 내무부 장관의 지휘를 받았음에도 6년이 지난 2020년 11월에야 제대로 조사 활동을 시작할 수 있었다. 그만큼 증인도 많았고 관련 서류도 산더미 같았다.

관련 서류 중 상당수는 아직도 기밀로 분류돼 UCPI가 어려움을 겪고 있다. 그래서 UCPI를 일러 영국 언론들은 "영국 법사상 가장 복잡하고, 경비가 많이 들고, 지연된 진상조사"라 부른다. UCPI는 2023년 중간보고서를 냈지만 여기에는 1968~82년 사이의 사건들만 다루고 있어 아직도 조사는 진행 중이다.

139명의 경찰관들이 좌파단체 잠입 수사

이 사건의 파장이 예사롭지 않은 것은 '선을 넘은' 위장 경찰들의 활동 때문이라는 지적이다. 예컨대 139명의 위장 경찰들 중 40여 명은 좌파 활동가들과 사적 관계를 맺었다. 그중 몇몇은 성적 관계로 발전했고 4명은 자녀까지 낳았다. 그들 중에는 엄연히 가족이 있는 유부남들도 있었다. 주로 여성 활동가들을 상대로 자신의 신분을 속이고 접근해 위장 작전을 펴면서 동거를 하고 자녀까지 낳았다. 이 사건이 처음 드러난 2015년 기준으

런던에 위치한 미국대사관

로도 용납하기 어려운 행위였다.

　잠입 수사의 초기 목적은 베트남전쟁에 반대하는 반전 단체들을 감시하려는 것이었다. 1960년대 경찰과 반전 시위대 사이에 벌어진 폭력사태를 수사하고, 유럽을 휩쓸던 반미·친소 성향의 반전·반핵 단체들의 활동을 감시하려는 차원이었다. 베트남 반전운동이 폭력으로 치닫자 영국 사회에는 '이래서는 안 된다'는 사회적 동의가 생겼다. 영국 정보기관들은 행동에 나설 수밖에 없었다. 처음에는 단기 작전만 계획했으나 일단 시작한 이상 중단할 수 없었다.

　영국을 가장 놀라게 한 반전 시위는 1968년 런던 한복판 그로브너 스퀘어Grosvenor Square의 미국대사관에 시위대들이 난입한 것이었다. 거의 침입에 성공할 뻔한 사건이었는데 이후 극단적 좌파 활동가들의 과격 행동에 대한 경각심이 높아졌다.

　영국 정부는 그 단체들의 내부에 어떤 식으로든 잠입해 만일의 사태에 대비하도록 했다. 영국 경찰의 비밀활동이 성공한 덕분인지는 몰라도 좌파단체들의 1960~70년대 활동은 폭력으로 치닫지 않았다.

그러다가 1980년대 들어 좌파단체들의 활동이 갑자기 과격해지면서 다양한 방면으로 번져나갔다. 심지어 주요 정당 중 하나인 사회노동당 상층부 안으로까지 파고들었다. 그러자 잠입 수사도 다시 활발해졌다.

경찰이 위장 잠입한 곳은 영국 사회를 골머리 썩게 하던 흑인인권단체, 국제마르크시즘그룹, 인종차별반대단체, 국제사회혁명가집단, 무정부주의자모임, 동물보호연대 등등이었다. 여성해방전선에 잠입한 여성 경찰도 있었다.

유부남 위장 경찰이 새로 가정 꾸린 사례도

경찰들이 신분을 위장하는 방법은 스릴러 영화에나 나오는 것이었다. 세상에 존재하지 않는 인물의 인적사항을 사용했는데, 가장 자주 이용한 방법이 죽은 어린이의 신분을 세탁하는 것이었다. 경찰은 사망한 어린이 80여 명의 신분을 이용해 여권을 만들었다. 이는 프랑스 대통령 드골 암살을 주제로 한 영국 스릴러 작가 프레더릭 포사이스Frederick Forsyth의 〈자칼의 날The Day of the Jackal〉에서 주인공이 이용한 방법이다.

자칼은 공동묘지를 탐사해 — 살아 있다면— 자신의 나이와 비슷한 어린이 사망자의 이름으로 출생증명서와 여권을 만들었다. 영국 호적 서류에는 이름과 사진을 증명할 방법이 없음을 이용한 것이다. 아직도 영국에는 사진과 인적사항이 함께 붙어 있는 신분증이 없다. 영국에서는 여권 서류에 제출하는 사진을 공적기관이 확인할 방법이 없어 사진 뒤에 동네 유지(변호사, 의사, 회계사 심지어는 상점 주인 등이)가 '그 사람이 맞음'을 서명해준다.

경찰들은 이렇게 신분을 위장한 후 그 단체에 자연스럽게 가입해 활동을 해나갔다. 자신의 신분을 제대로 위장하기 위해 적당한 인생 스토리를 만들어 단원들의 환심을 사고 의심을 피했다. 동료 집으로 들어가 함께 살기도 하고 그러다가 깊은 개인적 관계를 맺기도 했다.

이러한 위장 잠입은 본인이 직접 위장 활동을 한 경찰 앤디 콜이 쓴 〈스파이 업계의 기본 기법: 첩보원 훈련 기본〉(Tradecraft: The Secret Agent Training Manual, 1995년)이라는 책에 자세하게 나온다. 좌파 활동가들과 쉽게 어울리기 위해서는 그들의 행동과 말투, 헤어스타일, 옷 등등 모든 것을 함께 해야 한다고 가르치고 있다.

전형적인 활동가들의 모습은 히피 스타일이었다. 머리를 길게 기르고 사이즈가 큰 옷을 아무렇게나 걸쳐 입는다. 표정은 지친 듯 보여야 했다. 사실 위장 경찰들이 동료들이나 애인의 사진에 등장하는 모습을 보면 책이 묘사한 그대로였다.

좌파 활동가들이 수염과 머리를 길게 기르기 때문에 경찰 내에서는 그들을 '털투성이들hairies'이라 불렀다. 당연히 그 책에서는 위장 경찰들에게, 활동가들과 특별히 가까운 관계를 갖지 말 것이며, 성적 관계를 피하라고 했지만 결국 그러한 일들이 비일비재하게 일어났다.

이탈리아 휴양지에서 들통난 비밀

이렇게 40년 동안 잘 이어오던 작전이 한 경찰의 사소한 부주의로 세상에 알려지기 시작했다. 2010년 7월 이탈리아로 휴가를 갔던 위장 경찰의 애인은 선글라스를 찾으려 자동차 서랍을 뒤지다가 낯선 여자의 이름이 적힌 여권을 발견했다. 또 핸드폰에서 두 아이가 '아빠'로 부르면서 문자를 보낸 것도 우연히 발견했다. 그녀는 "세상이 갑자기 멀어져 가고, 주위의 산들이 막 춤을 추면서 바다 위로 내려앉는 것 같았다"고 토로했다.

이렇게 해서 '영국 경찰 역사상 가장 엄중하게 지켜진 비밀most closely guarded secrets in British policing history'이 세상에 까발려지기 시작했다. 심지어 대부분의 경찰 고위층은 물론 내무부 장관, 총리도 이러한 위장 작전이 행해지고 있는지 몰랐다. '철저하게 필요한 관계자만 알아야 하는need-to-know' 작전이었다. 수백 명이 개입되었으면서도 40년 동안 비밀이 유지되었으니 영국 경찰 비밀작전 중 가장 성공적인 작전의 하나로 평가받는다.

그녀는 6년 동안 만나온 애인이 환경운동가가 아니라 경찰이었고, 두 아이를 둔 유부남이라는 사실을 알아냈다. 그 덕분에 2011년 1월 영국 최대 발전소를 폐쇄하려 했다는 혐의로 재판을 받던 6명의 환경운동가가 석방되었다. 그들의 혐의가 경찰의 함정수사에서 기인했다는 명백한 증거가 재판정에 제출되었기 때문이었다.

이렇게 세상에 비밀이 드러나면서 줄기에 달려 올라오는 고구마처럼 경찰 잠입 사건들이 줄줄이 밝혀졌다. 공교롭게도 2015년 UCPI가 구성됐을 무렵 런던 경시청의 흑인소년 살해 사건에 대한 은폐가 드러나 영국 경찰의 위상은 땅에 떨어졌다.

UCPI의 조사는 2026년 현재도 진행 중이다. 워낙 사건이 복잡하고 기밀 해제가 되지 않은 서류들이 많아 2015~20년까지 2,900만 파운드(약 530억 원)의 경비가 들었음에도 조사에 애를 먹고 있다.

지금까지 드러난 바로는 위장 경찰들의 수집 정보에는 좌파단체들의 활동 계획은 물론 지극히 사적인 것들도 많았다. 개인의 특이한 신체구조, 비정상적인 성적 취향을 포함해 재산, 교우 관계, 친지들과의 관계도 담겨 있었다. 한 노동조합 간부는 이러한 개인적 특이 취향이 업계 블랙리스트에 올라 수년간 취업을 못했다.

어느 날 갑자기 사라지는 남자

1970년에서 2010년 사이에 40여 명의 위장 경찰이 밀착 감시 대상과 성적 관계를 가졌다. 아직 조사가 끝나지 않은 1980~90년 사이에도 수명의 여성 활동가가 위장 경찰과 성적 관계를 가졌다고 언론에 밝혔다. 한 경찰은 두 여성과 관계를 가졌는데 그중 한 명과는 결혼도 하고 아이까지 낳았다.

조사 과정에서 위장 경찰들의 이름이 공개되는 일은 드물었다. 최근에 들어서야 피해 여성들이 그 경찰을 상대로 소송을 벌이자 영국 법정과 경찰청은 위장 경찰의 이름을 간혹 밝히기도 한다. 그러면서도 위장 경찰에게 여성과의 성적 관계는 절대 권하지 않았다고 주장한다. 성적 관계는 철저하게 개인의 일탈이었다는 강변이다.

피해 여성들은, 미래의 삶과 자녀 계획을 상의하던 사람이 '진짜 사람real person'이 아니라 위장 경찰이었다는 사실에 치를 떤다. 자신을 사랑한다고 읊조리던 것을 떠올리면 악몽보다 더한 꿈을 꾼 듯하다고 한탄한다.

위장 경찰들의 임무는 대개 4~5년이었다. 너무 오래 한곳에서 활동하면 긴장이 느슨해져 신분 노출이나 실수를 한다는 이유에서다. 2010년 7월 이탈리아 휴양지에서 이 작전이 들통나는 계기를 만들었던 경찰도 6년이나 관계를 유지한 상태였다.

대부분의 위장 경찰들은 감시 대상과의 관계가 4~5년 유지되면 어느 날 이해 불가능한 짧은 편지를 남기고 갑자기 사라졌다. 해외에서 엽서를 보내 "중년의 위기가 왔다"는 등 정신적 문제를 호소하며 관계를 청산했다. 그 남자를 평생 반려자로 믿고 있던 여인들은 영문도 모른 채 자신이 버려졌다고 슬퍼하거나, 애인에게 심각한 일이 일어났다고 걱정했다.

가장 악질적인 사건은, 7살에 사망한 아이의 신분을 이용해 잠입한 뒤 직접 단체들을 사주하여 1987년 7월 데벤햄스Debenhams 백화점에 방화를 하게 만든 작전이다. 그 후 경찰은 빠져나가고 활동가 여러 명은 유죄를 받았다. 그는 동거하던 여자와의 사이에서 아이도 낳았지만 결국 사라졌다. 원래의 신분으로 경찰 임무를 수행해 나중에 대영제국훈작사MBE를 받았다는 사실이 조사에서 드러났다.

현재의 잣대로 역사를 재서는 안 된다

전직 고등법원 판사 존 미팅 경Sir John E. Mitting은 2015년 UCPI 구성 이후 90여 명의 직원을 투입하여 200여 명의 증인들을 조사했다. UCPI는 경찰이 중요한 증거물들을 파기하고 있다고 의심한다.

지금은 거의 70대인 위장 경찰들은 신분이 공개되는 것에 대해 극도의 반감을 갖고 있다. 명령에 의해 임무를 수행했을 뿐인데 신원이 밝혀지면 위험에 처해질 수 있고, 인권에 어긋난다며 반발했다. UCPI는 위장 경찰 1/3에 대한 신원 비공개에 동의했다. 그래서 그들은 가명을 쓰고 얼굴을 가린 채 증언했다.

그러나 피해자들도 반발하기는 마찬가지이다. 73세의 위원장 미팅 경이 "자신들이 겪은 아픔과는 수백만 킬로미터 밖에 있는 전형적인 백인 중상층 노인"이기 때문에 피해자들을 이해하지 못하고 편견에 빠져있다는 이유에서다.

재미있는 사실은 "아직도 이러한 위장 작전이 수행되고 있느냐?"는 2020년 UCPI의 질문에 대한 답이다. 영국 경찰청과 정보기관들은 아무런 대답을 하지 않고 있다. 비밀스러운 작전에 대해 인정할 수 없으며, 그 반대로 없다고 거짓말할 수도 없다. 영국 언론들은 '인정도, 부정도 하지 않는no admit, no deny' 정책을 쓰고 있다고 보도했다.

영국 경찰의 위장 수사는 누가 가해자이고 피해자인지 분명하지 않다. 어찌 보면 밀착 감시를 당했거나 위장 경찰에게 속은 여성들을 포함해 명령에 의해 잠입한 경찰도 일종의 피해자이다. 잠입 작전에 투입된 경찰들은 자신의 임무와 활동에 상당한 자부심과 긍지를 가지고 있었다. 그래서 조사와 재판이 모두 끝난 후 영국인들은 위장 경찰들을 일방적으로 비난하지는 않을 것이라는 예상도 상당하다. 결국 현재의 잣대를 가지고 역사를 재서는 안 된다는 뜻이다.

독단과 배타를 방지하는 치안판사 제도

평범한 시민들이 상식에 따라 재판을 한다

영국을 지탱하는 가장 큰 철학은 바로 '상식common sense'이다. 소수 전문가 집단이 만든 규정으로 인해 발생하는 독단과 배타를 방지하기 위한 오랜 삶의 지혜라 할 수 있다. 그래서 영국을 움직이는 모든 것들은 상식에 의

런던의 중앙 형사법원

거한다. 그러한 맥락에서 성문헌법이 없어도 영국이 잘 돌아가는 이유가 설명된다.

영국은 전통과 관례, 관습에 의해 나라가 움직인다. 예를 들어 국왕과 총리의 지위에 관한 법이 놀랍게도 없다. 왕은 그냥 옛날부터 존재해 왔기에 현재도 존재하고, 총리는 하원 과반수 당의 당수가 맡는다는 전통에 따른다.

영국을 불문법의 나라라 하는데 사실 이는 틀린 말이다. 어떻게 한

나라가 법 없이 돌아갈 수 있겠는가? 영국에도 수없이 많은 법률이 있다. 단지 성문헌법이 없을 뿐이다. 전통과 관례, 관습에 상식을 더하면 영국을 움직이게 하는 원칙이 보인다.

그러한 의미에서, 무급의 자원봉사 일반시민들이 치안판사治安判事, Lay Magistrates를 맡는 치안법정Magistrates Court의 판결에 의해 영국이 돌아간다는 것도 이해가 간다. 영국에는 한국에 없는 치안판사 제도가 있다. 치안판사는 법적 자격이 없는 일반시민들 중에서 선임된다. 오히려 법과 관련된 직업을 가지고 있으면 치안판사가 될 수 없다. 그렇기에 현직 법조인, 경찰, 군인, 법 관련 공무원 등은 치안판사가 되지 못한다.

무급 자원봉사자들이 맡는 치안판사

영국의 사법제도가 이처럼 전문가가 아닌 일반인들에 의해 유지된다는 사실은 놀랍다. 완벽하게 일반시민의 눈으로 상식선에서 동료 시민의 범죄를 다루라는 뜻이다. 중범죄를 다루는 형사법정Crown Court에는 배심원단이 있다. 이곳에서도 일반시민의 상식으로 판결하라는 뜻이다.

그뿐 아니라 영국의 많은 기관들이 중요한 결정을 내리는 이사회를 일반시민들에게 맡긴다는 점도 놀랍다. 유럽 유일의 한인촌인 런던 킹스턴 종합병원 재단의 운영위원Governor도 일반인들이 입후보하면 병원 이용자들이 투표로 뽑는다. 한국처럼 퇴직한 보건복지부 고위직의 낙하산 자리가 아니다.

더욱 놀라운 점은 이 치안판사들이 전체 형사 사건의 95%인 연간 150만 건을 다룬다는 점이다. 영국 법제도를 법조인들이 아니라 법 공부를 제대로 하지 않은 일반시민 출신의 치안판사들이 유지한다는 사실은 놀라움을 넘어 존경스럽기까지 한다. 과연 이렇게 해도 되는가 하는 의구심마저 든다. 그런데도 영국에는 판사들이 재판을 하는 한국처럼 심각하고 극심한 재판 지연은 없다. 영국에는 "지연된 정의는 정의가 아니다"라는 말도 없다.

이들 치안판사가 다루는 사건은 교통위반, 음주운전, 절도, 공공질서 위반, 가정폭력, 우발적 폭력, 상해, 재산상의 손해, 성희롱, 주취 등등 경범죄들이다. 그러나 살인, 성폭력, 강도 등 중범죄의 1심을 치안법정에서 다루는 경우도 있다. 물론 중범죄의 항소심은 형사법정에서 열린다.

300여 치안법정에 1만3,000여 명 근무

현재 영국 전역에는 300여 곳의 치안법정이 있고 그곳에서 1만3,000여 명의 치안판사가 재판을 진행한다. 만일 1년에 250일 개정한다면 매일 20건의 재판을 전국에 소재한 치안법정이 하고 있다는 뜻이다. 치안판사는 자원봉사를 신청해서 선임된 일반시민들이 맡는다. 일정 절차를 거쳐 선발된 후 법 전문가들에게서 소정의 훈련을 받는다.

형사법원Crown Court은 치안법정의 관할 범위를 넘어서는 살인, 강도, 성폭력 등 중범죄 형사 사건을 다룬다. 여기서는 연간 8만 건에서 10만 건의 중범죄 재판을 한다. 스코틀랜드를 제외한 영국 전역에 77곳의 형사법원이 있다. 이곳에는 치안법정의 결정에 승복하지 못한 사건도 넘어온다. 치안법원의 판사들과는 달리 형사법원의 판사는 법관 자격을 갖춘 정식 판사들이다.

치안법정에는 치안판사 외에도 지방판사district judges들이 있다. 이들은 법관의 자격을 갖춘 정식 판사로 치안판사들이 다루기 힘든 복잡하고 중한 사건들을 처리한다. 현재 250명의 지방판사가 전국의 치안법정에서 근무하고 있다. 치안법정에는 보통 3명의 치안판사가 합의심리로 재판을 한다. 그중 1명이 지방판사인 경우도 있다. 그럴 때는 치안판사 중 1명이 재판장이고 지방판사는 배석을 한다. 철저하게 민간 중심으로 치안법정이 운영되는 것이다. 가정법원family courts과 지방법원county courts에서도 지방판사들이 재판을 한다.

다양한 경력과 직업을 가진 사람들로 구성

치안판사는 18세부터 65세까지 자원할 수 있으나 주로 30세에서 60세 사이가 가장 많다. 일단 선임되면 75세까지 봉직할 수 있다. 이들은 주로 치안법정 인근의 마을과 도시 주민들이다. 사건이 일어난 곳에 대해 많이 알기 때문에 재판에 도움이 된다는 취지다. 치안판사가 되기 위해서는 법 지식과 경험이 전혀 필요 없다. 가능하면 다양한 경력과 직업을 가진 사람들로 구성한다. 살아있는 경험이 다양한 사건을 다루는 데 도움이 되기 때문이다.

특히 은퇴한 경력자가 치안판사로 선호되며, 현직 교사, 보건 관련 종사자, 사업가, 사회사업가, 심리상담사 등도 많다. 결정력이 있고, 공정한 마인드를 가지고 있으며, 지방 공동체에 헌신하려는 사람을 선호한다. 치안판사 자원봉사를 신청하는 이유는 다양하다. 그중에서도 시민으로서의 의무감이 제일 크다.

치안법정은 가능하면 젊은이들과 소수민족을 끌어들여 다양한 인종, 성별, 직업, 경험을 가진 사람들로 꾸리려 한다. 영국 국적자여야 하지만 영주권을 가진 영연방 국민도 가능하다. 2021년 통계에 의하면 56%가 여성, 13%가 아프리카와 동양계 등 소수민족, 그리고 82%가 50세 이상으로 이루어져 있었다.

6~8개월이면 치안법정 재판 끝나

과거에는 없었지만 영국에도 지금은 재판 지연 문제가 불거지고 있다. 코로나19로 인한 지연뿐 아니라 치안판사 숫자가 줄어드는 문제도 있다. 예컨대 치안판사는 2012년 2만5,170명이었으나 2021년에는 1만2,651명으로 딱 반으로 줄어들었다.

재판이 늦어지면 기다리다가 지친 가해자와 피해자 모두에게 정신적이고 물질적인 피해를 입힌다. 특히 가해자는 판결을 기다리는 동안 수감 생활을 해야 한다. 일반시민들도 법원 불신과 함께 법제도에 대한 실망까지 겹쳐질 수 있다. 동시에 재판 비용도 과거와는 비교가 안 되게 늘어나고 있다.

이러한 재판 지연을 해결하기 위해 영국 정부는 재판 시간을 대폭 늘려서라도 판결이 빨리 나오게 하고 있다. 또 임시재판소Nightingale Courts를 늘려 더 많은 재판이 열리게도 하고 있다. 예산을 투입해 판사를 더 늘리는 한편 현대 신기술을 재판에 도입해 신속 판결을 이끌고 있다. 가능하면 법정 밖 조정을 통해 민사소송이 법정까지 오지 않도록 설득하기도 한다.

예전에는 경미한 치안법정 재판은 6주에서 12주 내로 끝냈다. 특히 피고가 자신의 죄를 인정하면 한두 번의 재판으로도 판결을 냈다. 중범죄를 다루는 형사 재판도 6개월에서 최장 1년 내에 끝냈다. 그러나 코로나19 이후 치안법정은 6~8개월, 형사법정은 12~18개월로 늘어졌다.

영국도 3심제도이기는 하지만 통계로 보면 치안법정의 판결에 불복해

형사법정에 항소하는 경우는 전체 200만 건 중에 2천여 건만 허가될 정도다. 항소, 상고를 하기가 정말 힘들다. 2009년 치안법정의 검사 승소는 98%, 형사법정의 승소는 80%에 달했다. 이러한 영국 사례를 보면 간단한 사건도 대법원까지 끌고가는 한국인들의 고집과 오기, 무조건 3심을 허락하는 재판제도도 문제이다.

영국 치안법정에서 자주 나타나는 지나치게 엄격한 판결, 그 반대로 지나치게 너그러운 판결, 인종차별적 판결, 정치적 편견이 개입된 판결 등은 언론에서 자주 지적된다. 제일 큰 문제 중 하나가 일관성 결여이다. 가정집 도난사고에 대한 판결은 지방에 따라 엄청난 차이를 보인다. 예를 들어 감옥으로 보내는 비율이 20%, 41%, 38%, 66% 등으로 지방마다 다 다르다.

치안법정에서 벌어지는 '웃픈' 해프닝들

과거에 한국 언론의 〈해외토픽〉에 영국에서 길거리 방뇨를 했다는 이유로 동네 화장실 청소를 한 달간 명령했다는 판결이 실렸다. 이러한 판결이 바로 치안법정에서 내려진다. 영국 언론에도 웃지 못할 재판 이야기가 실려 독자들을 즐겁게 한다.

예를 들어 공원에서 두 남녀가 성행위를 하다가 경찰에 체포돼 치안법정에서 재판을 받았다. 그들의 변명이 가관이었다. "경찰에 잡힐 때 행위를 하는 중이 아니라 이미 끝낸 상태였으며, '그 자세'로 잠이 들어 아침까지 잤을 뿐"이라는 변명이었다. 변명도 해괴했으나 문제는, 재판 시작부터 치안판사가 웃음을 참지 못했다는 점이었다. 남녀의 말도 안 되는 변명과 치안판사의 폭소까지 겹쳐 언론에 자세히 보도되었다.

즐겁지 않은 뉴스도 있다. 2016년의 '수치를 모르는' 성폭력 사건The

'Shameless' Rape Case은 성폭력을 저지른 남자에 대한 재판 중 치안판사의 발언 때문에 일어난 사건이다. 판사는 여성 피해자의 행동이 성폭력을 유발했다는 식의 '피해자 일부 책임'이라 말했다. 결국 검찰이 형사법정으로 항고를 했다. 이 사건으로 인해 판사 개인의 편견과 법에 대한 몰이해가 판결에 어떤 악영향을 끼치는지에 대하여 논란이 일었다.

1989년 일어난 리버풀 축구클럽 압사 사건 재판에서도 경찰과 경기장 관리자들에 대한 치안법정 판결이 지나치게 너그러워 문제가 되었다. 치안판사는 참사를 초래한 경찰과 관리자들의 직무태만과 과실을 제대로 따지지 않았다는 이유로 심한 비난을 받았다. 희생자 가족들의 오랜 노력과 정부 조사위원회의 조사 결과에서 1심 판결이 뒤집혔다.

이는 경험 없는 치안판사들의 판단력에 심각한 의문을 표하는 대표적 사례로 자주 인용된다.

2014년에는 어린이 사망 사건에서 부모에게 책임을 물어 징역형을 받게 하여 논란이 일었다. 2018년에는 한 치안판사가 뺑소니 교통사고 범죄자에게 집행유예를 내려 너무 너그러운 판결이라는 비난도 있었다.

인간이 만든 제도가 완벽할 수는 없다. 일반시민인 치안판사가 내리는 판결이 무결할 수도 없다. 그러나 재판이 별다른 이유 없이 엄청나게 늦어져 정의구현이 되지 않는 한국보다는 영국의 치안법정 제도가 훨씬 낫지 않을까 하는 생각이 든다.

극우단체의
'반(反)이민' 거짓 정보가
불러온 폭동

인종차별을 부추기는 폭동에 국민들이 저항하다

'전혀 영국적이지 않은 사태'가 영국에서 벌어졌다. 영국에서는 좀처럼 접하기 힘든 인종문제와 무슬림 혐오로 인한 극심한 난동 사태가 벌어져 1주일 넘게 시끄러웠다. 그러나 세계 언론이 '대단하게' 보도한 것과 달리 영국인의 일상이 위협받는 정도는 아니었으며 주말을 지나면서 사태는 진정되었다.

리버풀 북부의 사우스포트Southport라는 해변마을에서 일어난 '묻지마' 칼부림 살인사건이 사태의 발단이었다. 2024년 7월 29일 미국 인기가수 테일러 스위프트 노래에 맞춰 요가와 춤을 배우던 댄스교실에 17살 청년이 들어와 칼을 휘둘렀다. 그의 만행에 6살, 7살, 9살 여자아이 3명이 희생되었다. 8명의 어린이와 2명의 어른도 경상을 입었다.

어린이들이 묻지마 살해를 당하자 영국은 발칵 뒤집혔다. 급기야 흥분한 사람들이 난동을 부리기 시작했다. 특히 잉글랜드방어연맹English Defence League: EDL과 같은 극우파 단체의 SNS에는 범인이 2023년에 영국으로 건너온 무슬림 망명자asylum seeker라는 거짓 정보가 올라와 불에 기름을 부었다. 진실은 전혀 달랐다.

17세의 범인은 웨일스에서 태어난 영국인이었다. 단지 부모가 아프리카 르완다 출신일 뿐이었다. SNS의 정보는 거짓이었고 이 사실이 언론에 보도되었음에도 사태는 진정되지 않았다.

분노 부른 소녀 세 명의 죽음

다음 날부터 런던을 비롯해 잉글랜드 여러 곳에 사람들이 모이면서 흥분한 사람들이 난동을 부리기 시작했다. 그들은 모스크와 난민·망명자 숙소로 몰려가 불을 지르고 벽돌을 던졌다. 무슬림이 주인인 상점 유리창에 화염병이 날아들어 불이 났다. 난민 비자 신청을 도와주는 인권변호사 사무실도 습격받았고, 그러한 변호사 사무실 주소가 SNS를 통해 퍼졌다. 습격을 공개적으로 부추기는 문자들이 난무했다.

특히 잉글랜드와 북아일랜드가 심했다. 영국 언론들은 극우단체가 영국에 상존하던 반反이민 정서에 기름을 부은 사태라고 보도했다. 시위대가 내건 슬로건은 간단하고 효과적이었다. 플래카드에는 "불법 이민자들에게 아파트를 주지 말고, 그들을 돕지 말고, 추방하라"라고 쓰여 있었다. 또 "우리는 우리의 아파트를 돌려받기를 요구한다"라는 문구도 있었다.

런던과 하틀풀Hartlepool, 맨체스터 등에서는 시위가 곧바

사우스포트 희생자들을 기리는 추모 꽃

로 난동으로 번졌다. 주로 모스크와 난민들의 임시 숙소인 동네 호텔이 공격받았다. 차량과 도서관도 공격받았고, 무슬림과 관련 없는 중동인들이 경영하는 상점과 식당도 공격받아 부서지고 약탈당하는 일도 벌어졌다. 시위를 주도하는 전국적 단체는 없었으나 소규모 SNS 모임을 통해 날짜와 장소 등이 퍼져나갔다. 특히 몇몇의 대형 SNS 인플루언서들이 거짓 정보를 퍼나르면서 사태가 급격히 악화되었다.

영국 사회는 이 사태를 무척 심각하게 바라보면서 대책 마련에 부심했다. 무엇보다 시위대의 대부분이 극우단체와는 연결돼 있지 않은 평범한 시민이었다는 점에서 충격이 컸다. 심지어 유모차를 끌고 나온 가족들도 난동 현장에서 잉글랜드 국기인 성조지 적색 십자가St. George's Cross 기를 흔들면서 시위를 응원했다. 난동 목적으로 참가한 사람들도 있었지만 대부분은 이민자에 대한 불만의 목소리를 내려는 순진한 이유에서였다.

폭력적 난동이 본격적으로 시작되자 시위대 중 한 명은 BBC 기자에게 "이건 정말 진짜 야만적 행동이다. 우리가 여기에 온 이유가 아니다"라고 말하면서 폭력과 난동에 반대하는 의견을 밝혔다. 시위 참가자 중 소수의 난동꾼을 제외한 대다수는 평소 자신들의 불만을 나타내려고 나온 시민들이었다.

극우파 거물, 휴가지에서 거짓 문자로 선동

영향력이 큰 인플루언서들이 퍼나르는 거짓 정보를 믿고 영국 정부의 이민 정책에 항의하기 위해 시민들이 거리로 몰려나왔다는 사실은 충격적이었다. 특히 X(옛 트위터)에 영국 최악의 극우분자로 유명한 EDL 설립자 토미 로빈슨Tommy Robinson의 거짓 정보에 현혹되어 무슬림과 난민들로부터 영국을 보호하자는 선동에 속은 사람들도 많았다.

시위를 처음으로 주동한 로빈슨은 사이프러스에서 휴가를 즐기면서 100여만 명의 X 추종자들에게 거짓 정보를 퍼뜨려 난동을 부추겼다. "그들은 계속해서 온다. 더 이상의 이민자를 받지 말자. 얼굴에 마스크를 하고 오라. 이 문자를 더욱 많은 사람에게 뿌려라"라고 사태를 부추겼다. 로빈슨의 추종자들이 선동 문자를 퍼뜨리면서 플리머스Plymouth, 맨체스터, 선더랜드, 벨파스트 등의 도시로 난동이 번졌다.

난민들이 머무르는 북아일랜드 벨파스트의 홀리데이인호텔 직원들은 난동꾼들의 난입에 대비해 냉장고와 가구들로 문을 막고 경찰이 오기를 기다리기도 했다. 직원들은 그때가 일생에서 가장 공포에 떨던 순간이었다고 기자들에게 증언했다.

이 사태는 불법 난민과 정치적 망명자들에게 투입되는 막대한 정부 예산에 불만이 쌓인 영국인들을 극우단체들이 교묘하게 이용해 벌어진 일이다. 평소 〈데일리미러〉, 〈데일리텔레그래프〉, 〈더선〉 등 우익 언론들이 이러한 막대한 예산 실태를 집중적으로 보도해 국민의 불만을 키운 것도 한 원인이 됐다. 우익 언론들의 집중적 보도로 쌓인 반이민 정서가 묻지마 칼부림 사건을 계기로 터진 것이다.

2024년 총선에서 보수당이 참패 끝에 13년 만에 정권을 내놓을 수밖에 없었던 반보수당 정서에는 이민 정책 실패가 도사리고 있었다.

난민에 쏟아붓는 막대한 돈이 도화선

그렇다 해서 영국 정부에 뾰족한 해결책이 있는 것도 아니다. 매일 수십 명 혹은 수백 명씩 목숨을 걸고 도버해협을 건너오는 불법 난민들과 조국의 분쟁을 이유로 영국으로 도망쳐오는 정치적 망명자들을 내칠 수도 없다. 영국법은 이민자들과 망명자들을 무조건 추방할 수 없게 되어 있을 뿐 아니라 영국인 전체에 퍼져 있는 인도주의적 정서도 무시할 수 없다. 문제는 인도주의에 의해 어쩔 수 없이 받아들인 이민자들을 일정 기간 보살피기 위해 막대한 돈이 들어간다는 점이다.

영국에는 7만8,907명의 망명 신청자들이 대기하고 있다. 그중 3만 5,000여 명이 영국 전역의 267개 호텔에 머무르고 있다. 심지어 한때는 400여 호텔에 5만6,000여 명이나 되었다. 그들에게 소요된 돈이 1년에 39억6,000만 파운드(약 6조9,300억 원)로 2018년에 비해 6배로 늘어났다.

영국 하원 홈페이지에 들어가면 매일 도착하는 난민 숫자가 자세히 나온다. 예를 들어 2024년 8월 5일(보트 2척) 114명, 8월 6일 355명(11척), 8월 11일 703명(11척)이 도착했다. 이 난민들을 쫓아낼 수 없기에 영국 정부는 곤혹스러워한다. 아직도 세계 강대국에 속하는 영국이 인도주의를 내팽개치고 난민과 망명자들을 받아들이지 않을 수 없다. 금액 자체로 보면 엄청난 돈이지만 영국의 경제력으로 보면 아직은 감당할 수 있다.

난민 예산은 영국 전체 예산의 0.3% 불과

영국 전체 예산은 1조2,260억 파운드(약 2,145조 원)로 난민 경비(6조 원)는 0.3%에 불과하다. 대외원조 83억 파운드(약 14조 원)와 비교해도 난민 예산은 47%밖에 되지 않는다. 영국의 2024년 국내총생산GDP 순위는 세계 6위이다. 같은 6위권인 독일 인구가 8,380만 명인 것에 비해 영국은 6,697만 명이니 강대국으로서의 임무를 하지 않을 수 없다. 선진국과 강대국에게는 내키지 않아도 해야 하는 고달픈 임무가 늘 포함돼 있다.

난민 예산을 항목별로 따지면 호텔 기숙비도 만만치 않다. 난민 1명이 기숙하는 1개월 호텔비가 752만 원이다. 이는 영국 건강보험서비스NHS 간호사가 받는 월급 약 486만 원의 1.5배이다. 이처럼 자극적인 숫자를 우익 언론들이 써대니 일반 영국인들에게 반이민 정서가 커질 수밖에 없다.

그러나 영국에 건너온 난민이나 망명자들의 실상은 아주 참혹하다. 자격 심사를 받는 동안 거의 목숨만 부지하는 생활을 유지한다. 숙소 경비는 거액이지만 영국 정부로부터 받는 돈은 굶어죽지 않을 수준으로 주당 49.18파운드(약 8만 원)이다. 이 돈으로 식사를 해결하고 생활비도 써야 한다. 고물가 사회에서 한 가족이 1개월 34만 원으로 어떻게 삶을 이어가는지 상상이 어렵다.

난민 심사를 받는 동안에는 노동을 할 수 없고 마냥 기다려야 한다. 보통 1년이 걸리는 심사 후에야 체류 허가를 받아 직업을 가질 수 있다. 그때부터 건강보험 혜택도 받고 어린이들은 무료 교육을 받는다.

거짓 정보에 쉽게 빠진 40~50대 백인 남성

영국 언론들은 난동 사태가 벌어진 근본 원인에 대해 이렇게 분석했다.

1. 난동 현장에 나온 대다수의 난동꾼들은 40~50대 백인 남자들이었다. 극단주의에 빠진 중년 백인 노동자들은 인터넷에 떠도는 음모론에 약하다. 그러면서 공동체에서는 목소리가 큰 영향력 있는 동네 유지들이다. 이들을 두고 '중년의 극단주의화 middle-aged radicalization'라는 논평도 나온다.

또 이들은 디지털 세대가 아니어서 겨우 인터넷을 통해 뉴스를 보는 정도이다. 그래서 거짓 정보를 가려낼 줄도 모른다. 무엇이 진짜이고 무엇이 가짜인지 분별력이 없어 SNS 선동에 취약하다. 소녀들이 살해를 당하자 눈에 불이 붙어 거리로 뛰쳐나와 난동을 피웠다. 이들 대다수가 문신을 했다는 점도 지적되었다.

2. 고위 정치인 중 몇몇이 정치적 이득을 위해 이슬람 혐오Islamophobia를 부추겼다. 대표적인 고위 정치인이 보리스 존슨 전 총리다. 존슨은 총리가 되기 직전 〈데일리텔레그래프〉에 쓴 칼럼에서 "무슬림 여성이 쓰는 부르카가 마치 우체통 같다"는 식으로 조롱했다. 그 칼럼이 게재된 이후 무슬림을 향한 공격이 375% 늘었다는 통계도 있다. 존슨의 무슬림 혐오는 보수당 당수 경선에서 유리하게 만들어 당수가 되었고 결국 총리까지 올랐다. 존슨의 이슬람에 대한 시선은 3년 넘는 재임 동안 전혀 변하지 않았다는 지적이다.

3. 난동을 피운 인종차별주의자들이 남자다움을 으스댔다는 분석도 주목을 받았다. 그들은 자신들의 인종차별 언행이 영국의 여인들과 아이들을 무슬림 이민자들로부터 보호하기 위함이라고 목소리를 높였다. 그러한 착각과 자기 암시에 세뇌되어 난동을 부렸다는 것이다.

4. 지금까지 지적되지 않았던 영국 국수주의의 문제점이 이 사태로 드러났다는 분석도 있었다. 특히 영국 전체가 아니라 잉글랜드 내의 오래된 우월주의가 사태의 숨은 원인이라는 비판이었다. 이웃한 웨일스와 스코틀랜드에서는 전혀 난동이 일어나지 않았다.

5. 체포되어 재판을 받은 대부분의 난동꾼은 육체노동자들이라는 점도 주목된다. 고달픈 일상에 지쳐 타인을 공격했고, 결국 이민자들과 종교에서 희생양을 찾았다는 지적이다. 특히 그들은 살해당한 어린이와 비슷한 딸을 가진 아버지들이었다. SNS

에 올라온 거짓 정보에 쉽게 빠져 이민자와 무슬림을 향한 분노를 폭발시켰다.

영국 언론들은 사태가 1주일 만에 진정된 이유도 분석했다. 1981년 브릭스톤Brixton 폭동, 2011년 런던 폭동 등에서 교훈을 얻은 경찰의 역할이 컸다. 시위대 진압 기술과 함께 법원의 빠른 재판도 큰 역할을 했다. 시위가 처음 벌어진 후 3~4일 만에 경찰은 779명을 체포했고 그중 349명을 기소했다.

법원은 그들이 체포된 당일이나 다음 날 바로 판결을 내렸다. SNS를 통해 "난민 호텔을 공격하자"는 식으로 난동을 부추기거나 "범인이 작년에 건너온 무슬림 청년이었다"는 거짓 정보를 퍼뜨린 21세 청년은 24개월, 26세 청년은 38개월, 28세 청년은 20개월의 형을 받았다. 14살 소년은 경찰을 공격한 혐의로 소년범구치소에 2년간 갇혀 있어야 했다. 30세의 청년은 인종차별 발언으로 현장에서 체포되어 8개월 형을 받았다.

그들은 별다른 생각 없이 시위에 참가해 난동을 부렸다가 경찰의 안면인식 기술에 의해 체포되어 직장도 잃고 장기 수감되는 중형을 받았다. 그들 대부분은 법정에서 흐느끼며 울었다.

이 사태도 처음 시작되었을 때는 상당히 심각한 상황으로 번질 기세였으나 의외로 1주일 만에 진정되었다. 시위대에 대한 재판 결과가 속속 언론에 보도되자 난동꾼들은 조심스럽게 물러났다. 아무것도 모르고 끼어든 시민들 역시 빠져나갔다.

"어떻게 이렇게 빨리 재판이 이루어지고 판결이 나올 수 있느냐?"는 기자들의 질문에 법원은 "우선 난동에 대비하는 직원을 많이 배치했고, 거의 컨베이어벨트 식의 재판이 이루어졌다"라고 답했다. 또 "만일 피고인이 혐의를 인정하고 사안이 중요하면 판결은 당일로도 가능하다"고도 했다.

시위 사태에 대한 역풍도 거세게 불었다. 영국 각지에서 인종차별 반대, 난민 환영, 극우 반대 등의 시위대가 조직되어 전국적으로 맞불처럼 번졌다. 난동꾼들의 숫자가 수백이었다면 반인종차별, 친이민 시위대는 수천에 이르렀다. 이들의 숫자가 난동꾼들의 사기를 꺾은 것이다.

이들이 내건 대표적 슬로건은 "파시즘과 인종차별주의를 박살내자Smash Fascism & Racism"였다. 브리스톨에서는 난동꾼들이 난민들과 망명자들이 거주하는 숙소를 습격하려 하자 인근 주민들이 막아냈다. 버밍엄에서는 난동꾼들이 무슬림 상점을 약탈하려 하자 인도, 파키스탄, 방글라데시 청년들이 지켜주었다. 언론들은 종교의 차이를 불문하고 난동을 막은 청년들의 행동을 칭찬했다.

난동꾼들 막아선 용감한 시민들

이후 영국 전역에서는 이 사태의 여파로 평화적인 반인종차별, 반폭력 시위가 계속되고 있다. 뉴캐슬, 미들즈브러, 아크레딩턴, 셰필드, 버밍엄, 브리스톨, 사우스앤드, 사우샘프턴, 브라이턴, 노스핀클리, 월섬스토, 하로 등의 도시에서 난동꾼들의 몇 배는 되는 사람들이 거리로 나섰다.

난동이 잦아들면서 역풍까지 거세게 불자 영국 사회는 사태 이전보다 더 긍정적인 방향으로 향했다. 극우에 대한 반감은 더 강해졌다. 피해를 본 모스크에는 인근 주민들은 물론 멀리에서 방문객들이 밀려들고 후원금도 들어왔다. 난동꾼들에 의해 파괴된 상점들의 부서진 유리창과 문을 무료로 고쳐주는 도움의 손길도 잇따랐다.

대다수 영국인은, 폭력을 행사하는 인종차별주의자나 반무슬림과는 관련이 없을 뿐 아니라 인종차별에 반대하고 동시에 무슬림 공동체가 받은 피해에 동정적이라는 감정을 여러 방법으로 표현했다.

영국 무슬림 사회는 이를 '빵을 부순다break bread'라고 말했다. 음식을 나누는 평화의 손길을 기쁘게 받아들인다는 뜻이다. 가장 고함을 많이 지르던 시위대일수록 소동이 가라앉은 후 가장 많이 반성하는 모습도 보였다. 제일 먼저 피해자에게 찾아가 악수를 하고, 포옹을 하고, 음식을 나누고, 도움을 주겠다고 약속했다. 비가 온 다음에 땅이 더 굳어진다는 속담과 똑같은 일이 영국에서 일어났던 것이다.

최고 인기 직종은
공무원이 아닌
정원사!

영국인이 직업을 선택하는 기준

2019년 3월 조선일보에 실린 '공시족의 그늘, 일 안 하는 대졸 인력 400만 명 육박' 기사를 보고 놀라지 않을 수 없었다. 400만 명이 일을 '안 한다'니? 일자리가 없어서 '못하는 것'이 아니라 '안 한다'는 말을 믿을 수 없어 기사를 찬찬히 읽어보았다. 400만 명에 육박하는 대졸 인력이 정말 일자리가 없어서 '일을 못 하는 게' 아니었다. '이들이 원하는 전문직이나 사무직 등 양질의 일자리가 한정적'이어서 '일을 안 한다'는 내용이었다.

내가 놀란 이유는 바로 '일을 안 하는 400만 명'이라는 숫자와 '전문직이나 사무직 등 양질의 일자리'라는 문구 때문이었다. 기사에는 '15세 이상 대졸 이상 학력을 보유한 1,700만 명'이라는 통계가 나온다. 그렇다면 한국에서 대학을 나온 인구의 거의 1/4이 단지 양질의 일자리를 못 가져 일을 하지 않고 있다는 말이다. 그런데 400만 명이라는 엄청난 인원이 단지 '양질의 전문직, 사무직'이 없어서 취직을 안 하는 것일까?

400만 명 중에서 상당수가 단지 사회적 명성에서 '서열이 앞서는 직업'을 갖기 위해 일을 하지 않는 게 아닌가 하는 의문이 들었다. 과연 그러면 양질의 일자리는 무엇이고, 왜 그들은 대학을 졸업하고도 부모에게 기대

고시방이나 독서실 골방에서 청춘을 낭비하고 있는 것일까?

한국인에게 직업은 단순한 '일'이 아니라 사회적 '신분'의 상징이다. 공무원이 되려고 공시생들이 몇 년을 투자하는 이유는 정년이 보장되는 철밥통을 꿰차려는 단순한 목적 때문만이 아니다. 아직도 관존민비가 엄연히 살아있는 한국 사회에서 공무원은 사회적 신분으로서 선망의 대상이다. 대기업 취업을 위해 책상 앞에 앉아 머리를 싸매는 이유도 단지 월급이 더 많아서가 아니다. 알찬 중소기업의 연봉이 대기업보다 많은 경우도 허다하다. 그런데도 대기업을 선호하는 이유는 체면 때문 아닐까? 아니면 유명 브랜드를 좋아하는 습성이 직업에까지 적용된 탓 아닐까?

일반적인 한국인의 직업 서열의 기준으로 보면 대기업은 알찬 중소기업보다 아득히 앞서 있다. 이렇게 한국에는 모든 직업이 '한 줄로 나란히' 세워져 있고 거기에는 분명한 서열이 있다. 그 사회적 관념에 따라 더 나은 사람으로 인정받고 싶어 하는 한국의 젊은이들에게 과연 누가 돌을 던질 수 있겠는가.

일은 일일 뿐, 직업 간 서열이 없다

하지만 내가 40년 넘게 살고 있는 영국의 직업관은 한국과는 많이 다르다. 영국인에게 직업은 가족과 자신의 생계를 유지하기 위한 일에 불과하다. 직업에는 귀천이 없다는 상투적 관념이 아니다. 그냥 단순하게 직업은 직업일 뿐 직업에 따라 인간의 귀천이 나뉘지 않는다. 사농공상의 구분이 아예 없다. 물론 영국은 계급사회이다. 그런데 그 계급이 아주 이상해서 외국인은 이해하기 난해하다.

어찌 되었건 영국에는 직업 간 서열이 전혀 존재하지 않는다. 수입이 더 많거나 인기 있는 직업이어서 선망의 대상일 수는 있어도 누가 더 훌륭하고 저급하다는 차원의 직업적 신분 서열은 없다. 영국 공무원은 선호되는 직업도 아니고 고위 정치인도 존경받는 직업도 아니다. 어느 직업이 돈을 더 많이 버느냐는 구분은 있어도 어느 직업이 더 귀한 직업이라는 관념은 없다.

이러한 사회에서 만일 자신의 일에 보람을 느낀다면 정말 다행이다. 반면 단순 반복적인 일이라 해도 자학하지 않는다. 예컨대 슈퍼마켓의 계산대 직원이라 해서 매장을 관리하는 매니저보다 존엄성이 낮다고 느끼지 않는다. 물론 매니저도 자신이 계산원보다 더 존엄하다고 여기지 않는다. 그래서 고객도 매니저도 이른바 '갑질'을 하지 않는다.

영국의 6,600만 명 중에서 대학 졸업자는 1,200만 명 정도다. 전체 인구의 18%에 해당한다. 영국인들이 대학을 가지 않는 이유는 머리 아픈 공부를 해야 할 이유를 찾지 못해서다. 가방끈이 길다고 더 인정받지도 않고, 대학을 안 나와도 취직하는 데 큰 문제도 없다. 또 다른 이유는 '꼭 대학을 나와야 얻을 수 있는 직업'을 영국인들이 특별히 더 선호하지 않는다. 영국인들은 책상에 앉아 서류와 씨름해야 하는 전문직이나 사무직보다는 단순한 직업을 더 좋아한다.

공무원은 무기 계약직일 뿐

영국에서는 한국의 인기 직업이 선망의 직업이 아니다. 공무원이 대표적이다. 영국 공무원은 한국처럼 공개 자격시험을 치르지 않는다. 중앙정부는 그나마 공개채용을 하지만 한국식의 엄청난 시험도 없다. 중앙정부기관과 지방정부별로 제각각 채용 절차를 거치기는 해도 일종의 고용계약이지 한국처럼 급수를 따지지 않는다. 급수가 정해져 있지도 않고 신분보장도 없다. 쉽게 말하면 '무기한 계약직'일 뿐이다.

영국에는 이제 정년이 없어져 특별한 문제가 없는 한 평생 근무할 수 있다. 그렇다 보니 한국의 교사, 공무원처럼 직장에서 주는 연금제도가 많이 없다. 예외가 있다면 경찰과 군인 정도다. 이들은 직업 보장이 되고 정년도 있고 연금도 있다. 그 이외의 직업은 일반 기업의 직원들과 같은 단순 월급쟁이이다.

한국에서 인기 직종의 하나인 교사도 마찬가지다. 영국에는 사범대학이나 사범학과가 없다. 각자 알아서 교사 교육을 받아 자격증을 취득하면 교사가 된다. 교사도 공무원과 마찬가지로 학교별로 채용공고를 낸다. 교장이 주도해서 채용하면 그만이다. 교사 역시 정년이나 전근, 연금이 없다. 초중고 교사는 무기한 계약직이라 한국처럼 철밥통도 아니고 평생 노후를 보장해주는 연금도 없다. 또 영국 학교는 평교사들이 교장을 하려 하지 않아 교장 구하기가 어렵다. 교장 봉급이 많긴 하지만 업무와 책임도 그에 따라 훨씬 더 많기 때문이다.

물론 영국인들도 한국인이 좋아하는 의사, 변호사, 회계사, 변리사 등 '사' 자 직업을 좋은 직업으로 취급된다. 그렇다고 대학을 나온 사람들 중 많은 사람이 이러한 전문직을 선호해서 몇 년씩 공부하지는 않는다. 전문직이나 대기업 임원을 부모로 둔 학생들이 부모의 후원으로 사립중고교와 명문대학을 나와 부모와 같은 직업을 갖는 경우가 많다. 부의 대물림이라기보다는 직업의 대물림은 있다.

결국 영국은 사립학교를 나온 단 5%의 중산층 출신 고등교육자들이 끌고 간다. 그렇다고 95%의 영국인들이 그 5%를 부러워하고 그들처럼 되려고 바둥바둥 매달리지도 않는다. 그냥 자신의 처지와 능력에 맞는 직업을 택해 큰 욕심 없이 편안하게 살아간다.

무념무상의 일상을 반복하는 영국인의 삶은 '애써 무심하게' 혹은 '짐짓 초연하게' 보인다. 무언가를 애써 이루어도 더 행복하지 않더라는 지혜를 영국인들은 태어날 때부터 갖고 있다. 그 이유를 친한 영국인에게 묻자 "우리들 유전자 속에 아마 그런 지혜가 있는가 보다"라고 멋쩍게 말하며 웃었다.

수십억 포기하고 자전거 가게 차린 젊은이

영국인이 무심하고 초연하게 사는 사례는 수없이 많다. 영국인 아버지는 버킹엄궁에서 시종장으로 일하고 한국인 어머니는 가정주부인 젊은이가 있었다. 옥스퍼드대학을 나와 런던의 투자은행에서 연봉만 수십억 원을 벌었다. 어느 날 갑자기 은행을 그만두고 런던 근교에서 자전거 판매와 수리를 하는 조그만 가게를 열었다. 소매를 걷어붙이고 얼굴에 기름을 묻힌 그의 얼굴에는 행복이 넘쳐났다.

런던대학을 졸업하고 창고 책임자로 일하던 아일랜드 청년도 같은 경우이다. 사립학교를 나와 좋은 교육을 받았는데도 호텔 야간근무 매니저로 일하면서 조용히 살아가는 사람도 있다. 이들 모두 "단순한 삶이 좋다"고 말한다. 영국 언론에 '워라밸Work-Life Balance' 단어가 나오지 않는 이유는 아마 삶을 침해하는 일 자체가 없어진 지 오래기에 워라밸이라는 개념 자체가 없어졌거나 필요가 없어서이다.

영국인은 정말 사무실 근무를 싫어한다. 구인광고에는 큰 특혜처럼 '야외 직업outdoor work'이라는 글귀가 큼지막하게 등장한다. 무엇을 하든 넥타이 매고 양복 입고 책상에 앉아 일하는 것을 선호하는 한국인과 달리 이

영국에서 정원사는 인기 직종이다.

들은 야외 직업을 더 좋아한다. 실제 야외 직업이 사무실 직업보다 인기가 더 있으니 구인하는 입장에서는 광고를 그렇게 할 수밖에 없다.

가장 인기 있는 야외 직업은 정원사다. 정원사가 되기 위한 국립정원사학교 입학은 정말 어렵다. 그 다음 인기 직종이 야외에서 학생을 가르치는 사람, 공원이나 고적 관리요원 등의 직업이다. 영국인은 답답한 사무실에서 똑같은 일을 매일 반복하기보다는 야외에서 변화무쌍하고 다양한 일에 더 흥미를 갖는다. 대표적인 야외 직업으로는 경찰관, 군인도 꼽히지만 집집마다 다니면서 보일러나 전기를 고쳐주는 기술자, 자동차 수리센터 기술자, 농장 작업인, 어부들까지 다 인기 직업에 포함된다. 물론 중산층 집안의 자식들은 전문직과 사무직을 좋아하지만 서민들은 사무실 직업을 싫어한다.

단순한 일상 속 행복, 수도사 같은 사람들

영국인은 현실적이고 합리적인 사람들이다. 열정을 따라 일생을 변화시킬 결정을 하지 않는다. 대신 능력이나 상황을 중요시한다. 그래서 직업을 고를 때도 열정보다는 냉정이 앞선다. '하고 싶은 것'을 하기보다는 '잘하는 것'을 직업으로 택한다. 그 대신 '하고 싶은 일'은 직업이 아니라 취미로 삼는다. 영국인은 자신이 진정 좋아하고 아끼는 일을 먹고사는 일과 연결하면 인생이 초라해지고 비루해진다고 주장한다. 영국인 중 성공한 사람들의 말을 들어보면 하고 싶은 일에 매진했다는 경우는 극소수인 반면 잘하는 일을 했다는 사람들이 대부분이다.

영국인은 남들이 좋다는 삶보다는 자신이 선택하고 주도하는 삶을 더 원한다. 그래서 좀 가난하게 살아도 자신의 시간을 갖고 행복하게 살기를 선택한다. 그리고 나와 남을 잘 비교하지 않는다. 내 것이 아니면 탐하지 않고 내 능력 밖이면 넘보지 않는다. 이렇게 영국인은 행복을 누리는 유전자를 갖고 태어난 듯하다. 한꺼번에 여러 개를 가지려 할 때 고통이 따르고 불만이 싹튼다는 것을 잘 안다.

자신의 시간을 가지려면 많은 것을 포기하고 가난하게 살아야 한다는 것도 잘 안다. 그래서 영국인들을 보면 수도원의 수도사 같은 느낌을 받는다. 개인 소유라고는 한두 벌의 옷뿐 가진 것 없는 수도사들이 매일 단순 작업을 하면서 기도하고 살아도 행복해하듯이 말이다.

학교도 병원도 소비자들이 최종 결정권자

평범한 사람들이 모여 정책을 결정한다

영국 사회를 관통하는 화두가 여러 가지 있지만 그중 하나가 '상식'이다. 영국 사회를 찬찬히 살펴보면 프로페셔널한 전문가보다는 아마추어 일반인들의 판단을 더 중시한다. 영국 사회는 전반에 걸쳐 아무런 직함이 없는 비전문가 일반인의 역할이 눈에 띄게 많다. 평범한 사람들은 생업에 종사하면서 동시에 각종 사회단체나 기구에 자원봉사 형식으로 참여한다. 그를 통해 사회적 책무를 다한다.

특히 국민들이 피부로 느끼는 일상생활 현장에서는 반드시 전문가가 아닌 비전문가들이 큰 역할을 한다. 어떤 직위나 자리에는 ―하다못해 10년 전에 그만둔 자리라도― 직책이 붙어 있어야 권위를 인정해주어 이름 앞에 무언가를 붙이는 한국과는 다르다. 그래서인지 한국에는 연예인마저 자신의 직업과는 크게 관계없는 박사학위를 하다가 논문 표절로 망신을 당하기도 한다. 그러나 영국에서는 그런 직함이나 허망한 학위가 필요없다.

예를 들어보자. 영국에서는 학교, 병원, 문화기관, 자선단체의 의사결정은 거버너governor라 불리는 관리위원들이 맡는다. 이들 모두가 직업을 따로 가진 평범한 일반인 비전문가들이다. 영국 개별 학교의 정책을 결정하는 관리위원회_{governor committee}는 생업을 가진 동네 사람들이 무보수로 자원봉사를 한다. 영국 학교는 공공예산으로 운영되는 공립이라도 교직원의 전근 개념이 없다. 개개 학교들이 각각 단독으로 존재한다.

만일 선생님이 개인 사정에 따라 학교를 옮기고 싶다면 현재 학교에서 퇴직하고 원하는 곳의 학교에 새로 취업하는 식으로 이루어진다. 교장을 비롯한 모든 교사, 직원들은 신분보장이 되지 않는 무기한 계약직이다. 교사들은 교장이 임명하고 해임하며 그 교장을 바로 관리위원회에서 선임하고 해임한다. 관리위원회에서는 예결산이나 학교 운영방안들도 다 다룬다. 영국 학교의 관리위원회는 한국과 달리 자문기구가 아니라 최종 의결기관이다.

영국에는 교육청이 없다

그 관리위원들 역시 특별한 전문가들이 아니다. 내가 관리위원으로 있었던 한인촌 킹스턴의 초등학교 관리위원회도 다양한 직업인으로 구성돼 있다. 교육 전문가는 1명도 없다. 관리위원이 되기 위한 특별한 자격도 없다. 그냥 동네 학교 발전에 관심이 많아 기여를 하고 싶으면 지자체 웹사이트에 있는 관리위원 희망서를 작성해 올리면 연락이 온다. 사무적 절차를 거쳐 통과되면 추천된 학교 몇 개 중에서 하나를 고른다. 그 학교 관리위원회에서 인터뷰한 뒤 기존 관리위원들이 승인하면 위원이 된다.

위원이 된 후에는 교육을 받아야 하지만 자격증이나 특별한 능력을 필요로 하지 않는다. 대개 기존의 관리위원들이 해오던 방식을 따라가면서 업무 파악을 하고 학교 운영을 배워간다. 관리위원들은 대개 야간에 회의를 하면서 학교를 책임지고 운영한다.

영국에는 교육청이라는 관리감독기관이 없다. 물론 불시에 교육표준청 Office for Standards in Education에서 감독관 1명이 나와 학교의 교육수준을 판단하긴 한다. 감독관은 하루 전에야 통보한다. 이 때문에 학교는 평소 상태대로 감사를 받을 수밖에 없다. 이때는 반드시 관리위원들의 참석을 요구한다. 생업이 있는 위원들이니만큼 갑작스러운 통보에 전원이 나올 수는 없으나 가능하면 많은 위원이 참석한다.

감사가 끝나면 평가회를 하고 수일 내에 결과서가 나온다. 하지만 감독관은 학교 운영 정책에는 전혀 관여하지 않는다. 교육 시스템이나 교재, 교습 상황을 판단해서 학생들을 얼마나 잘 가르치는지 평가할 뿐이다. 학교는 순전히 개별 관리위원회와 교장, 교사, 교직원들에 의해 운영된다. 결국 지역 주민들이 참여하는 봉사에 의해 학교가 운영 유지되는 것이다. 봉사의 질이 좋아지면 주민 자녀들이 좋은 교육을 받게 된다.

대형병원을 움직이는 사람은 동네 사람들

또 다른 예는 병원이다. 2013년 데이비드 캐머런 총리가 이끌던 보수당의 개혁으로 영국 국민건강보험National Health Service: NHS은 지역공단별로 독립재단으로 변환되었다. 급속히 증가하는 고령인구로 인해 의료비가 걷잡을 수 없이 늘어나자 NHS를 구하기 위한 고육지책이었다. 독립 재단으로 경영해서 자생하라는 뜻이었다. 이렇게 하면 국가가 관리할 때와는 달리 예산이 효율적으로 운용되지 않을까 하는 판단에서였다. 그런데 이러한 지역의료보험재단의 핵심적 결정을 내리는 기관 역시 병원 관리위원들로 이루어진 관리위원회다.

유럽 유일의 한인촌이 있는 런던 교외 뉴몰든New Malden 한인들이 주로 이용하는 킹스턴병원은 32만 명의 주민들이 소비자이다. 병상 520개와 정직원 2,900명, 계약직 300명을 둔 대형종합병원이다. 1년 예산이 2억 1,650만 파운드(3,572억 원)이고 신생아만 1년에 5,000여 명이 태어난다. 이러한 대형병원의 운영을 이사회와 함께 자원봉사자인 관리위원들이 책임진다. 3,572억 원의 예산은 이사회와 관리위원의회governor council의 두 기구가 맡는다.

이사회는 의장, 최고경영자CEO, 상임이사 7명, 비상임이사 6명이다. 상임이사는 병원 내 각 부서를 담당하는 연봉 2억~3억 원의 전문가들이다. 한국에서처럼 보건복지부나 감사기관의 퇴직 공무원이 낙하산으로 내려오는 경우는 없다. 만일 그런 사람이 병원 경영진으로 오고 싶다면 다른 지원자와 마찬가지로 지원을 먼저 해야 한다. 그후 관리위원들의 인터뷰를 통과해야 하기에 절대 쉽게 올 수 없다.

비상임이사는 모집공고를 보고 응모한 지원자 중 선정하여 관리위원들이 승인하면 임명된다. 킹스턴병원의 비상임이사들은 30년간 의료보험 종사자, 인사 관련 전문가, 경영 컨설턴트, 개업 가정의, 회계사 출신의 경영 컨설턴트, 간호학교 CEO 경력 등 의료 계통이나 전문경영인 경력을 가진 일반인들이 맡고 있다.

관리위원은 32명이며, 6,500여 명의 병원 회원들이 선출한 28명과, 병원 직원들이 선출한 4명으로 구성돼 있다. 병원 회원은 병원을 이용하는 환자, 가족, 지역주민 누구나 신청하면 될 수 있다. 회원 중에서 관리위원으로 활동하고 싶은 사람은 입후보한 후 회원들의 투표로 결정된다. 회원이 된다 해서 혜택도 없고 회비를 내지도 않는다. 단지 병원을 이용하는 주민들이 병원이 어떻게 돌아가는지를 알고 자신들의 권익을 찾기 위해

병원 활동에 참여하는 것이다.

킹스턴병원의 힘

———

킹스턴병원의 힘은 바로 이 회원들의 적극적 참여에서 나온다. 병원의 최고 의결기관인 관리위원의회가 전문가들이 아닌 일반인, 특히 병원을 이용하는 소비자들에 의해 구성된다는 점이 중요하다. 또 이사회의 비상임이사들도 일반인 중에서 추천되어 운영위원들에 의해 선임된다. 영국 대부분의 NHS 병원은 이와 같은 민주적 선임 절차가 갖춰져 있어 한국처럼 국가기관이나 퇴직 공무원들이 낙하산으로 내려올 수 없다.

영국에서 가장 존경받는 사회 최고 저명인사들을 찾으려면 대영박물관, 영국도서관, 빅토리아알버트박물관Victoria and Albert Museum, 테이트미술관Tate Britain Gallery 등 공익 문화기관이나 자선단체의 이사 명단을 찾아보면 된다. 예를 들어 빅토리아알버트박물관의 이사진을 보면 대단한 명사들이 즐비하다.

현재 이사장은 〈보그〉, 〈GQ〉를 출간하는 유명 출판그룹 회장이 맡고 있다. 이사들의 면면도 화려하다. 미술사 대학교수, 거대 부동산개발 그룹 회장, 예술 관련 컨설팅회사 창업자, 판사 경력의 문화 전문 변호사, 디자인 회사 창업자, 영국 왕립미술대학 부총장, 방송인, 설치미술 예술가, 자선단체 일을 많이 한 초등학교 출신 교사, 현직 대학 부총장인 역사 교수, 투자은행 임원 등등이다.

이들 거의 모두는 영국 여왕으로부터 기사 혹은 숙녀 서훈을 받은 유명 인사들로 영국 사회에서 이미 명성과 지위를 공인받은 사람들이다.

그들 역시 완전 무보수이다. 만일 보수가 있다면 참여하지 않는다. 순전히 명예로운 사회 참여를 하면서 자신의 경험을 단체의 발전을 위해 사용하며 기부까지 한다. 일반인들도 그들을 존경한다.

존루이스백화점이 존경받는 이유

이제 영국인들이 가장 사랑하고 심지어는 존경까지 하는 93년 역사의 국민기업 '존루이스백화점'을 살펴보자. 존루이스John Lewis Partnership는 이름 그대로 100% 완전한 '종업원 지주' 회사이다. 8만여 명의 종업원이 모든 주주이다. 경영진은 있어도 소유주는 없다는 말이다.

존루이스에는 평직원 의회에서 선출된 종업원 이사 5명, 회장이 지명한 경영진 이사 5명, 종업원 측 대표 카운슬러 1명 등 모두 15명의 이사가 있다. 이 중 3명의 비상임 사외이사들이 회사 경영층이 결정하기 어려운 중요한 결정을 담당한다. 예를 들어 임직원 연봉과 상여금, 기업의 사회환원, 미래 정책의 위험도 측정을 주로 맡는다. 종업원 8만여 명을 두고 존루이스, 웨이트로즈, 피터존스까지 포함해 모두 400여 개의 백화점과 슈퍼마켓을 가진 대형 그룹임에도 15명 중에는 비전문가 종업원 6명과 사외이사 3명이 참여하고 있다는 점이 두드러진다.

이제 영국 정치의 최고 기관 중 하나인 지방의회 의원councilor을 보자. 영국은 잡다한 기초지자체 의회가 없다. 그냥 국가를 운영하는 하원의원과 한국의 구·군·시·도의회 의원을 모두 통틀어 부르는 지방의회 의원들이 있다. 이 의원들은 전원이 직업정치인이 아니다. 모두 생업을 가지고 있어서 의정활동은 퇴근 후인 밤에 한다. 세비는 연 1만2,000파운드(약 1,800만 원) 밖에 되지 않는다.

원래 목적 자체가 학교의 관리위원이나 문화기관들의 비상임이사처럼 봉사 차원에서 지자체 살림을 맡아 하라는 뜻이었다. 전업 정치인의 눈과 머리가 아닌 일반 주민의 입장에서 지방자치 업무를 판단하고 결정하라는 취지다. 전업 정치인들의 독단과 아집 때문에 생기는 맹점을 피하자는 목적이다.

노블레스 오블리주의 실천

하루하루 생업에 바쁜 일반인들이 동네 병원과 학교의 무보수 관리위원을 맡는 이유는 무엇일까? 자신의 일만으로도 바쁜 저명인사들이 문화기관의 이사직을 맡는 이유와 비슷하다. 영국인의 핏속에 흐르는 '자원봉사, 참여의식, 희생정신' 때문이다. 거기에다 저명인사들의 참여에는 이른바 노블레스 오블리주Noblesse Oblige가 더해져 있다.

이렇게 사회봉사 차원에서 이뤄지는 일반인들의 평범한 상식이 영국 사회를 이끌어간다. 아집에 사로잡힌 전문가들에게만 의존하는 한국 사회에게 시사하는 바가 크다. 과연 전문가만을 중시하는 한국 사회가 옳은지, 일반인들의 자원봉사가 이끌어가는 사회가 옳은지는 결론 내리기 쉽지 않다. 그러나 공기업의 이사진과 사외이사 그리고 민간 대기업의 사외이사들을 퇴직 공무원이나 은퇴 정치인이 차지하는 한국보다 비전문가들이 상식으로 이끌어가는 영국 사회가 더 맑고 비리가 없다. 두 나라에서 살아본 나로서는 자신 있게 말할 수 있다.

불공정 사회 영국이 '공정하게' 사는 법

14

우리끼리 사는 개천은 공정하다

한국과 영국의 공정성을 비교하면 "누가 감히 한국 사회를 불공정 사회라고 하는가?"라고 질문할 수 있다. 한국 기준으로 보면 영국은 엄청나게 불공정한 사회이기 때문이다.

예를 들어 영국에는 의사, 변호사, 회계사 등 공인 자격시험을 빼면 정해진 날짜에 똑같은 시험지를 놓고 응시자 전원이 모여 시험을 치르는 일괄 공개경쟁 시험이 없다. 한국에서는 당연한 교사 임용시험, 국가공무원 시험, 대기업 입사시험 등도 마찬가지다. 영국 교사는 학교별로 교장이 임명하고 해임하기 때문에 아예 임용시험이 없다. 학교장이 어떤 기준으로 교사를 선발·임명하는지는 교장 외에는 아무도 모른다. 공무원도 지자체별로 필요하면 수시로 뽑는 무기한 계약직이라 일종의 회사원 같다.

채용을 위한 공개시험이 없는 나라

영국의 모든 공기업과 민간기업의 입사 과정도 별반 다르지 않다. 대기업 사무직은 대부분 인턴과정을 거쳐 수시로 입사한다. 문제는 인턴 선발

14 불공정 사회 영국이 '공정하게' 사는 법   123

과정이 한국 기준으로 보면 절대 공정하지 못하다는 점이다. 인턴 모집이 공개적으로 이루어지지 않으므로 모든 지망생에게 공정한 기회와 절차가 주어지지 않는다. 응시생은 언제 어느 기업이 인턴을 뽑는지 알기가 대단히 어렵다. 수시로 기업 홈페이지를 뒤져야 겨우 찾을까 말까이다. 어떤 경우에는 아예 선착순으로 뽑기도 한다.

그렇게 어렵게 찾아도 몇 명을 무슨 기준으로 뽑는지 알 방법이 없다. 만일 그 회사에 친지가 있으면 먼저 알게 돼 응모할 수 있다. 그 회사에 학교 선배나 친구, 친척이 있거나 부모 친구가 간부로 있으면 다른 사람보다 모든 면에서 유리하다. 결국 아무런 연줄 없는 흙수저들은 불리할 수밖에 없다. 영국에서는 정규직도 아니고 임시직 인턴을 뽑는 일이니 개인적 부탁이 작용해도 큰 문제가 되지 않는다. 알음알음으로 뽑았으나 능력이 없으면 못 견디고 나가기 마련이다.

그렇게 보면 응시자 전원이 한번에 모여 똑같은 시험지를 놓고 공개경쟁할 수 있는 한국의 시험제도가 얼마나 공정한지 알 수 있다. 그런 시험제도 자체가 없는 영국은 학연·혈연·지연이 없으면 기업 이름 앞에 영국British이라는 단어가 붙은 영국항공British Airway이나 영국석유British Petroleum 등의 대기업에 입사하기 어렵다. 3연 중 하나라도 없으면 고교나 대학을 졸업하고 아주 오랫동안 인터넷을 통해 인턴광고를 찾고 수백 통의 이력서를 보내고도 운이 좋아야 인턴 기회를 잡을 수 있다.

연줄 있어야 인턴 기회도 잡을 수 있어

영국의 불공정한 사례를 또 하나 보자. 한국에서 모든 국민이 가장 민감해하는 진학과 관련한 사안이다. 영국에서는 좋은 사립 초등학교에 들어가려면 아기가 태어나자마자 학교에 등록해야 교장과의 인터뷰 기회라도 잡는다. 대개의 경우 사립 초등학교에 들어가 큰 문제가 없으면 같은 계통의 중·고등 과정에 그냥 올라간다. 물론 등록한다 해서 모두 입학 절차를 밟으라는 연락이 오지는 않는다. 그럴 경우에 대비해 수준이 약간 떨어지는 학교에도 등록해놓아야 한다.

일단 좋은 학교에서 면담 연락이 오면 그 뒤의 모든 결정은 학교장이 내린다. 한 사람의 일생이 걸린 입학 결정을 공정한 기준에 따르지 않고 교장 개인의 판단 하나로만 결정하는 것이다. 그 자리에 교감이나 다른 교사가 배석하는 경우도 있지만 거의 영향을 못 미친다. 학생의 부모와 형(누나)이 학교 동문이면 훨씬 유리하다.

불공정도 웬만한 불공정이 아니다. 그러나 영국에서는 거기에 대해 누구도 시비를 걸지 않는다. 또 그 제도에 의해 영국 사회는 수백 년 유지되어 왔고 큰 문제가 없어서인지 지금도 계속되고 있다.

그보다 더한 대학 입학시험도 마찬가지다. 대학이 학생들의 서류심사를 해서 어떤 기준으로 인터뷰를 하고, 최종 결정을 내리는지 한번도 공개된 적이 없다. 물론 어느 대학 어느 학과에는 어느 정도의 학력고사 수준이 있어야 합격한다는 기준은 있다. 그러나 확인할 수 있는 공식 자료는 아니기에 '카더라 통신'에 불과하다. 하지만 그 합격 기준에 맞는 학생이 많다 보니 그중 일부만 골라내는 기준이 무엇인지는 현장의 교수들만 알 뿐이다.

서류심사를 한 다음 인터뷰 통보가 오면 1단계는 넘어선 것이다. 그러나 엘리트 대학의 교수들이 무슨 기준으로 학생을 인터뷰하고 선발하는지는 신神도 모른다. 특히 대학들의 인터뷰에서 엉뚱한 질문의 예는 인터넷에 무수히 나온다. 2박 3일 동안 인터뷰를 하는 옥스퍼드대학의 질문은 기이하기가 짝이 없다.

한 여학생이 받은 질문은 "내(교수)가 당신의 아버지라면 행복하겠는가?"였다. 여학생의 답변 요지는 "당신이 내 아버지라는 상상은 한번도 해보진 않았지만… 만일 그렇다면 나는 좋아할 것 같다. 나는 평소에 머리가 별로 좋지 않다고 생각했는데 당신은 옥스퍼드 교수이니 우선 내 머리가 좋을 것 아니겠는가. 그러면 앞으로 더 발전할 가능성이 있을 것이다. 그리고 당신은 그런 이상한 질문을 하는 걸 보니 지금의 내 아버지보다 더 유머 감각이 있는 듯해서 좋다"였다. 참석 교수들이 모두 웃으면서 다음의 정상적 질문으로 넘어갔다. 그리고 19살 여학생은 합격했다.

기이한 질문들의 사례는

- 무당벌레는 붉다. 딸기도 그런데 왜인가?
- 여기 선인장이 있는데 설명해 보라.
- 네가 세상에 없는 악기를 만들어낸다면 무슨 소리를 내는 악기일까?
- 만일 네가 동물이라면 어떤 동물인가?
- 너는 정원 저편에 요정이 있다고 믿는가?

흡사 입사시험에서 상상력을 테스트하기 위해 던지는 이상한 질문을 19살짜리 학생에게 한다. 물론 교수들은 학생의 임기응변 능력을 보기 위해 던지는 질문은 아니다. 학생의 상상력과 지적 능력을 시험하기 위한 것이라고는 하지만 인터뷰가 당락에 지대한 영향을 끼치는 수험생에게는 정답이 없으니 무엇을 공부해야 하는지 곤혹스럽다.

이처럼 학교 교장이나 교수들의 불순한 의도 혹은 사심이 작용할 여지가 있는데도 영국 사회는 아무런 공정성 시비가 없다. 학교장이나 대학 교수들의 결정이 공정하다고 믿기 때문이다. 그만큼 신뢰 사회이다.

신도 모른다는 대학 신입생 선발 기준

영국이 얼마나 불공정 사회인지 나의 경험담을 통해 다시 한번 확인해 보자. 아들이 다니던 학교에서 강당 신축자금 모금파티가 있었다. 영국 사립학교에서는 흔히 있는 일이다. 이러한 파티는 수많은 학부모 모임 중 하나가 주선한다. 파티 초청 대상은 졸업생과 재학생 부모들이다. 입장권은 상당히 비싸서 입장권 판매만으로도 모금액을 거의 달성한다. 그러고도 학부모가 기부한 경품을 팔아 모금을 한다.

경매 품목은 학부모들의 직업과 관련 있는 상품들이다. 예를 들어 여행사를 하는 학부모는 파리 왕복 항공권과 호텔이 포함된 1,200파운드(200만 원)짜리 3박4일 여행권 2장을 내놓는다. 그러면 경매 호가가 원가인 2,400파운드부터 시작한다. 참석자들이 시가보다 더 비싸게 부르고 그렇게 경쟁해서 때로는 원가의 2~3배 가격으로 낙찰되어 모금에 큰 도움을 준다.

그런데 이 경매품 중 정말 놀라운 품목이 하나 있었다. 국영기업 대표가 자기 회사의 인턴 두 자리를 경매품으로 내놓은 것이다. 개인기업도 아닌 국영기업 대표가 개인적으로 회사 인턴 자리를 내놓다니…. 한국 같으면 상상도 할 수 없으며 당장 사회적으로 큰 물의가 될 일이었다.

그럼에도 그 자리는 2,200파운드와 2,400파운드에 팔렸다. 지금으로부터 20년 전의 일이니 당시 환율(2,000원)로는 440만 원과 480만 원에 해당하는 금액이었다. 지금 영국 서민의 두 달 월급이고, 당시로서는 7~8개월 월급에 해당하는 거액이었다. 물론 인턴으로 들어가면 절반 이상은 정식 채용이 되니 돈을 지불할 가치는 충분했다.

영국 부모들이 거액(현재 사립학교 평균 학비는 5,000만 원, 기숙사 학교는 6,600만 원)을 주고 사립학교에 자식을 보낼 때는 굳이 교육만을 목적으로 하지 않는다. 장래에 도움되도록 학연을 만들어준다는 의미도 있지만 학부모의 사교클럽 목적도 크다. 비슷한 경제 수준과 동일한 계급의 학부모들이 하나의 사회를 형성하는 기회가 바로 자식의 사립학교를 통해 이루어진다. 이 말은 한국에서 거액을 들여 영국 사립학교에 아들딸을 유학 보내는 부모는 고액 학비의 반밖에 못 건진다는 뜻이다. 학부모들끼리의 사교 기회를 못 얻기 때문이다.

그런 이유로, 거액을 주고 인턴 자리를 산 학부모는 굳이 그럴 필요가 없었다. 왜냐하면 각종 학부모 모임을 통해 인턴 자리를 내놓은 학부모와 만날 수 있기 때문이다. 자식의 인턴 자리를 서로 교환하는 이른바 '품앗이'가 가능함에도 학교를 도우려는 의도로 거액을 주고 인턴 자리를 산 것이다.

나는 그때 대단한 문화 충격을 받았다. 영국 엘리트 사회의 깊은 단면을 본 느낌이었다. 흡사 비밀결사단체의 모임에 참여한 느낌이기도 했다. "아! 이 친구들은 이런 식으로 살아가는구나!"라는 놀라움과 함께 "이런 불공정한 일이 엄연히 존재하는 사회구나"라는 깨달음을 얻었다.

낯을 가리는 사회에서 중시되는 학연

이 깨달음은 이후 영국 생활에 도움을 주었다. 한국보다 더한 연줄 사회라는 지혜를 통해 닫힌 문을 열 수 있었다. 그래서인지 연줄을 하나도 못 가진 외국 이민자 부모는 자식들에게 학연 하나라도 만들어주려 기를 쓴다. 수줍음이 많고 낯을 가리는 영국인들은 사회에 나와서는 좀처럼 친구를 못 만든다. 그래서 학창시절 인연을 아주 중하게 여긴다. 영국 사회, 특히 정치계는 지연이나 혈연보다 학연이 훨씬 더 큰 영향을 미친다. 그래서 명문 사립학교 출신들의 자부심은 아주 배타적이고 폐쇄적이다.

특히 보수당 정권의 고위층은 학연으로 만들어진다. 보리스 존슨 총리의 내각은 64%가 사립학교 출신이다. 테리사 메이 때 기록한 30%의 2배이고, 데이비드 캐머런 때의 50%보다 더 많다. 그전의 존 메이저 때는 71%, 마거릿 대처 때는 무려 91%가 사립학교 출신이었으나 그나마 많이 줄었다. 전체 중·고등학생의 7%만 사립학교에 다닌다는 것을 감안하면 그들이 영국의 권력을 얼마나 차지하고 있는지 알 수 있다.

영국인은 학연을 '올드보이 커넥션Old Boy Connection'이라 부른다. 학교 동창들끼리 밀고 당겨주는 올드보이 커넥션을 죄악시하지도 않고 당연하다고 여긴다. 팔은 안으로 굽는다는 말을 부정하지 않고, 공정제도를 만들어 바로 잡으려 하지도 않는다. 무엇보다 영국인들 사이에 "사립학교의 지도자 양성 교육이 훌륭하고, 사립학교 출신이 그만한 자격을 갖추고 있다"는 오랜 경험에 의한 무언의 합의가 있어서이기도 하다.

공립학교가 훌륭한 평균시민 양성에 뜻을 둔다면 사립학교는 능력 있는 지도자 양성에 힘을 기울인다. 특히 교과과목 중 1/3을 차지하는 체육을 통해 학교 성적만이 아닌 인성교육을 중시한다. 특히 팀 스포츠를 통해 지도자와 팀원으로서 갖추어야 할 인성을 동시에 키운다. 자신을 죽이고 팀의 승리를 위해 희생하는 정신을 배우고, 심판 결정에 복종하는 마인드도 배운다. 승리보다는 페어플레이를 했음을 자랑으로 여기고, 최선을 다했음에도 패배했을 때는 깨끗하게 승복하는 자세를 터득한다.

그렇다 해도 공평성과 공정성에 목숨 거는 한국인의 관점에서 보면 이런 행태가 왜 비난받지 않고 상존해 왔는지 의문이 생긴다. 여기에 대한 답은 놀랍게도 아직 영국이 계급사회라는 것이다. 끼리끼리 계급 내에서 일어나는 일은 아무리 불공정해도 다른 계급들이 상관하지 않는다.

사회 지도층 자리는 7%의 사립학교 출신들끼리의 자리다툼이고, 대기업 사무직 인턴도 너희끼리의 불공정이니 그쪽 계급과 관련 없는 우리가 왈가왈부할 일이 아니라고 생각한다. 계급이 없고 신분만이 있기에 신분 세탁과 신분 상승, 신분 유지에 목숨 거는 한국인의 관점에서 보면 경악할 일이지만 계급 장벽이 엄청나게 높은 영국에서는 그저 무관심이다.

올드보이 커넥션 용인하는 계급사회

어느 나라, 어느 문화나 계급이 있다. 하지만 영국만큼 현저하게 계급이 존재하는 곳은 드물다. 상중하의 계급은 물론 그 3단계 안에서도 또 상중하가 세밀하게 존재한다. 중산층 중에도 상중산층upper middle class, 중산층middle class, 하중산층lower middle class이 나뉜다. 영국에서 조금만 살아보면 외국인 눈에도 이 차이가 확연하게 나타난다. 언어는 물론 행동, 옷차림으로도 구별할 수 있다. 심지어 슈퍼마켓도 달라 음식마저도 다르다. 입는 내의도 다르다. 가격 차이가 아니라 그냥 다른 물건들을 쓴다.

영국의 신문 〈더타임스〉의 1면

노동계급이 〈더타임스〉나 〈가디언〉을 읽지 않고 중산층은 〈더선〉을 읽지 않는다. 그래서 영국인은 만난 지 1분도 안 되어 상대의 계급을 정확하게 파악한다. 가장 중요한 판단 기준은 언어이다. 억양과 발음, 문장 구성, 단어 용법, 심지어는 똑같은 물건을 두고도 단어가 다르다. 입에 익은 언어를 바꾸기는 불가능하다. 영국인은 "언어는 가지고 태어난다"고 생각한다. 태어나서부터 부모와 가족에게서 배운 말은 바꿀 수 없다. 그래서 자신이 태어난 계급을 바꿀 수 없고 그럴 필요도 없다. 굳이 노력도 하지 않는다. 그래서 영국에서는 신분 상승이나 신분 세탁 개념도 없고 이를 위한 노력도 없다.

자신에게 주어진 계급에 만족해서 그에 맞는 행복을 찾고 별다른 불만 없이 살아간다. 특히 하층계급lower class 혹은 노동계급working class은 계급에 대해 불만을 가지지 않는다. 행여 수입이 좋은 직업을 가져 더 넓은 집으로 옮겨갈 수 있는데도 태어나고 자란 공공주택 동네에서 오랜 친구들과 어울려 살아감에 만족한다. 자신이 속한 계급에 맞는 직업을 선택해서 삶을 유지하면서 만족하고 살아간다.

'우리끼리 사는 개천은 공정하다'

영국인들이 계급에 불평·불만 없이 살 수 있는 가장 중요한 이유는 영국의 개천에는 불공정이 없다고 믿기 때문이다. 1년에 수만 파운드가 드는 사립학교에 자녀를 보내고, 1년 회비가 1,000만 원인 클럽에서 골프를 치고, 프라이빗 사교클럽에서 비싼 식사를 하는 엘리트 그룹과 자신들의 삶이 겹칠 일이 없어서다.

'그들'의 삶과 '우리들'의 삶의 영역은 너무 달라 내 직업이나 내 자식들의 학교를 그들이 빼앗아가지 않는다는 것을 잘 안다.

거기에 더해 영국은 사회제도와 정치제도가 너무나 선명하게 되어 있어 권력자의 힘이 미약하다. 권력자가 권력을 이용해 불공정한 일을 벌이지 않는다는 것을 모두 잘 알고 있다. 불공정한 일을 벌일 수도 없다. 낮에는 기사 딸린 관용차로 다니던 장관도 일과를 마치면 버스나 기차를 타고 퇴근한다. 물려받은 재산이 없는 하원의원 자녀도 공립학교에 다니고, 하원의원도 10년 넘은 고물 자동차를 타고 다닌다. 이렇게 영국을 보면 한 사회의 공정성은 제도에 있지 않고 삶을 대하는 태도에 달려 있다.

제3부

영국의 경제와
일상생활

15

꼴찌에서
정상으로…
'아일랜드의 경제 드라마'

'켈틱 타이거'가 들려주는 회생의 이야기

1990년대만 해도 유럽에서 가장 가난했던 아일랜드가 2020년을 넘으면서 세계에서 가장 부자 나라가 되었다. 단 30년 만의 압축성장으로 한강의 기적보다 더 빠른 국가적 변신을 이루었다. 2022년 아일랜드의 1인당국내총생산GDP은 국제통화기금IMF 통계상으로는 13만 달러이다. 이는 세계 3위, 유럽EU 2위이다. 그러나 1위 룩셈부르크(14만)와 2위 싱가포르(13만)는 도시국가 수준이라 사실상 아일랜드가 세계 최고 부국이라 해도 과언이 아니다.

아일랜드가 코로나19 기간에 거둔 경제성장은 믿기지 않을 정도다. 2018년만 해도 성장률이 8.3%였는데 코로나19가 본격적으로 번지기 시작한 2019년에는 5.5%를, 모든 국가가 역성장하던 2020년마저 무려 3.4%를 기록했다. 코로나19 사태에서 숨을 좀 돌리기 시작하던 2021년에는 무려 13.7%의 성장을 달성했다. 아일랜드의 압축적 급성장은 서유럽 기준으로는 특이한 경우이고, 유럽 최고의 빈국이던 스위스가 최상위 부국이 된 것과도 비교된다.

유럽의 '가난한 늙은 여인The Poor Old Woman'이었던 아일랜드가 어떻게

30년 만에 '켈틱 타이거'(Celtic Tiger: '켈트족 호랑이'. '아시아의 네 마리 용'에 빗댄 말)를 거쳐 세계 최부국으로 군림하게 되었을까?

압제의 설욕을 제대로 했지만--- 인구는?

아일랜드의 1인당GDP를 연도별로 보면 경제발전의 역사가 한눈에 들어온다. 1990년 1만4,310달러로 시작해 10년 만인 2000년 3만달러클럽에 진입한다. 이어 2004년 4만 달러를 돌파하고, 2014년 드디어 5만달러 클럽에 가입함으로써 부국 반열에 들어서고 2015년 6만 달러를 돌파한다. 모든 주요국이 역성장하던 2020년에는 9만6,618달러를 기록해 6.5% 성장하는 놀라운 기록을 만들어낸다. 2021년에는 11만3,267달러를 달성하면서 드디어 10만 달러를 넘어선다.

아일랜드는 '켈틱 타이거'로 올라서면서 비단 1인당GDP뿐 아니라 모든 경제지표가 비약적 발전을 했다. 1990~2003년까지 GDP는 500억 달

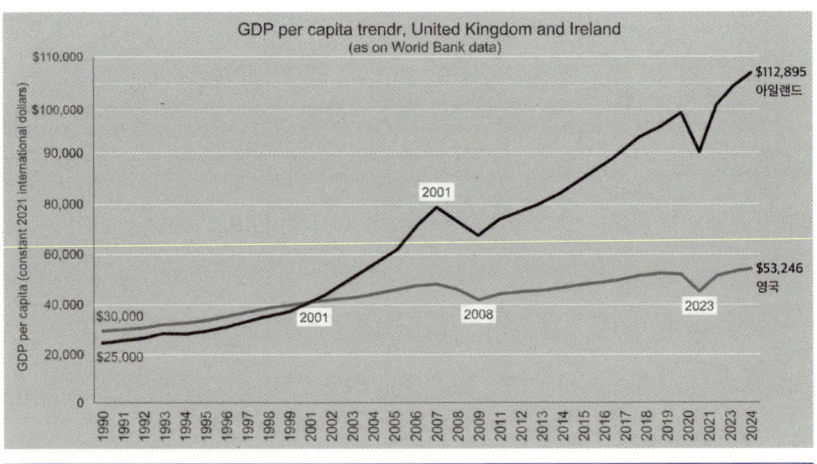

아일랜드와 영국의 GDP 변화

러에서 1,490억 달러로 3배가, 수출액은 250억 달러에서 975억 달러로 4배가 늘었다. 반대로 국가채무는 GDP의 96%에서 33%로 1/3로 줄었다. 동시에 고용인원은 50%가 늘어 190만 명이 되면서 실업률이 12.9%에서 4.8%로 떨어져 거의 완전고용을 이루었다. 인플레이션도 3.4%에서 3.5%로 거의 변화하지 않아 경제가 안정되었다. '가난한 아일랜드인'이 이제 '부자 아일랜드인'이 된 것이다.

이로써 아일랜드는 1921년 독립하기까지 거의 1,000년 가까이 강대국 영국에 당한 압제의 설욕을 제대로 했다. 하지만 아직 인구로는 설욕을 못 했다. 감자대기근(1846~51) 이전만 해도 1,100만 명으로 영국의 1,600만 명과 큰 차이가 없었으나 지금은 512만 : 6,779만으로 도저히 상대가 안 된다. 이를 아일랜드인들은 영국인들이 일으킨 교묘한 '감자대기근 인종청소'라 칭한다. 아직도 그 원한을 다 갚으려면 먼길을 가야 할 듯하다.

1인당 GDP 영국의 2.34배

아일랜드의 현재를 만든 1990년대의 성장 비결은 수없이 많지만 4가지로 간추려진다. 우선 교육이다. 1985년만 해도 18세 이하 아일랜드 청소년들의 40%만이 초·중·고교를 다녔다. 1960년대에는 인구 280만 명 중 대학생이 2만 명이 채 되지 않았다. 그러나 1995년이 되면서 대학생과 졸업생 비율이 전체 인구의 48%가 될 정도로 늘어났다(이 시기 영국과 독일은 25%가 안 되었다. 영국의 경우 지금도 이 비율은 변화가 없다). 1960년 대학생은 2만 명에 불과했으나 95년에는 6배가 늘어 무려 11만2,000여 명이 대학을 다녔다. 특히 과학 관련 전공 비율이 OECD 30개 나라 중 가장 높았다. 이러한 장기투자가 경제발전의 기초가 되었다.

두 번째는 EU와 미국의 투자였다. EU 회사들은 아일랜드의 풍부하고 저렴한 인적 자원을 이용하기 위해 투자했다. 독일이 가장 큰 투자자였다. EU는 14억 달러를 원조해 아일랜드가 도로, 항만, 철도 등의 사회간접자본을 개발하게 만들었다. 영국인 다음으로 많은 미국 이민의 역사를 가진 덕분에 미국의 투자도 컸다. 미국 인구 중 거의 4,000만 명이 아일랜드와 직·간접으로 혈연관계가 있다.

미국에게는 인건비가 싸고 영어를 모국어로 하는 고급인력이 풍부한 아일랜드가 최적의 투자처였다. 고등교육을 받은 아일랜드인의 1990년 연봉이 1만9,000달러였을 때 미국 평균 연봉은 4만 달러였다.

법인세 인하와 미국의 투자

세 번째로는 아일랜드 정부의 개방 정책이다. 1999년 OECD 기준으로 아일랜드는 세계에서 경제활동자유 수치가 3위였다. 1위 홍콩, 2위 싱가포르에 이어 기업하기 좋은 나라였다. 미국 헤리티지재단Heritage Foundation 통계에 의하면 아일랜드의 경제활동자유 수치는 1위 싱가포르, 2위 스위스에 이어 아직도 3위이다. 같은 통계에서 한국은 19위로, 6위인 대만에 이어 아시아 3위이다. 영국은 24위, 미국은 25위, 일본은 35위이다.

거기에 더해 정부가 앞장서 1987년 구성한 '사회적협력증진책Social Partnership'이 해외 기업들을 끌어들이는 데 결정적 역할을 했다. 정부·기업·노동조합 3자가 협의체를 구성해 원활한 임금 조정과 노사문제를 해결하는 제도다. 여야 대표들도 협의체의 일원으로 참가해 거당적 협조를 아끼지 않았다.

네 번째로는 2003년부터 법인세가 12.5%로 인하됐다는 점이다. 미국

회사들로서는 당시 4억7,000만 명의 EU 시장에 관세 없이 제품 판매를 할 수 있게 된 아일랜드가 법인세까지 낮추자 투자를 하지 않을 수 없었다. 1990년에 1만1,000여 미국 회사가 아일랜드에서 제품을 수출했지만 2002년 들어서는 7만여 개로 비약적으로 늘어났다. 미국의 국제적 제약 회사 10개 중 9개가 아일랜드에 공장을 가지고 있다. 그 결과 아일랜드의 소프트웨어 수출은 미국을 앞섰다. 인구가 400만여 명에 불과했음에도 제조대국으로 성장한 것이다.

외국인 투자를 성공적으로 유치한 주역은 아일랜드 투자개발청IDA Ireland 이었다. 1969년에 개설된 IDA는 시작부터 미국 회사들을 공략했다. 그 결과 미국의 컴퓨터 소프트웨어와 하드웨어, 제약, 전자, 의료기기 등의 제조 회사 중 아일랜드에 생산기지를 가지지 않은 회사는 거의 없다.

한국보다 10년 늦게 들이닥친 외환위기

켈틱 타이거의 기적이 현재까지 쭉 이어진 것은 아니다. 극적 추락을 했다가 부활한 역사가 있다. 10년 이상 호황을 누리면서 승승장구하던 아일랜드도 호황의 절정인 2007년, 한국보다 딱 10년 늦게 외환위기가 찾아왔다. 켈틱 타이거를 만든 국내 요인 중 하나는 건축 경기였다. 아일랜드 정부는 경기를 부추기기 위해 신축건물에는 세금을 대폭 인하하거나 면제해 주었다.

정부의 꼬드김에 올라탄 탐욕스러운 주택개발업자들은 아일랜드 곳곳에 주택과 건물을 지었다. 거기에 더해 유럽과 미국 은행들은 아일랜드인들의 '묻지마 주택 구입'에 무분별한 융자를 해주었다. 물론 이런 사태는 아일랜드에서만 벌어진 것은 아니다. 아이슬란드를 필두로 모든 유럽 국가가 비슷한 위기를 맞았다. 그러나 아일랜드가 특히 심했다.

경기를 살리기 위해 무조건 건설 경기를 일으킨 정부, 자신의 지역구에 많은 주택을 유치하려 날뛴 정치인, 무분별하게 자금을 융자해 준 은행, 앞뒤 생각하지 않고 주택 붐을 일으킨 탐욕스러운 개발회사, 그리고 무조건 집값이 오른다는 착각에 빠져 묻지마 주택 구입을 한 구매자들이 합작으로 일으킨 초대형 사고였다.

건설 붐이 아일랜드 경제의 20%나 차지했지만 2007년 미국발 서브프라임 모기지 사태가 터지자 아일랜드도 곧바로 거품이 터졌다. 국제금융이 말라버리자 수출은 줄고 건설은 모두 중단되었다. 부동산 가격은 곤두박질쳤다. 결국 아일랜드 은행들이 부실의 늪으로 빠져들었다. 돈을 빌려 주택을 구입한 사람들은 집을 빼앗기고 길거리로 나앉게 되었다.

〈아이리시타임스〉는 "재정흑자는 빛의 속도처럼 줄고, 국가부채 비율은 금방 하늘로 치솟았다"라고 표현했다. 이를 일러 아일랜드 언론은 이카루스Icarus를 연상시킨다고 자학했다. 비극적 사태가 시작된 2008년부터 사태가 진정된 2011년까지 3년 동안 아일랜드 국가수입은 17% 줄었고, 실업률은 20%를 넘어섰다.

2010년 정부 재정적자가 14.3%로 그리스보다 높았다. 은행들은 960억 달러(약 122조 원)의 악성대출을 안고 있었다. 그렇게 해서 아일랜드는 유로존에서 가장 먼저 불황에 들어선 나라가 되었다.

'가학적 긴축재정'으로 살아나다

결국 아일랜드 정부가 사태에 직접 개입하지 않을 수 없었다. 돈을 풀기 시작하고 얼마 되지 않아 공공부문 부채비율은 GDP의 130%가 되면서 급기야 유럽중앙은행에 손을 내밀지 않을 수 없었다. 그렇게 해서 아일랜드는 1,100억 달러의 구제금융을 받고 유럽중앙은행과 IMF에 국가재정을 넘겨주었다. 1997년 한국이 받은 IMF 구제금융 20억 달러와 비교하면 얼마나 큰 금액인지 알 수 있다.

IMF의 강요에 의해 아일랜드는 사회복지 축소, 임금동결, 세금인상, 이자율 인상 등 극단의 긴축재정 조치를 했고, 아일랜드인들과 기업들은 엄청난 고통을 겪었다. 혹독한 시련을 맞아 2008년 4월~2009년 4월 사이 2만 명이 이민을 갔고 그 이후 10만여 명이 더 이민을 갔다. 감자대기근의 악몽이 아일랜드를 괴롭혔다.

그러나 이는 양날의 칼이었다. 경제난국을 겪으면서 고급인력들이 기술과 영어를 무기로 대거 해외로 나간 것에 대해 BNP파리바은행의 전문가는 "이들의 이민이 역설적으로는 아일랜드 사태에 안전판 역할을 했다"고 평가했다. 국내에서 무직 상태로 있으면서 사회를 불안정하게 하지 않고 해외로 나가 수입을 다시 아일랜드로 돌려보내면서 국가의 부담을 줄여줬다는 뜻이다.

현재 전 세계에 흩어져 살고 있는 아일랜드인들은 8,000만 명이다. 모국의 인구보다 해외 동포가 더 많은 국가여서 국력이 크다는 평가를 받기도 한다.

'켈틱 불사조'의 탄생

IMF는 아일랜드 정부의 '극도로 야만적인 긴축재정 정책pretty savage austerity program'이 아일랜드를 다시 살렸다고 긍정적으로 평가했다. 덕분에 아일랜드는 2012년부터 다시 살아나기 시작한다. 2009년 GDP 4만2,875달러로 최저점을 찍은 뒤 2014년 경제성장률 4.8%에 힘입어 5만1,032달러를 찍었고, 2015년 6만8,918달러로 사태 이전을 뛰어넘었다. 2014년 독일 재무장관은 "아일랜드의 부활에 질투를 느낀다"고 말할 정도였다.

유럽의 어떤 국가도 아일랜드처럼 드라마틱한 경제부흥-침체-회복을 겪은 적이 없다. 켈틱 타이거는 이렇게 해서 이제는 켈틱 불사조Cetic Phoenix 라고도 불린다. 아일랜드는 세계 최고의 부국이 되었고, 자신들의 역사에서도 가장 잘사는 나라가 되었다. 세계 유수의 거대 테크회사 GAFAM(구글, 애플, 페이스북, 아마존, 마이크로소프트) 중 구글, 애플, 페이스북의 유럽 본사가 아일랜드에 있다는 사실은 아일랜드의 경제가 상당 기간 번성하리라는 예측을 하게 해준다.

뉴턴도 당했다…
원조 버블 '남해회사'
다시 보기

분위기에 휩쓸리면 천재도 돈을 잃는다

최근 세상에서 가장 이해하기 힘든 금융상품이 비트코인을 위시한 가상화폐 혹은 암호화폐cryptocurrency라고 말하는 사람들이 적지 않다. 가상의 가치 외에는 사고팔리는 가치밖에 없고, 어떤 정부도 보증하지 않는 화폐들에 사람들이 왜 과감하게 투자하는지 의아해한다. 가상화폐의 미래를 확신하는 투자자라면 그러려니 하지만 남들이 하니까 덩달아 투자하는 사람들로 인해 거품이 잔뜩 끼었다는 지적도 잇따른다.

이러한 투기 열풍을 보면 역사상 가장 흥미로웠던 거품 사건 두 가지가 떠오른다. 이름하여 1637년 네덜란드에서 일어난 '튤립 거품Tulip bulb bubble' 사태와 1720년 영국에서 일어난 '남해회사 거품The Southsea bubble' 사건이다. 지금 시각에서 보면 도저히 이해할 수 없는 그 시대 사람들의 투자 행태는 이른바 '투기광들의 집단사고'에서 비롯된 희대의 코미디 사건이다.

튤립에서 피어난 인류 최초의 투기 거품

우선 튤립 거품부터 보자. 네덜란드는 황금시기를 맞아 한창 호경기를 누리고 있었다. 마침 터키(현 튀르키예)에서 들여온 신상품 튤립은 전국을 투기 광풍으로 몰아넣었다. 한번도 본 적 없는 아름다운 튤립에 눈이 먼 네덜란드인들, 특히 상류층 사이에서 신분 과시 상징의 하나로 튤립이 폭발했다.

지금도 유럽의 왕궁이나 귀족의 저택에 가면 튤립을 꽂아놓았던 화병이 있다. 한 송이를 꽂는 것이 아니라 1m 높이의 화병에 구멍이 수십 개나 있는 도자기 병들에 튤립을 꽂았다. 암스테르담 고급주택 1채 값이라는 튤립 수십 송이를 1주일간 보겠다고 이런 화병에 꽂아놓았던 유럽 귀족들의 부와 사치는 상상을 초월했다.

유행을 타고 튤립 값이 마구 오르니 계속 오를 것이라는 기대감에 영혼까지 끌어들여 너도나도 투기를 했다. 그렇게 해서 겨우 1주일 피고 사라지는 튤립 1송이 가격이 최고점일 때는 3,000~4,200길더에 이르렀다. 기능공 1명의 연봉이 300길더였다는 점을 감안하면 얼마나 대단한 액수였는지 알 수 있다. 10년 연봉을 튤립 1송이에 털어넣는 일이 얼마나 위험한지 평민 투기꾼들은 진짜 몰랐을까?

더군다나 일반 투자자들은 튤립 실물을 본 적도 없었다. 워낙 실물이 귀해 그냥 그림으로만 보고 투자했다. 튤립 거래는 주식이나 다른 귀금속처럼 거래소를 통해서만 이루어졌다. 거의 모든 네덜란드 국민들이 튤립 투기에 뛰어들었는

화가 렘브란트는 튤립 투기로 파산에 이르렀다.

데, 1634년에 시작된 광풍은 1637년 2월 극적으로 거품이 꺼지면서 끝났다. 이후 수많은 네덜란드인이 파산했고 자살도 수없이 일어났다. 그중에는 화가 렘브란트Rembrandt도 있었다. 튤립 투기로 파산을 맞아 말년에는 끼니도 먹지 못하는 고통 속에서 보냈다. 이것이 바로 서구에서 일어난 인류 최초의 투기성 거품 사태다.

인류의 첫 폰지 금융사기 사건

뒤이어 지금으로부터 300년 전인 1720년 영국 금융시장을 한꺼번에 붕괴시킨 '남해회사 거품 사건'이 벌어졌다. 이 역시 튤립과 비슷한 '집단 광란의 투기'로 평가받는다. 하지만 남해회사는 튤립과는 달리 순수 금융 사건이다. 그래서 이를 유럽 첫 금융위기, 첫 폰지 금융사기(Ponzi scheme: 다단계 금융사기)라고도 부른다.

남해회사는 영국 의회의 법 제정으로 1711년 세워졌다. 이 사건은 창설 초기부터 사기를 주목적으로 세워진 회사와 일확천금에 눈이 먼 수많은 영국인의 맹종이 합쳐져 일어났다. 피해자들은 누군가를 비난하고 싶지만 냉철하게 따지면 자신도 적극적 가담자이기에 누구를 비난할 자격도 없다. 그래서인지 수많은 투자자가 파산했으나 남해회사는 법적 조치를 당하지 않았다.

법원이 주식의 정상적 거래로 판단했기에 영국 정부가 뒤에서 회사 부도를 막아주었다. 그렇다고 왕이 직접 책임질 수도 없는 일이었다. 왕과 국가, 회사가 일반 국민을 상대로 사기 친 꼴이 되어버렸다.

남해회사는 미국 서해안 전체와 남미 동쪽 일부의 무역을 독점하는 특혜를 영국 정부로부터 받았다. 영국 물품을 팔기도 했지만 주로 아프리카에서 실어온 노예를 팔았다. 과거 200년간 성공적으로 이익을 창출해온 역사 때문에 노예무역은 안전한 사업으로 인식되었다. 스페인계승전쟁(1701~14년)이 끝나고 경제가 다시 부흥하면 노예무역은 더욱 활발해져 남해회사의 이익은 늘어날 것으로 모두 예상했다. 이 덕분에 남해회사 주식은 투자자를 끌어들일 수 있었다.

거기다가 조지 1세 왕이 1718년 남해회사의 이익을 탐해 직접 회사를 관할하려 총수governor로 취임했다. 이는 일반 투자자들에게 남해회사의 신뢰도를 더욱 높여주었다. 왕이 총수가 되어 직할하는 회사이므로 믿지 못할 이유가 없었다. 회사의 영업실적과 이익은 좋아지지 않았음에도 주식거래는 활성화되고 주가도 계속 올랐다. 하지만 모두의 기대와 달리 남해회사 무역은 성공적이지 못했다. 속을 까보면 망해가는 회사였다.

특히 스페인계승전쟁이 끝났음에도 경제는 활성화되지 않았고 노예 수출도 늘어나지 않았다. 나아가 스페인은 영국 회사들의 무역에 제한을 두기 시작했다. 심지어 이익의 상당 부분을 세금으로 떼어갔다. 스페인은 노예무역에도 엄격한 제한을 설정해 배 1척당 '일반 상거래general trade'를 1년에 1회만 할 수 있도록 했다. 그때 유럽에서는 비인간적 노예무역을 일반 상거래라는 이름으로 위장하고 있었다.

이러한 제한이 남해회사의 이익에 치명적 악영향을 끼쳤다. 그렇게 남해회사의 운명은 초를 다투며 무너져가고 있었다.

시들해진 노예무역, 주식 팔아 이자 지급

그러다가 죽어가던 회사를 살리는 조치가 취해졌다. 1720년 영국 의회가 스페인계승전쟁 전비로 빌렸다가 못 갚은 3,200만 파운드의 정부 부채를 남해회사가 750만 파운드에 인수하는 것을 승인했다. 영국 정부가 이 빚을 갚기 전까지 남해회사가 이자를 지불하는 조건이었다. 이 조치가 남해회사 거품을 결정적으로 촉발시켰다. 일반인의 눈으로 봐도 일확천금의 기회였다. 남해회사로서는 정부가 지불을 보증하는 3,200만 파운드를 1/4에 샀으니 정부가 채무를 상환하면 300%의 이익이 나는 장사였다.

그러나 문제는 이자를 남해회사가 지불해야 한다는 점이었다. 그 이자가 무역으로 창출하는 이익을 넘어섰다. 그럼에도 남해회사는 자신들의 주식을 사면 연 6%의 이자를 주겠다고 투자자들에게 약속했다. 일반인들은 정부가 지불을 보증하는 금액이 '언젠가'는 300%의 이익으로 돌아오고 이자까지 왕이 직접 관리하는 회사가 지불해준다니 정말 좋은 투자라 생각했다. 그렇게 해서 남해회사 주식은 없어서 못 살 정도였다.

그러나 남해회사는 이미 주식을 팔아서 들어오는 돈으로 이자를 지불하고 있었다. 제 살을 깎아 이자를 지불하고 있었던 것이다. 전형적인 폰지형 다단계 사기 수법이었다.

그럼에도 남해회사는 이자에 더해 무역으로 생기는 이익을 배당으로 나누어 주겠다고 투자자들을 유혹했다. 하지만 무역은 수지가 맞지 않았다. 내용을 모르는 투자자들은 남북미 무역을 독점하고 있으므로 이익이 많이 날 것이라고 지레짐작했다.

물론 남해회사의 상황을 제대로 파악한 전문가들의 경고도 있었다. 증권 전문가 아치볼드 허치슨Archibald Hutcheson이 대표적이다. 그는 초반부터 투자 위험을 경고하면서 한때 1,000파운드를 기록한 남해회사의 적정 주가는 200파운드가 적당하다고 보았다. 나중에 거품이 꺼지고 나자 적정 금액이 200파운드였음이 현실로 드러났지만 투기 광풍이 몰아칠 때는 그의 경고가 투자자들 귀에 들리지 않았다. 속 빈 강정에 불과한 회사에 '인류 최고의 과학자'라 불리는 아이작 뉴턴이 투자해서 엄청난 손해를 보았다는 사실은 투기에 눈이 멀면 아무리 똑똑한 사람도 어쩔 수 없다는 예로 자주 인용된다.

아이작 뉴턴도 40억 원 투자 손실

뉴턴이 누구인가? 아이큐가 190~200 사이로 알려진 그는 인류가 낳은 또 다른 천재인 아인슈타인과 함께 누가 더 천재인지를 다투는 천재 중의 천재라 할 수 있다. 그가 남해회사에 투자했다가 1720년 2만 파운드(지금 가치로 440만 파운드[40억 원])를 잃었다.

그때 뉴턴은 엄청난 수입을 올리고 있었다. 케임브리지대에서 연 100파운드(현재 1만1,000파운드: 약 1,760만 원)의 연봉을 받았고, 화폐제조창 장관으로 버는 연봉이 2,000파운드(현재 23만2,000파운드: 약 3억 7,100만 원)에 이르렀다. 또 투자로 인한 수입이 연간 약 1,000파운드(현재 11만 6,000파운드: 약 1억 8,560만 원)나 됐다. 지금 가치로 1년에 4억 원의 수입을 올리고 있었다. 이 정도 수입은 영국 국민 상위 0.1%에 해당한다. 영국 인구가 525만 명이었으니 상위 5,000명에 드는 최상위 고소득층이었다.

그런 뉴턴이 남해회사의 거품에 속아 2만 파운드의 손실을 보았다. 7년치 수입에 해당하는 엄청난 돈이었다. 파산까지는 아니더라도 뼈아픈 손실일 수밖에 없었다. 당시 영국 귀족들은 주로 부동산에 투자했다. 귀족들의 저택과 농장은 자신의 영지인 지방에 있었는데, 농토를 소작인에게 세놓고 런던 등 대도시에 건물을 지어 또 세를 놓아 수익을 얻었다. 그러나 뉴턴은 순전히 금융으로만 투자한 신세대였다. 주로 정부 채권과 영란은행Bank of England 등 주식회사들에 투자했다. 남해회사도 그중 하나였다.

뉴턴이 남해회사에 투자할 때 전 재산은 약 3만 파운드였다. 결국 남해회사 거품에 전 재산의 2/3를 날렸다. 그가 큰 성공을 거둘 뻔도 했다. 1720년 4월 남해회사 주식이 2배로 올랐을 때 주식을 모두 팔았다. 무슨 이유로 팔았는지 확실히 알려지지는 않았으나 뉴턴과 비슷한 시점에 유명 투자자 가이 토머스(Guy Thomas 템스강변 국회의사당 건너편의 대형병원 가이스앤세인트토머스병원[Guy & St. Thomas' Hospital]은 그가 기부한 기금으로 세워졌다)도 남해회사 주식을 팔았다.

하지만 그는 뉴턴과 달리 남해회사 주식을 다시 사지 않았다. 그러나 뉴턴은 다시 남해회사 주식에 손을 대면서 큰 손실을 입었다. 다행히 7년 뒤 사망할 무렵에는 재산이 늘어났다.

많은 사람에게 피해를 안긴 남해회사 투기 광풍은 영국 정부가 만들었다고 봐도 된다. 스페인계승전쟁이 끝나고 평화가 오면서 경제가 살아나고 있을 때 영국 정부가 국채를 모두 남해회사가 인수한다고 발표한 것이 결정적이었다.

천재도 집단망상에 빠지면…

그러자 주식시장은 1720년 여름 '남해거품'이라 불리는 광풍에 휩싸이기 시작했다. 1월에 200파운드 이하이던 주가는 2월부터 서서히 오르다가 6월 초에는 800파운드, 그리고 7월 말에는 1,000파운드까지 오른다. 그러나 9월부터 갑자기 급락해 12월에는 200파운드 이하로 떨어졌다.

갑작스레 폭락한 이유에 대해서는 투자 이익에 대한 희망이 너무 과대했고 낙관적이었다는 것을 투자자들이 새삼 깨달았기 때문으로 알려져 있다.

뉴턴은 남해회사에 투자해 큰 손실을 입었다.

남해회사 사태는, 아무리 사고가 훌륭한 사람도 '가짜 정보와 악성 정보'가 이끄는 집단망상에 빠지면 형편없는 판단을 내린다는 사례로 잘 인용된다. 뉴턴도 피해를 본 80~90% 중의 1명이었다.

그 말은 천재 뉴턴도 주식에 관해서는 보통 투자자들과 전혀 다를 바 없다는 뜻이다.

뉴턴은 '폭탄 돌리기' 같은 남해회사 거품을 충분히 인지하고 있었지만 "나처럼 천재는 거품이 꺼지기 전에 빠져나올 수 있다"는 오만한 자기 꾀에 넘어간 사례라는 악평도 있다. 이러한 뉴턴의 실수는 지금도 계속 일어난다. '거품을 팔아먹는 자들이 남발하는 불가능한 약속'은 여전히 되풀이되면서 투기 광풍을 일으킨다. 인류는 과거의 교훈을 잊고 집단광란에 자주 빠진다. 사람은 자기 확신에 빠지면 아무리 주위에서 충고해도 듣지 않는다. 그래서인지 희대의 천재였던 뉴턴의 유명한 말은 아직도 회자되고 있다.

"나는 천체의 움직임은 계산할 수 있지만 인간의 광기는 알 수 없다."

- I can calculate the motion of heavenly bodies, but not the madness of people.

17

유럽 귀족들의
사치에
숨어 있는 뜻

사치의 뒷면에는 살아남기 위한 비책이 숨어 있다

한국에서 온 친지들이 영국을 비롯해 유럽을 돌아보고 하는 마지막 말은 대개 "이 친구들은 조상들이 만들어놓은 위대한 문화유산 덕분에 가만히 앉아서 떼돈을 버는데 우리 조상은 뭘 했는가!"라는 탄식이다.

왕과 귀족들의 어마어마한 궁궐과 대저택, 호화의 극치인 실내장식과 수집품들을 보고 하는 말이다. 그러곤 따르는 말이 "얼마나 국민의 고혈을 많이 뽑았으면 이런 사치를 누리고 살 수 있었을까"이다. 이 모든 사치가 국민들의 혈세를 뜯어 누렸다는 비아냥이다. 그런데 여기서 우리가 간과하는 사실이 몇 가지 있다.

우선 모든 사치스러운 유적이나 유물들이 왕족과 귀족들의 사치만을 위해서만이 아니라는 점이다. 유럽 귀족들의 사치와 호사는 두 가지 '자위自慰'를 위한 행위였다. 즉 자기위안自己慰安과 자기방위自己防衛를 동시에 얻기 위한 사치이다. 영국 역사에서 자기 위안만을 즐기려 사치하다가 경을 친 사례가 찰스 1세(1600~1649)이다. 그는 의회 동의 없이 과세하려다 귀족과 상인들의 집단반발로 시민혁명이 일어나 올리버 크롬웰에게 참수되었다. 지나친 개인 사치가 실각과 사형의 주 원인이 된 것이다.

크롬웰에게 참수된 찰스 1세

찰스 1세는 광적인 미술품 수집가였다. 워낙 미술품을 많이 수집하여 국고가 바닥나는 무리수를 두었다. 예술품을 사랑하는 자기 만족의 행위가 자기 파괴가 된 것이다. 찰스 1세는 아버지 제임스 1세의 영향으로 지독한 왕권신수설 신봉자였다. 원하는 모든 것을 다 가져야 했고 그 과정에서 방해자는 모두 적이었다.

그러나 찰스 1세와 달리 대부분의 유럽 왕이나 귀족은 눈이 휘둥그레지는 호화스러운 궁궐과 저택을 사치가 아니라 일종의 자위수단 겸 통치수단으로 삼았다. 그들은 궁궐이나 저택을 통해 부富와 세勢를 과시해 자기를 지키고자 했다. 내 거처를 이렇게 꾸밀 정도로 재력이 있으니 나를 함부로 건들지 말라는 무언의 과시이자 경고였다. 이만큼 재력이 있으면 당연히 무력도 있으니 조심하라는 뜻이다.

권력을 유지하기 위해서는 돈이 있어야 한다

유럽인들에게는 무조건 왕에게 충성한다는 한국식의 군사부일체 철학이 없었다. 그래서 군사들도 대우가 시원찮으면 바로 등을 돌리는 용병이었다. 돈이 권력이었고 권력을 유지하기 위해서는 돈이 있어야 했다. 그러므로 이러한 사치를 통한 돈의 시위는 왕뿐 아니라 귀족은 물론, 놀랍게도 중소상인까지 모두에게 적용되는 논리였다.

옛날 유럽 군인은 돈을 주어야 움직이는, 엄밀하게 따지면 용병이었다. 반드시 보상을 지불해야 했고 승리하면 포상도 따라야 했다. 직접적 포상은 물론 점령지에서의 약탈품이 참전 군인들의 보너스였다. 그래서 군인들이 목숨 걸고 자기 돈 들여서까지 무기와 갑옷을 갖추어 전투에 참여했다. 군사들은 전투에서 승리하면 일확천금이 생기는 일종의 벤처 투자였다. 물론 패전하면 목숨까지 잃는 모험이었다. 결국 돈이 전쟁이었고 전쟁이 돈이었다.

그 사회에서 군사를 거느리기 위해서는 반드시 재력이 있어야 했다. 재력이 없으면 군대도 없었고, 군대가 없으면 정치적 권력도, 자신의 안전을 지킬 수단도 없었다. 그러나 재력은 지금처럼 숫자로 나타나지 않았다. 반드시 눈으로 보여야 했다. 저택과 수집품 외에는 재력을 과시할 뚜렷한 방법이 없었다. 옛날에도, 반드시 이긴다는 보장도 없는 전쟁을 하기보다는 전쟁을 피하는 것이 상책이었다. 그럴 때 평시에 부와 세를 과시해 감히 반역이나 전쟁을 꿈꾸지 못하게 만들 필요가 있었다. 결국 부의 과시는 단순한 사치가 아니라 방어 수단이었다.

전쟁을 피하기 위한 자기 과시의 수단

사람들은 엄청난 규모의 건물이나 예술품 앞에 서면 기가 죽기 마련이다. 특히 중세 사람들은, 지금처럼 여행이 자유로워 이곳저곳에서 별별 것들을 다 보고 다녀 웬만한 크기나 화려함에는 무감각해진 현대인이 아니었다. 현대인은 세상에서 가장 화려한 궁전이라는 프랑스 베르사유궁을 보고도 "응, 좀 좋네!"라고 심드렁해 한다. 특히 베르사유궁의 '거울의 방'

을 보고 실망했다는 사람들이 많다. 하지만 그 시대 사람들에게는 글자 그대로 전대미문의 엄청난 '경이驚異'였다.

특히 '거울의 방'이 지어진 1678년에는 여성들의 손거울마저 커다란 사치품이었다. 당시 기술로는 손바닥 크기의 유리를 만드는 일도 고도의 기술이 필요해 고가의 물건이었다. 그래서 성당에도 손바닥만 한 유리를 주석으로 더덕더덕 이어 붙였다. 유리창이 아름답지 못해 그림을 그려 지금 우리가 감탄하는 스테인드글라스가 된 것이다.

이러한 시대에 길이 73m, 폭 10m, 높이 12m의 17개 방의 벽에 거울이 578개나 붙어 있는 공간은 그야말로 경악을 금치 못할 경이였다. 천장에 달린 상들리에 43개에 설치된 1,000여 개 촛불이 거울에 반사되는 장면은 지금 봐도 감탄을 절로 자아낸다. 220평(40평 아파트 4개) 방에 1,000여 개의 촛불이 켜져 있다는 상상을 해보라. 그 광경을 현대인의 눈으로 판단하면 안 된다. 1678년이면 조선 숙종 시절이었다. 조선 여인들은 손거울 하나 없던 시절이다. 얼마나 대단한 사치였겠는가?

이처럼 대단한 궁을 가진 태양왕 루이 14세의 위력에 눌려 귀족들은 그 앞에서 고개도 못 들었고, 감히 반역을 꿈도 꾸지 못했다. 태양왕도 전쟁을 벌여 전비戰費를 쓰는 것보다는 엄청난 궁을 지어놓고 사람들의 기를 죽여 평화를 유지하는 것이 훨씬 경제적이라는 계산을 했을 터이다.

그뿐 아니라 태양왕은 전국의 귀족들을 불러모아 매일 주지육림의 파티를 열었다. 베르사유궁에 방이 그렇게 많은 이유는 지방 귀족들을 영지에서 멀리 떨어뜨려 놓기 위함이었다. 반역도 자신의 성과 군사들이 근처에 있어야 가능했으니 아주 절묘한 통치술이었다. 이 화려한 궁에 귀족들이 볼모로 잡혀 있었던 것이다.

귀족들이 볼모로 잡혀 있던 베르사유궁

이러한 효과를 노려 거대한 축조물을 짓는 것은 왕뿐이 아니었다. 무한 경쟁관계에 있던 인근 귀족들에게 위엄과 세를 과시하기 위해 귀족들은 돈을 썼다. 특히 영국은 프랑스와 달리 왕이 막강한 왕권을 가지고 전국을 일사불란하게 통치하던 중앙집권이 아니었다.

지방 토호들인 귀족들이 전국을 분할 통치하면서 봉토를 경작해 수입 중 일부를 왕에게 세금으로 바치는 봉건제였다. 그 때문에 지방 귀족들 사이의 세력 다툼은 아주 치열했다. 그 상황에서 귀족들은 가능하면 전쟁을 피하고 자위를 위해 평소에 부와 세를 과시해야 했다.

영국은 왕과 귀족의 힘의 분포가 3:7 정도였다. 왕이 귀족 한둘은 손을 볼 수 있어도 귀족 전체를 상대로 싸우면 반드시 패했다. 찰스 1세가 바로 그 경우이다. 더군다나 찰스는 세금 문제로 중소상인들까지 적으로 만들었으므로 영국 역사상 유일하게 목이 날아갔다. 이 역학구조 덕분에 영국에는 독재나 전제군주가 드물었다. 이를 일러 영국인들은 자신들의 사회는 견제와 균형의 절묘한 구조였기에 폭군이나 절대군주가 없었고, 귀족들의 전횡으로 지방분권 국가가 되지 않았다고 자부한다.

무기로 통치하고 세력균형을 잡던 약육강식의 유럽 사회는 글을 읽는 선비들이 관직을 얻어 지배하던 동양의 유교사회와는 다르다. 유럽의 귀족들은 말보다 주먹이 앞서는 사회를 살았다. 이 사회에서 살아남기 위해서는 부의 과시가 최선의 자위책이었다. 이는 현대라고 다르지 않다. 졸부들이 벤츠와 롤렉스 금딱지 시계로 치장하는 이유 역시 "나는 이렇게 돈이 많으니 까불지 말라"는 심리다. 시대는 달라도 권력자들이나 부자들의 사치 이유는 대동소이하다.

튜더하우스의 나무판 장식도 돈 자랑

중세의 일반인들도 귀족들과 크게 다르지 않았다. 유럽을 다니면 흰 벽에 나무 기둥이 기하학적으로 많이 배열되어 있는 중세 가옥을 볼 수 있다. 영국에서는 튜더Tudor 시대 때 유행했던 스타일이라 해서 튜더하우스Tudor House 혹은 팀버판넬하우스Timber Panel House라 부른다. Panel이라는 단어에 주의를 기울여야 한다. 집 정면 벽에 붙어 있는 이 기둥은 그저 나무판Timber Panel에 불과하다. 순수한 장식으로 붙인 얇은 나무판일 뿐이다. 자신의 부를 과시하는 일종의 자랑이었다.

중세 영국에서는 나무가 비쌌다. 거의 모든 땅은 왕과 귀족 소유였기에 숲에 가서 함부로 나무를 자르지 못했다. 영국 설화 〈로빈후드〉에 보면 주민들이 셔우드숲에서 나무 채취를 하다가 숲의 주인인 셔우드 공의 군사들에게 잡혀 치도곤을 맞는 장면이 나온다. 숲에 있는 나뭇가지 하나, 열매 하나라도 건드리면 안 되었다. 이 상황에서 집 벽에 나무판을 잇대어 붙이면 그건 바로 돈 자랑이었다. 집 뒤로 가보면 나무판이 하나도 붙어 있지 않다.

마찬가지로 영국 집 지붕에는 보통 굴뚝이 여러 개 있다. 이것 역시 "내 집에는 방마다 비싼 나무를 때는 벽난로가 있다"는 무언의 돈 자랑이다. 옛날에는 집 전체 난방이 없었으며 부엌 옆방이 가장 귀중한 방이었다. 스트라포드어폰에이번Stratford-upon-Avon에 있는 셰익스피어 생가에 가면 1층 부엌 옆방이 손님방이다. 부엌 화덕과 붙어 있다. 식사를 준비하면서 피운 불이 옆방을 달구어 그 방이 집안에서 가장 따뜻했다. 손님을 따뜻한 방에 재우는 배려이다.

영국의 또 다른 대문호 찰스 디킨스의 걸작 〈크리스마스 캐럴〉에 나오는 구두쇠 부자 스크루지는 잠옷을 잔뜩 입고 머리에 모자를 쓰고 양말까지 신고 잔다. 방에 화로나 벽난로가 없어 밤에는 춥기 때문이다. 그래서 지붕에 굴뚝이 많다는 것은 우리 집에 불을 때는 벽난로가 많다는 자랑이다.

귀족들과 왕의 예술품 수집도 같은 맥락으로 보면 된다. 벨기에 화가 얀 반 에이크Jan van Eyck가 식물성 기름으로 그림물감을 만들기 전까지 유럽 화가들은 달걀 노른자에 각종 염료를 섞어 만든 물감, 즉 에그템페라egg tempera로 그림을 그렸다. 사람이 먹기에도 부족한 달걀 노른자로 만든 그림물감은 당연히 비쌌다. 또 달걀 노른자로 만든 염료는 잘 마르고 빨리 상해 그림을 그리는 데 시간이 오래 걸렸다. 결국 그림값이 비쌀 수밖에 없었다. 그래서 그림은 왕이나 귀족 그리고 교회만 가질 수 있었다. 그림을 많이 가지고 있다는 말은 돈이 많다는 뜻이기도 했다.

자신의 부를 과시하는 다른 방법은 대리석 조각 등 예술품 수집이었다. 벽을 장식하는 수단은 그림만이 아니었다. 벽걸이 양탄자 태피스트리tapestry도 한몫했다. 사람이 입기에도 모자라는 양모 실을 이용해 손으로 일일이 직조를 해야 하는 양탄자는 엄청나게 비쌌고 시간도 많이 걸려 귀했다. 그래서 중세 귀족들 집에서는 바닥에 깔리고 벽에 걸린 양탄자가 부를 상징했다. 대형 벽걸이 양탄자는 병사 1년 월급과 비슷했다.

영국 왕 헨리 8세는 2,450장의 대형 벽걸이 양탄자를 소유했다는 기록이 있다. 로마교황청과 결별한 후 가톨릭을 탄압하고 귀족들을 복속시키기 위해 햄튼궁Hampton Court Palace 벽을 양탄자로 꽉 채워 위세를 과시했다. 이 궁에는 홀의 벽 전체에 양탄자들이 지금도 걸려 있다.

서민들 먹여살린 귀족들의 사치

이렇게 유럽의 문화예술은 상류층의 두 가지 자위를 채워주기 위한 수단으로 생겨났지만 다른 부수 효과도 자아냈다. 이집트 피라미드와 스핑크스도 파라오의 단순한 호사와 사치가 노동인구를 먹여살리기 위한 수단이었다는 주장도 유럽과 비슷하다.

농사 외에는 산업이 없던 시절이었다. 생필품을 만드는 소소한 공방이 있었을 뿐 평민들의 호구책이 별로 없었다. 왕이나 귀족이 건물을 지으면 인부 수천 명이 먹고 살 수 있는 방법이 생기는 시대였다. 농사 짓는 사람을 제외한 나머지 사람들에게 일감을 주어야 하는 영주의 고충은 이만저만 아니었다. 그냥 먹일 수는 없으니 무슨 일인가를 시켜야 했고, 그래서 나온 것이 궁궐과 대저택 축조였다.

상류층의 집을 장식하는 각종 가구나 집기를 만드는 공방들도 고용효과를 냈다. 유럽 귀족들의 부는 민간의 재산을 강제로 빼앗은 부가 아니다. 왕에게서 받은 봉토를 농노나 계약농에게 맡겨 소작료를 받았다. 과세나 소작료를 규정보다 많이 걷으면 반드시 말썽이 났기 때문에 유럽의 상류층은 상당히 공정했다. 그래서 평민들은 왕이나 귀족의 과도한 사치를 시기하거나 비난하지 않았다.

유럽 귀족들의 사치는 돈을 쓰는 규모에 따라 단계가 있었다. 작은 사치는 개인의 사치이지만 큰 사치는 궁극적으로 사회 환원이었다. 가장 작은 사치가 미술품이나 가구에 투자하는 것이었다. 다음 단계가 순종 말을 사육해서 경마시합에 내보내는 일이다. 지금도 영국 왕족들은 로열애스컷 Royal Ascot 경마에 가문의 경주마를 내보내는 일을 낙으로 삼는다. 엘리자베스 2세 여왕도 1952년 즉위 이후 67년 동안 자신이 소유한 말을 로열애스컷 경주에 보내 무려 71번 우승했을 정도로 정성을 들인다. 이는 순종말이 워낙 비싸고 사육에 돈이 많이 들어 아무나 할 수 있는 일이 아니다.

사치의 최고 단계는 성당 짓기 등 사회 환원

다음 단계가 프랑스의 포도밭 딸린 성chateau을 사서 가문 이름을 붙인 포도주를 생산해 손님에게 접대나 선물을 하는 것이다. 유럽 최고의 금융 가문 로스차일드는 1병에 수백만 원에서 수천만 원하는 로쉴드Rothschild 와인을 생산했다. 이 와인 생산이야말로 유럽 상류층의 취미이자 비즈니스가 합쳐진 상위 사치였다.

다음 단계가 큰 성당에 가문을 위한 예배실을 갖는 일이었다. 유럽의 상류층은 지금도 일반인들과 함께 주일 예배를 드리지 않는다. 자신들의 성이나 저택 안에 만들어진 성당에서 가족들만 모여 미사를 드리거나 큰 성당 안 단독 예배실에서 미사를 지낸다. 수도승을 모셔와 1년 내내 가족만을 위해 기도하게 하기도 했다.

이제부터가 본격적인 사회 환원 단계이다. 바로 성당을 지어 바치는 일이다. 지금도 돈이 많은 신자 중에는 성당을 지어 바치는 경우가 있다. 돈에 전혀 구애받지 않던 옛날 귀족들은 기꺼이 성당을 지어 바쳤다. 유럽의 수많은 성당이 이러한 독지가들의 헌금에 의해 지어져 일반인들의 신앙심 고취에 큰 공헌을 했다.

그때는 음악 공연장이 별도로 없었다. 귀족들은 자기 집에서 공연을 보고 들으면 되었지만 일반인은 성당에 가야 합창단과 악단 연주를 들을 수 있었다. 또 성당 내에 진열된 그림과 조각, 스테인드글라스를 통해 예술 작품과 예수의 생애를 감상했으니 성당은 평민들에게 천국과 같은 곳이었다. 이 성당을 지어 바치는 일은 부자 기독교인으로서 반드시 해야 할 덕행이었다.

그보다 더한 최고의 사치가 있었다. 사제들을 양성하는 신학교인 수도원을 지어 바치는 일이다. 기독교 신자로서는 최고의 영광이자 사치의 마지막 단계였다. 수도원을 지어 바치는 일은 건물뿐 아니라 신학교를 운영하는 비용까지 대야 하는 일이었다. 결국 하드웨어 소프트웨어 모두를 바쳐야 완성되는 엄청난 돈이 드는 일이었다.

옥스퍼드대나 케임브리지대의 많은 칼리지의 이름을 보면 기독교와 관련된 이름들이 대부분이다. 이러한 칼리지들은 수도원에서 출발했다. 성인saint이라는 'St' 약자가 붙을 수도 있고 크라이스처치(Christ Curch: 예수님의 교회), 크라이스트코푸스(Christ Corpus: 예수님의 시신), 심지어는 지저스(Jesus: 예수)라는 노골적 칼리지 이름도 있다. 그 신학교들이 나중에 대학으로 바뀌어 지금의 명문대학들이 되었다.

이렇게 보면 옛 유럽 상류층의 사치는 요즘 부자들의 벤츠나 롤렉스시계, 다이아몬드 반지의 수준을 뛰어넘는다. 사치에도 아주 다양하고 긍정적 이유가 있었고 또 단계가 있었다. 그리고 그 사치들이 사회에 부를 효과적으로 환원하는 일종의 선행이었다. 세상사는 이런 식으로 한번 뒤집어보면 숨어있었던 진실들이 나타난다.

맛없는 영국 요리의 주범은 팬데믹과 산업혁명?

대영제국의 광활한 식민지가 맛없는 음식을 만들었다

내가 영국인들을 놀리는 단골 소재가 있다. 우선 이런 말로 자극한다.

"영국인은 문학적 재능만 있지, 미술이나 클래식음악 재능은 없는 듯하다."

이렇게 먼저 시비를 걸면 영국인들은 자존심이 상해서 '아닌데?' 표정을 짓는다. 그러고는 자신이 아는 영국 화가나 작곡가 이름을 대려 노력한다. 하지만 대다수 영국인은 생각이 나지 않거나 몰라서 반박도 못한다. 그들도 베토벤이나 피카소는 알지만 정작 영국 작곡가나 화가 이름은 선뜻 대지 못한다.

결국 세계인들이 볼 때는 없다는 말이나 마찬가지다. 물론 지식인들은 "무슨 그런 무식한 소리를 하느냐?"면서 영국 대표 국민화가 윌리엄 터너 Joseph Mallord William Turner 1775~1851를 든다. 그러면서 그가 프랑스 청년 화가들에게 영감을 주어 인상파라는 금자탑을 세우는데 영감을 주었다는 식으로 열변을 토한다. 틀린 말은 아니지만 고개가 갸우뚱해진다.

또 외젠 들라크루아를 비롯한 프랑스 대가들로부터 격찬받은 〈건초수레Hay Wain〉를 그린 시골 풍경화의 최고수 존 컨스터블John Constable 1776~1837을

윌리엄 터너의 대표작, 도르트레흐트: 로테르담에서 온 정박된 도르트 여객선(1818년)

모르느냐고 설교한다. 그 그림은 1960~70년대 한국 이발관에 많이 걸려 있었던 스타일의 그림이다. 또 토머스 게인즈버러Thomas Gainsborough, 조슈아 레이놀즈Joshua Reynolds 등 미술 애호가들이 아니면 들어보지도 못한 이름을 줄줄이 늘어놓는다.

클래식 작곡가도 마찬가지다. 에드워드 엘가Edward Elgar, 벤저민 브리튼 Benjamin Britten, 랄프 본 윌리엄스Ralph Vaughan Williams 등 19세기 말 작곡가들은 외국인은커녕 영국인들마저 잘 모른다.

그만큼 영국 예술인들은 세계인에게 사랑받는 작품을 남기지 못했다. 영국인들도 자신들이 문학에서만 재능을 가졌을 뿐 다른 예술은 유감스 럽게도 재능이 없음을 솔직하게 인정한다.

영국인에게는 미술과 음악 재능이 없다?

영국인을 놀리는 다음 대화 주제는 식재료이다. 내가 "너희 영국인은 참 불쌍하다!"라고 시비조로 말을 걸면 바짝 긴장한다.

"너희들은 이 세상에 얼마나 많은 종류의 식재료가 있는지 아느냐? 나도 정확히는 모르지만 수십만 가지는 있을 것이다. 그런데 너희들은 그런 식재료 중에서 50가지 이하를 먹는다. 일단 당신이 지난 한 달 동안 먹은 채소를 말해봐라."

그러면 영국인들은 대개 감자, 양파, 시금치, 양상추, 양배추, 당근, 오이 정도를 채소라고 읊어댄다. 그것도 극도로 머리를 짜낸 후 나온 결과다. 한국인들이 먹는 고추, 파, 마늘 같은 필수 양념은 차치하고라도 배추, 무, 대파, 미나리, 가지, 우엉 등 매일 대하는 주요 채소는 영국인들에게는 아주 생소하다. 산이나 들에서 나는 야생나물은 아예 고려 대상이 아니어서 언급할 필요도 못 느낀다. 영국인들이 먹는 채소는 아무리 많이 잡아도 10종류가 넘지 않는다.

같은 맥락으로 생선을 들어도 마찬가지다. "너희가 먹는 생선 종류를 들어봐라" 하면 겨우 연어, 도미, 가자미, 고등어, 청어 정도이다. 요즘에는 이탈리아 영향을 받아 오징어를 가끔 별미로 먹긴 하지만 레스토랑에서만 먹지 집에서 요리해 먹지는 않는다. 이처럼 영국인들이 먹는 생선도 많아야 10종류를 넘지 않는다.

영국인은 섬나라 사람들이면서도 일본과 달리 생선을 좋아하지 않는다. 비린 냄새 때문이기도 하지만 예로부터 먹는 생선만 먹는다. 그러면서 주야장천 고기만 먹는다. 그것도 몸통만 먹지 그 외 부위는 절대 먹지 않는다. 예를 들어 한국인이 말만 들어도 입에 침이 고이는 곱창, 양곱창, 막창, 대창, 천엽, 간, 염통을 말하면 흡사 식인종 취급한다. 하물며 등골, 무릎, 눈알, 고환까지 먹는다고 하면 구역질을 하다못해 며칠 밥을 못 먹을 정도로 충격을 받는다.

그러나 한국을 방문한 영국인들을 한식당에 초대해 미리 말하지 않고 권하면 "맛있다"고 칭찬하면서도 어느 부위였는지 말해주면 거의 울상이 된다. 왜 이런 음식을 먹여 곤경에 빠뜨리느냐고 원망하듯 쳐다본다. 그러나 재미있는 사실은 영국으로 돌아가기 전에 "먹고 싶은 음식이 있냐?"고 물으면 바로 막창이나 대창을 요구한다. 그래서 내가 영국인들을 놀리는 결론은 한결같다.

"너희들은 그냥 10종류의 채소와 10종류의 생선과 고기 몸통만 겨우 먹고 사니 불쌍하다고 밖에 할 수 없다. 세상에 존재하는 기가 막힌 식재료들로 만든 요리의 맛을 모르고 산다니 얼마나 불쌍한가!"

내가 침이 마르도록 맛있다 해도 그들은 전혀 경험해보지 않은 맛이라 부러워하지 않는다. 광어나 방어회는 영국인들이 날생선을 잘 먹지 않으니 그렇다 치자. 그러나 갈치, 꽁치, 굴비, 전어, 멸치 등등 한국인이 매일 먹는 생선의 맛조차 영국인들은 모른다. 별별 기기괴괴한 모험을 하는 영국인도 음식에 관한 한은 겁이 많아 매일 먹어왔던 음식만 먹으려 하고, 새로운 요리는 알려고도 하지 않는다.

채소와 생선 종류 10가지가 고작

영국인을 이왕 불쌍하게 만드는 김에 조금 더 참혹하게 만들어보자. 영국 요리를 이르는 가장 유명한 말은 "영국 요리는 끔찍하다English food is terrible"이다. 외국인들이 영국인을 놀릴 때 자주 이용하는 전형적 혹평이다.

'끔찍하다'에 대한 더 자세한 설명은 '정말로 밍밍하고really bland 역겹다gross'
이다. 수천만 명의 영국인이 매일 입맛을 다시면서 먹는 음식을 모욕하는
것이 영국인 입장에서는 불쾌할 수도 있지만 그들도 영국의 전통요리가
외국인 입맛에는 천편일률로 무미건조하고 밍밍하다는 점은 인정한다. 그
러면서 내놓는 전통요리가 있다. 그런데 문제는 그 요리가 얼굴이 화끈거
리는 수준의 요리들이라는 점이다. 우리가 보기에 간식거리이거나 반찬
수준의 음식들이다.

가장 먼저 영국인이 내세우는 전통음식은 피시앤칩스fish and chips다. 프랑
스인들은 "이걸 대표 전통음식이라고 내세운다"며 박장대소하며 놀린다.
피시앤칩스는 쉽게 말해 생선으로 만든 돈가스이다. 한국에서 속칭 '생선
가스'라 부른다. 대구 살에 밀가루 옷을 입혀 기름에 튀기고 같은 방법으
로 튀겨낸 감자 칩스를 접시에 곁들여 내놓는다. 물론 영국인들도 이 음식
이 형편없다는 것을 안다. 그래서 자신들의 대표 전통요리라고 말할 때의
얼굴 표정은 겸연쩍기 짝이 없다.

피시앤칩스를 과연 요리라고 부를 수 있을까? 물론 맛이 없다는 것은
아니다. 그러나 이것을 요리라고 부를 수 없음은 요리를 좀 아는 외국인들
의 공통된 의견이다. 세상에 제일 쉬운 요리가 기름에 튀겨내는 요리다. 그
런 요리를 대표적 전통요리라고 내놓는 영국인들은 측은하기까지 하다.

다음으로 등장하는 전통음식은 밀가루로 만든 공갈빵 같은 요크셔푸
딩Yorkshire Pudding과, 소고기를 오븐에 넣어 열로 구운 로스트비프roast beef이
다. 두 요리야말로 영국 전통요리가 지닌 밍밍한 맛의 대표이다. 로스트비
프에 육수와 밀가루 등으로 만든 그레이비소스gravy sauce를 곁들이면 그나
마 조금 낫지만 프랑스나 이탈리아 요리에서 볼 수 있는 감칠맛은 없다. 하
물며 맵고 짜고 달고 신 맛이 모두 한 요리에서 나오는 한식 요리에는 도

요크셔 푸딩

저히 족탈불급이다.

로스트비프를 먹고 나면 이제 전통음식은 바닥을 드러낸다. 호텔에서 아침에 나오는 잉글리시 브랙퍼스트는 맛은 없으나 그나마 식사의 일종이다. 그러나 셰퍼드파이 Shepherd's pie, 스테이크앤키드니파이 Steak and kidney pie 등은 음식이 아니라 그냥 간식이나 반찬이라고 봐야 한다. 이러한 전통음식까지 거론하고 나면 영국인들은 더 이상 내놓을 게 없어 말문이 막힌다.

대표 전통 요리가 피시앤칩스

"정말 요리 같은 요리가 없다"는 외국인의 평에는 영국인들도 대체로 동의한다. 영국은 '해가 지지 않는 대제국'이라는 별명에 어울리게 세계 각국에 식민지를 두고 한때는 세계 무역과 부의 60%를 차지했다. 식민지에서 오는 각종 향신료와 식재료, 거기다 재력을 가지고 있었던 나라에 왜 이렇게 요리가 없는지에 대한 분석은 수없이 많다.

우선 제일 그럴듯한 이유는 팬데믹, 즉 대유행병과 산업혁명이 하나로 어우러져 만들어낸 '승자의 저주' 때문이다. 영국을 휩쓴 흑사병 때문에 인구가 급격히 줄어 영원한 '갑'이었던 귀족의 농지에서 농사를 짓던 만년 '을' 신세의 농부가 '계약농'으로 지위가 바뀌어 갑자기 '갑'이 되었다. 넓은 봉토를 가지고 있던 귀족은 농사를 지을 일손이 부족해 소작농들에게 이제는 빌어야 할 판이었다. 그렇게 소작을 주면서 농부들의 눈치를 보아야 했던 귀족들을 살려주는 일이 벌어졌다.

손으로 짜던 모직포를 대량으로 짤 수 있는 직조기계가 개발돼 대량의 양모가 필요해진 것이다. 농부가 귀해 쩔쩔매던 귀족들은 자구책으로 농사를 피하고 양을 키우기 시작했다. 그러기 위해 농토에 양이 도망가지 못하게 담을 쌓는 종획운동縱劃運動: enclosure movement이 벌어졌다. 그 결과 농토를 잃은 농민들은 대도시 주변 공장으로 몰려갔고 그 탓에 영국 농촌은 무너져갔다.

그래서 농부들이 시골에서 쉽게 구하던 식재료를 이용해 만들던 영국 전통의 '농부 요리Peasant foods'가 사라졌다. 공장에서 일하느라 시간이 없던 농부들은 간단히 만들 수 있는 음식을 할 수밖에 없었다. 그 결과 전통요리가 퇴보하고 어디를 가든 쉽게 만들 수 있는 음식들만 남게 되었다. 팬데믹과 뒤를 이은 산업혁명이 영국 요리를 망쳤다는 결론이다.

영국을 휩쓴 올리버 크롬웰의 청교도혁명을 원인으로 꼽는 시각도 있다. 원래 청교도 정신에는 욕망 절제가 큰 주제로 들어 있다. 해서 크롬웰은 국민들의 향락을 철저하게 억압했다. 상류층의 소일거리인 극장은 물론 서민들의 즐거움인 곰괴롭히기bear-baiting를 비롯해 술집, 식당, 서커스 등도 문을 닫게 했다. 음식도 생명을 유지할 최소한만 허용해야 한다는 분위기가 영국을 지배했다.

이를 크롬웰의 홍위병인 원두당圓頭黨 Roundhead이 앞장서서 강요했다. 만약 어기면 혹독하게 처벌했다. 그러자 영국인의 머릿속에는 "먹기 위해 살지 않고 살기 위해 먹어야 한다"는 생각이 박혀 버렸다. 그래서 영국인은 가깝고도 먼 이웃 프랑스인들을 '먹기 위해 사는 민족'이라 욕하면서도 부러워하는 묘한 처지가 되었다.

먹고 즐기는 것을 금기시했던 크롬웰의 청교도혁명

다른 분석도 있다. 대영제국 시절 다른 문화의 수많은 이민자가 영국으로 들어왔다. 이들이 기묘하게 맛있고 이국적인 요리를 값싸게 내놓다 보니 영국 전통요리가 경쟁이 되지 않아 도태되었다는 분석이다. 지금 런던에는 영국 전통요리는 먹을 곳이 없어진 반면 세계 각국의 음식은 무엇이든 다 먹을 수 있다. 상당히 근거 있는 분석이다.

다른 이유는 영국인이 너무 잘살았기 때문이라는 분석이다. 굳이 고기내장을 비롯한 '이상한 재료로 만든 이상한 음식'을 안 만들어도 될 만큼 잘살았기 때문이라고 영국 노인들은 말한다. 그래서 영국 음식이 단조로워졌다는 것이다.

청교도혁명기 시기의 성경

영국 날씨는 동물들을 키우기에 최고다. 겨울에도 비가 많이 오고 영하로 내려가지 않아 푸른 잔디가 항상 자라기 때문에 소, 양, 돼지 등 좋은 육고기를 많이 생산할 수 있다. 그러다 보니 몸통 부위 외에 다른 부위를 먹을 이유가 없었고 결국 로스트비프, 스테이크 같은 음식만 발달했다.

거기다가 영국 날씨는 향신료를 비롯한 채소와 양념 재배에는 적당하지 않아 자극 없는 맛만 발달했다.

한편으로는 1·2차 대전 기간에 실시한 엄격한 식량 배급제도 탓에 요리가 퇴보했다는 핑계도 있으나 가장 설득력이 떨어진다. 전쟁통에 어떻게 먹느냐가 중요한 것이 아니라 무엇을 먹느냐가 중요하던 때여서 영국 요리가 망했다는 변명이다. 그러나 반박하는 사람들은 "프랑스는 양차 대전을 안 겪어서 그렇게 화려한 요리를 만드느냐!"고 핀잔을 준다.

가장 황당한 분석은 "워낙 뛰어난 요리 장인의 나라 프랑스를 이웃으로 두는 바람에 기가 죽어 요리가 발달하지 못했다"이다. 자크 시라크 프랑스 대통령이 영국 음식과 영국인을 동시에 모욕한 적이 있었다.

"음식이 그렇게 형편없는 민족을 신뢰할 수는 없다."

– One cannot trust people whose cuisine is so bad.

시라크 대통령은 2005년 스코틀랜드 G8 정상회담을 앞두고 러시아 대통령 푸틴과 독일 총리 게르하르트 슈뢰더와 환담 중 이 말을 농담하듯 진담처럼 말해서 두 정상을 웃게 했다. 이 말을 프랑스 기자가 기사로 쓰는 바람에 세상에 알려졌다. 재미있는 점은 기사가 나온 후 시라크 대변인의 반응이다. "당시 분위기나 말의 맥락을 제대로 전달하지 못했다"라고만 언급했을 뿐 발언 자체를 부정하지는 않았다. 결국 시라크가 영국인과 영국 요리를 싸잡아 놀렸다는 말이다.

프랑스 기자는 시라크의 다른 말도 기사로 옮겼다. "영국인이 유럽 농업을 위해 한 일이라고는 오로지 광우병뿐이다", "영국은 핀란드 다음으로 형편없는 음식의 나라이다." 이에 대해 영국 총리실 대변인은 "때로는 언급을 안 해야 더 좋을 일도 있는 법이다"라고 점잖게 논쟁을 피해갔다. 이후 시라크의 말은 영국 요리에 대한 악평에 자주 인용되는 대표적인 말이 되었다.

"우린 살기 위해 먹는다"

영국 요리가 왜 그렇게 밍밍하냐는 질문에 "요리란 재료의 맛으로 먹어야지 강한 소스나 양념으로 먹으면 그건 양념 맛이지 요리 맛이 아니다"라고 답한다. 그리고 보면 영국인은 목숨을 부지하기 위해 음식은 최소한으로 먹어야 한다고 믿는 듯하다. 사실 영국인의 입맛은 무디기로 유명하다. 영어단어에 '짜다'와 참기름 맛인 '고소하다'라는 표현이 없다는 사실에서도 유추할 수 있다.

'짜다'는 '소금 같은 맛'이라는 뜻으로 salty라 쓴다. '고소하다'는 요리에 참기름이나 깨를 특별히 쓰지 않으므로 단어가 아예 없다. 그냥 모든 기름 맛을 통칭해서 '기름 같은 맛'이라는 oily가 있을 뿐이다. 영국인에게 미각은 '달다, 시다, 쓰다'만 있을 뿐이다. 그나마 외국 음식이 들어와 '매운 맛'이 생겼지만 정확한 표현이 없다. hot, chili, hot pepper, chili pepper, spicy 등을 혼용해서 쓴다. 한국어의 맵다는 표현은 아니다,

인도 카레의 매운맛과 한국 고추의 매운맛은 다르다. 한국 전통의 김치는 한국산 고추를 사용해야 한다. 그래서 영국 한식당이나 한인 가정에서는, 다른 재료는 영국에서 사더라도 고추는 반드시 한국 고추를 쓴다. 어렵게 한국에서 공수해 와서 김치를 담근다.

이렇게 맛에 민감하지 않은 영국인들을 놀리는 프랑스인들의 또 다른 단골 놀림거리는 홍차에 우유를 타서 마시는 영국식 밀크티이다. 홍차와 커피에 굳이 밀크를 타서 탁한 '구정물'(?)로 만들어 마시는 영국인의 무감각에 프랑스인들은 기절을 한다. 다른 것은 몰라도 홍차와 커피에 밀크를 타서 원미原味를 모욕하는 짓을 왜 하느냐고 영국인들을 욕한다. 점심식사에 평균 1시간밖에 소비하지 않는 영국인이 평균 2시간 20분의 점심을 즐

기는 프랑스인을 이길 수 있겠는가!

영국의 유명 작가 마틴 에이미스Martin Amis는 영국 요리를 혹평하는 최고 수준의 자학도 남겼다.

"The French, they say, live to eat; the English, on the other hand, eat to die."
- 프랑스인은 자신들이 먹기 위해 산다고 말하는 반면 영국인은 죽기 위해 먹는다.

영국 요리가 형편없다는 뜻도 되고 어쩔 수 없이 그런 음식을 먹으면서 하루하루를 살다가 죽는다는 영국인 특유의 자학도 들어 있다.

그런가 하면 프랑스 대표 극작가 몰리에르는 프랑스인들을 향해 "사람은 살기 위해 먹어야지 먹기 위해 살면 안 된다Il faut manger pour vivre et non vivre pour manger."라고 준엄하게 타이른다. 몰리에르가 이 말을 진심으로 했을까? 거의 역설적으로 한 듯하다. 그래서 과연 우리는 무엇을 위해 살아야 하나? "살기 위해 먹어야 하나? 먹기 위해 살아야 하나? 그것이 문제로다!"

코로나19가 바꾼
결혼식 청첩장의
선물 리스트

초호화판이든 간소한 결혼식이든 미신은 여전히 존재한다

영국인에게도 결혼은 인륜지대사人倫之大事다. 그러나 결혼식을 통과의례 행사처럼 치르는 한국과 달리 영국인들은 축제로 즐긴다. 축제는 참석자 모두가 즐거워야 마땅한 일이다. 그래서인지 보통 하루 만에 끝나던 결혼식이 최근 들어 길어지는 추세이다.

결혼식 전날 외지에서 온 하객들을 위한 파티를 한 차례 열고, 결혼식을 마친 후에는 리셉션을 밤늦게까지 연다. 그리고 다음 날 늦은 아점brunch을 하는 식으로 3일에 걸쳐 결혼식 행사를 치르는 경우가 늘고 있다.

수년 전 한국의 준재벌에 해당하는 영국 교포의 결혼식에 참석했다. 런던 교외 오래된 왕궁에서 열린 결혼식은 초호화판이었다. 한국에서 온 친척, 친구 모두를 런던 최고 호텔에 재우고 전날 식사는 물론 결혼식 다음 날 점심, 그리고 런던 시내 관광까지 다 시켜주었다. 영국 관습에 따른 결혼식이었는데 엄청난 비용이 들었을 것이다. 원래 영국인들은 결혼식 하객을 초대하면 숙식은 물론 항공료까지 모두 부담하는 것이 예의이다.

이러한 호화 결혼이 아니어도 하객은 하루종일 있어야 한다. 오후 일찍 성당에서 치른 결혼식을 마치고 나면 자리를 옮겨 저녁식사와 함께 결혼

축하 리셉션이 시작되는데 자정이 되도록 계속된다. 하객은 특별한 이유가 없으면 모두 축하 파티에도 참석해야 하기 때문에 영국 결혼식은 하루를 완전히 바쳐야 하는 '심각한' 이벤트다.

2월 29일은 여성이 청혼하는 날

영국 결혼식에는 아주 가까운 친지들만 참석할 수 있다. 한국처럼 조금만 안면이 있으면 마구 청첩장을 뿌리는 식이 아니다. 사전에 신랑 신부와 가족들이 철저하게 초청자 명단을 작성해서 청첩장을 보낸 뒤 참석과 불참의 회답을 받아 인원을 확정한다. 그래서 아무리 저명인사 집안 결혼식이라도 수천 명의 하객이 몰려 인근 교통이 마비되는 일은 절대 일어나지 않는다.

여성 상위시대를 논하는 지금도 세계 어디에서나 마찬가지로 영국에서도 청혼은 남자에 의해 이루어진다. 영화에서 보듯 무릎 꿇고 "나와 결혼해 주시겠습니까?" 물으면 여자가 "네"라고 대답하고 남자가 여자 약지에 반지를 끼워줌으로써 약혼이 완료된다.

여자가 청혼할 수도 있다. 바로 윤년에만 있는 2월 29일이다. 연애를 오래했는데도 청혼을 미루기만 하면 여자는 이날을 기회로 삼아 남자의 '항복'을 받아낼 수 있다. 그래서 영국 남자들은 2월 29일에는 오래 사귄 여친과는 절대 만나지 않는다는 농담이 있다.

어쨌든 반지를 주고 난 후부터 두 남녀는 프랑스어인 fiancé(약혼자)와 fiancée(약혼녀)로 불린다. 발음은 남녀 구분 없이 똑같이 '피앙세'다. 약혼이 되면 둘은 집안 사정 등을 감안해 결혼 날짜를 잡는다. 전통적으로 영국 결혼은 가을 추수철인 9월부터 성탄절 사이가 가장 좋다. 옛날에는 수요일이 길일이라 하여 수요일 결혼을 많이 했으나 지금은 토요일에 많이 한다. 그러나 영국에는 토요일이 "어느 것도 잘 이루어지지 않는 검은 날"이라는 속설이 있다. 그래서 영국 이혼율이 42%나 된다는 농담도 한다.

성당에 나붙는 결혼 공고

결혼식 날짜가 정해지면 신랑 신부가 다니는 성당에 결혼 공고banns가 붙는다. 그 공고에는 이 결혼식에 반대하는 사람은 신고하고 그 이유를 성당에 제출해야 한다고 쓰여 있다. 중혼이나 강제결혼을 막으려는 이유에서다. 이렇게 결혼식이 확정되면 초청할 하객들에게 청첩장이 나간다. 영국도 이제는 이메일이나 SNS 청첩이 유행을 타기 시작했지만 전통을 좋아하는 영국인들은 아직도 종이 청첩장을 선호한다.

청첩장이 오면 초대받은 하객은 부조를 챙겨야 한다. 영국에는 원래 현금 부조 전통이 없었고 선호하지도 않아 결혼식장 입구에 접수 책상이 없었다. 하지만 최근에는 현금 부조 풍습이 생기고 있다. 그러나 결혼식장에서 접수하지는 않고 다른 방법으로 한다. 원래 영국에서는 하객들이 신혼부부가 필요로 하는 물품을 선물하는 풍습이 전통적 부조였다. '결혼선물 목록wedding gift list, wedding registry'을 통해 자기 형편에 맞추어 선물을 했다.

과거에는 신랑 신부가 지정한 백화점에 전화하면 선물 품목과 가격표를 우편으로 보내주었다. 이 품목 중 하나를 선택해 수표를 보내면 백화점에서 신혼집으로 배달하는 방식이었다. 이제 인터넷 덕분에 일이 훨씬 쉬워져 목록을 웹사이트에서 구입해 전해준다.

과거에는 결혼 전 동거를 하지 않았기에 신혼집의 모든 집기를 신혼부부가 다 구해야 했다. 그래서 선물 품목을 알리는 풍습이 있었지만 이제는 과거와 비교할 수 없을 정도로 많은 비율이 동거를 한다. 모든 가구와 집기를 이미 갖추어 놓은 경우가 많다. 그래서 신혼여행이나 신혼생활 중에 누릴 것들을 위한 현금이 필요하다.

와인 배달·스쿠버다이빙 예약까지

요즘에는 결혼선물 목록에 현금이 있어야 누릴 수 있는 각종 품목이 적혀 있어 그중 하나를 골라 대납해주면 된다. 예를 들어 호화판 레스토랑 식사, 허니문 호텔 예약, 심지어 신혼여행지의 스쿠버다이빙 혹은 유람선 예약까지 다양하다. 또는 신혼 기간 중 정기적인 와인 배달, 부부 사우나 마사지, 각종 취미 교육 수강권 등등 별별 것들이 다 있다. 한 품목 전체 금액이 부담스러우면 일부만을 부조해도 된다.

이렇게 영국인들은 결혼식 현장에서 현금을 받는 식이 아니라 격식을 차리면서 뒤로 다 받는 방식을 고안해냈다. 영국인들은 이러한 방식을 관광지에서 분수에 동전을 던지고 소원을 비는 것에 비유해 위싱웰wishing well 이라 부르기도 한다.

영국 결혼식에는 중세로부터 내려오는 풍습도 아직 많이 남아 있다. 한국에서도 별 생각 없이 치르는 신부 아버지가 딸과 함께 입장하는 것이 대표적이다. 모든 결혼이 중매결혼이던 중세에는 '신부를 넘겨주는' 관습이 원래 소유권 이전을 의미했다. 이때 신랑 아버지가 신부 아버지에게 주는 물적 보상을 신부가격bride price이라 칭했다.

보통 지참금dowry이라면 신부가 시집 올 때 가지고 오는 한국의 혼수를 말하는데 중세 영국에서는 반대로 신랑집이 며느리를 사오는 방식이었다. 자신들의 가문에 노동력을 제공하고 자손을 낳아줄 여인을 데려오는 일이니 보상을 지불하고 사와야 한다는 영국인다운 합리적 계산법이었다.

그러다가 나중에는 딸이 시집가서 기죽지 않고 살려면 돈을 가지고 가야 한다는 이유 때문에 혼수를 보내는 풍습이 생겼다. 정복왕이라 불리는 노르망디 공작 윌리엄William I 왕부터는 영국 왕실이 프랑스 귀족 가문에서 며느리를 데리고 올 때 신부가 포도주 주산지인 프랑스 서남부 해변가 노른자위 땅을 혼수로 가져왔다. 덕분에 한때 영국 왕의 프랑스 내 영토가 프랑스 왕보다 더 많기도 했다. 이 영지들이 영국·프랑스 간 백년전쟁의 빌미가 되었다.

미신이 불러온 결혼 관습들

신부가 아버지와 함께 결혼식장 통로를 걸어 들어와 신랑이 넘겨받는 장면은 결혼식에서 가장 감동적 순간이다. 이때 대부분의 신부 아버지는 울컥한다. 신부는 물론 신부 아버지도 가장 소중한 순간이다. 이제는 옛날처럼 딸에 대한 소유권을 넘겨준다는 뜻이 아니라 부녀가 함께 마지막으로 걷는다는 의미를 더욱 중요시한다. 아주 야만적이었던 오랜 풍습이 후대에 이렇게 로맨틱하게 바뀐 것이다.

중세의 미신들이 영국 결혼 풍습에 끼친 영향도 아직 많다. 예를 들어 결혼식 전날 밤 신부는 처녀파티hen party, 신랑은 총각파티stag do, bachelor party를 열어 고주망태가 되도록 마시고 노는 풍습도 그중 하나다. 이는 결혼 전날과 결혼식 당일 식장에서 신부 아버지에 의해 넘겨지기 전까지 신랑은 신부의 얼굴을 보면 불운이 닥친다는 미신 때문에 생긴 풍습이다.

신부가 결혼식에서 얼굴을 가리는 면사포도 순결을 상징하지만 원래는 악령들을 헷갈리게 한다는 미신 때문에 쓰게 되었다. 신부 들러리들이 신부와 똑같은 색깔과 모양의 드레스를 입는 이유도 악령을 헷갈리게 해서 신부에게 해를 못 끼치게 하려는 목적이었다.

신부가 드는 꽃다발도 원래는 마늘처럼 냄새나는 약초herb 다발이었다. 이 역시 신부를 해치거나 경사스러운 결혼식을 망치려는 악령들을 막으려는 이유였다. 그러다가 빅토리아 여왕이 1840년 결혼하면서 흰 웨딩드레스와 자신이 가장 좋아한 눈풀꽃snowdrop 꽃다발을 사용해 유행을 새로 만들었다. 영국에서 웨딩드레스도 원래 흰색이 아니었다. 어떤 색깔도 무방했고 심지어 검은색도 입었다. 그러다 빅토리아 여왕이 자신이 좋아하는 흰색으로 드레스를 만들어 입어 세계적으로 유행시켰다.

영국에서는 신부가 결혼식 동안 4가지를 몸에 지녀야 한다는 전통도 있다. '오래되고, 새롭고, 누군가로부터 빌린, 푸른색something old something new something borrowed something blue'을 결혼식 동안 몸에 지녀야 한다는 미신이며 아직도 모두들 따른다. 오래된 물건은 대개 자신이 쓰던 물건으로 스타킹 고리처럼 간단한 것들이다. 결혼이 과거로부터의 단절이 아니라 연속임을 뜻하는 물건들이다.

반면 웨딩드레스처럼 새 물건은 미래에 대한 낙관적 희망을 뜻한다. '빌린 물건'은 이미 결혼해서 자녀가 있는 여자 친지의 속옷을 웨딩드레스 안에 입는 게 대표적이다. 아이가 있는 여인을 앞세워 악령을 헷갈리게 하여 신부를 보호하려는 미신에서 시작되었다. 푸른 물건은 대개 브로치나 리본 등 장신구이다. 이 역시 출산을 방해하는 악령으로부터 보호하고 다산을 해준다고 믿어서다. 또 푸른색은 순수, 사랑, 정절을 뜻한다. 마지막으로 오래된 6펜스 은화를 신부 신발에 넣으면 신부 준비를 모두 마친다. 영국인들은 이 동전이 행운과 번영을 가져다준다고 믿는다.

윌리엄 왕세손의 결혼식에서 신부 케이트 미들턴Kate Middleton이 4가지 모

웨일스 공 윌리엄과 케이트 미들턴

두를 몸에 지녔다.

오래된 물건으로는 캐릭마크로스 Carrickmacross 레이스를 면사포로 썼고, 새 물건으로는 친정 부모가 마련해 준 다이아몬드 귀걸이를 했다. 또 빌린 물건으로는 시조모인 엘리자베스 2세 여왕의 어머니(엘리자베스 보우스라이언)로부터 18살에 선물받은 다이아몬드 약식 왕관을 썼다. 거기다 푸른색 리본을 웨딩드레스에 달아 4가지를 모두 갖추었다. 신발 안에 6펜스 은화를 넣었는지는 아무도 확인을 못했다.

영국 신부들이 몸에 지니는 4가지

신랑 신부가 식을 마치고 성당 밖으로 나설 때 본래 하객들은 쌀이나 밀 혹은 귀리 등 곡식을 부부 머리 위로 던졌다. 지금은 종이꽃가루를 많이 사용하는데 이는 신혼부부의 다산과 풍요를 기원한다. 이 풍습은 로마 때부터 내려오는 것이기도 하다. 그때부터 곡식은 다산과 부를 가져다준다고 믿었다.

결혼식을 끝내고 신부가 결혼식 내내 손에 들었던 꽃다발을 머리 뒤로 던지는 관례는 원래 아주 야만적 풍습에서 시작되었다. 15세기 중세 때는 하객들이 신부의 웨딩드레스, 꽃다발, 심지어는 신부의 머리카락까지 뜯어갔다. 그것을 간직하면 신부가 가진 행운이 자신에게 나누어진다고 믿었다. 하객들이 워낙 소란을 피우자 그걸 피하기 위해 신부가 꽃다발을 머리 뒤로 던지고 걸음아 날 살려라 도망간 풍습에서 시작되었다.

결혼식 이후 장소를 옮겨 열리는 축하 파티는 부부가 웨딩케이크를 자르는 것으로 시작된다. 부부로서 첫 음식을 만들어 먹는다는 의미를 담고 있다. 웨딩케이크는 원래 중세 때는 빵을 높이 쌓아놓고 신랑이 신부에게 키스하는 풍습으로 시작되었다. 이 웨딩케이크를 보관했다가 1주년 때 먹거나 첫 아이 영세 때 먹는 풍습도 있었다.

결혼 파티 중간중간에 혼주인 신랑 신부 아버지들과 친지, 친구들의 인사가 있는데, 이때 친구들은 신랑 신부의 악행을 털어놓는 게 관례다. 신랑 신부의 어처구니없는 실수부터 도를 아슬아슬하게 넘나드는 엽색 행각까지 다 털어놓아 신랑 신부를 진땀나게 만든다. 물론 손님들은 배꼽을 잡고 폭소를 터뜨린다.

영국인들은 이 농담을 가장 많이 기대한다. 그래서 신랑 신부는 친구들을 사전에 매수하려 하지만 별무 효과다. 진지하고 엄숙한 장면에 웃음을 끌어들이는 영국인들의 유머 감각을 엿볼 수 있는 대표적 광경이다.

파티가 어느 정도 무르익으면 신혼부부는 살짝 빠져 신혼 방으로 간다. 이때 신랑은 허리가 부러지더라도 반드시 신부를 안고 문지방을 넘어야 한다. 그렇게 함으로써 신부가 자의가 아니라 신랑에 의해 강제로 신혼방으로 들어간다는 인상을 주어 신부의 순결을 더 돋보이게 하려는 이유였다. 이때부터 신혼생활이 시작되는데 이를 이르는 밀월蜜月과 같은 뜻의 허니문honeymoon은 본래 바이킹의 풍습이다.

바이킹들은 신혼부부를 동굴에서 ─아무것도 하지 않고─ 한 달을 살게 해주었다. 그때 가족과 친척들이 신혼부부에게 꿀로 만든 술을 가져

다주었다. 그래서 나온 말이 허니문이다.

구청 직원 앞에서의 약식 결혼

과거에는 결혼식 비용을 신부 측에서 부담했으나 이제는 신랑 신부가 공동 부담하는 식으로 바뀌어가고 있다. 최근 영국 결혼식 경비는 가장 저렴한 경우가 6,000파운드(960만 원), 중간 정도가 3만 파운드(4,800만 원), 상급이 7만 파운드(1억 1,200만 원)로 조사되었다. 가장 많은 비용은 축하파티로 장소 대여와 식음료비가 비중이 크다. 다음은 사진값이다.

요즘은 영국 젊은이들의 주머니가 깊지 않아 수많은 남녀가 거액이 드는 거창한 결혼식을 하지 않고 구청 호적과에 가서 약식의 결혼 선서식만 담당 공무원 주례로 하고 온다. 이후 아주 가까운 친지나 친구들과 함께 식사로 결혼 파티를 때운다. 물론 이런 약식 결혼식도 하지 않고 그냥 사는 경우도 많다. 보통 이럴 때는 동거자를 소개할 때 파트너partner라 한다.

영국 젊은이들의 삶도 코로나19 사태를 거치면서 전보다 훨씬 더 팍팍해져 그 평계로 결혼식을 생략하는 경우가 많다. 결국 돈 때문에 삶에서 가장 중요한 의식 중 하나인 결혼식을 못 치른다는 의미여서 씁쓸하다.

합창단 봉사로 본
영국인의 '소확행'

나를 드러내지 않고 남을 위해 봉사한다

인간의 삶에서 무엇이 가장 중요한지에 대한 답은 분명 어렵다. 영국인들은 무엇이라 답할까. 모든 영국인을 일반화할 수는 없어도 최소한 내가 본 영국인들의 삶에서 가장 중요한 것은 '행복'이라고 자신 있게 말할 수 있다. 그것도 자기 주위에서 쉽게 발견할 수 있는 작은 즐거움을 통해 행복을 찾는, 요즘 말로 하면 소확행(작지만 확실한 행복)이다.

2019년 봄 우연한 기회에 런던 교외 윔블던 테니스 시합으로 유명한 윔블던 지역의 동네 합창단에 들어갔다. 3개월 뒤 공연을 목표로 아마추어들끼리 급조한 모임이었다. 50여 명이 일주일에 한 번 저녁 7시에 모여 3시간 연습했다. 합창단에 들려고 결심한 이유는 영국인들이 만든 단체에 들어가 그들

바흐 미사곡 B단조

의 삶의 속살을 엿보려는 욕심이 컸다. 또 합창단 연주곡이 평소에 좋아하는 〈바흐 미사곡 B단조BVW232〉였다는 점도 영향을 끼쳤다.

합창단에 합류할 때는 아마추어 합창단이 정규 합창단도 어려워하는 1시간 50분짜리 대곡大曲을 공연하는 일이 어떻게 가능할까 하는 호기심도 아주 컸다. 그것도 단 12번, 모두 36시간을 연습해서 말이다. 미사곡 B단조는 바흐의 마태수난곡BVW244, 요한수난곡BVW245과 함께 바흐 종교음악의 최정상에 있는 3대 걸작이다.

아마추어들이 바흐 미사곡 B단조 공연

결론부터 말하면 "아는 만큼 보인다"는 말을 직접 경험해보고 싶다는 무모함의 결과는 대성공이었다. 약간 거창하게 말하면 나의 클래식 음악 청취, 특히 성악곡 청취 감상의 만족도는 이 합창 이전과 이후로 나뉜다. 덕분에 성악곡을 귀가 아니라 가슴으로 듣는 감동적 수확도 얻었다. 사람은 모든 일을 직접 해보아야 한다. 간접 경험으로 얻는 경험이 얼마나 피상적인지도 절감하게 되었다.

영국인들이 이러한 활동을 통해 어떻게 소확행을 누리는지 확실한 속살을 보게 된 것은 보너스였다. 이 합창단은 순수한 자선모금을 위한 합창단이었다. 한국에서 하는 취미 합창단이 아니었다. 엄격하게 따지면 39시간(3시간×12주+마지막 리허설 3시간)의 투자에 비해 몇 배 되는 수확을 확실하게 챙겼다. 영국인들이 어떻게 즐겁고 보람된 삶을 살면서 행복을 찾는지를 '인싸'(내부자)로서 직접 옆에서 볼 수 있는 기회를 가졌다는 점이 첫 번째 수확이었다. 두 번째 수확은 바흐 B단조를 청취자가 아니라 당사자로서 음미할 수 있는 행복을 누리게 되었다.

합창 연습을 처음 시작할 때 받은 전곡 악보는 보기만 해도 머리가 아프고 숨이 막혀 질릴 정도였다. A4 크기 246쪽짜리 악보는 콩나물 대가리로만 꽉 차 있었다. 까만 것은 글씨, 하얀 것은 종이라는 농담이 실감 나듯 까만 것은 콩나물 대가리, 하얀 것은 종이였다. 악보 없이 청취만 할 때는 잘 몰랐던 바흐 곡의 복잡함이란 정말 바흐가 얼마나 천재인가 하는 경이로움을 다시 느끼게 해주었다.

내가 맡은 파트인 베이스 악보를 음을 놓치지 않고 따라가는 일은 그나마 악보를 조금이라도 읽어본 경험 때문에 그럭저럭 해냈지만 전곡을 계속해서 노래해야 하는 것은 긴장할 수밖에 없었다. 더구나 이 곡은 바흐가 39살인 1724년에 시작해서 65세로 죽기 1년 전인 1749년에 완성한, 무려 25년에 걸친 대작이다. 이 곡을 완성할 때 바흐는 눈이 거의 보이지 않는 상태였다. 흥미로운 일은 바흐를 실명하게 만든 영국의 돌팔이 안과의사 존 테일러John Taylor가 헨델Friedrich Händel도 실명하게 만들었다는 사실이다. 어쨌든 바흐의 미사곡 B단조는 내가 '무인도에 갈 때 가지고 갈 디스크'로 꼽을 곡이다. 바흐 생전에 한번도 전곡이 연주된 적이 없고 1859년에야 전곡이 연주되었다.

아주 영국적인 조직이란?

내가 참가한 합창단은 정말 영국적인 조직이었다. 형식과 절차를 중하게 여기는 영국인들도 개인 파티 등 비공식 모임을 할 때는 의외로 가볍게 사람들을 대한다. 보통 파티에서 만나도 명함을 주고받지 않는다. 출신 학교나 고향을 묻는 일도 거의 없다. 합창단도 비슷했다. 어찌 보면 아주 이상한 단체였다. 우선 합창단은 이름이 없었고 상설 단체도 아니었다. 알음알음으로 모여 연습하고 공연했다. 그러니 정규 소속 단원도 없었고 단장도, 부단장도 없었다. 그냥 지휘자와 반주자, 돈을 걷고 일정을 알려주는 총무 비슷한 사람만 있을 뿐이었다. 새 단원이 들어와도 누구 하나 반갑게 인사하는 사람도 없고 전체 단원에게 소개하는 법도 없었다.

이렇게 없는 것투성이였다. 연습에 하루 빠져도 '왜 안 나오느냐' 전화 오는 일도 없다. 오는 사람 말리지 않고 가는 사람 잡지도 않는 이상한 모임이었다. 그러다 보니 연습 인원도 들쑥날쑥 대중이 없었다. 중간에 10분 정도의 다과 시간에도 노래 관련 대화만 오고 갈 뿐 서로에 대한 사적인 이야기는 전혀 없었다. 연습이 끝나면 잘 가라는 인사도 없이 그냥 뿔뿔이 헤어졌다. 흡사 일부러 말을 섞지 않고 개인적으로 알려고 노력하지 않는 태도였다.

더 놀라운 일은 대단원의 공연을 마치고 헤어질 때도 박수 몇 번으로 끝났다는 사실이다. 공연 후 뒤풀이는커녕 전체 기념 촬영도 없었다. 단원들만 따로 모아놓고 지휘자나 단장이 하는 의례적 치하 말도 없었다. 지휘자와 반주자도 그냥 단원의 한 명일 뿐이라는 의미 같았다.

대화는 전무, 쿨한 헤어짐

공연이 끝나고 관객들이 다 사라진 후 단원들은 의자를 하나하나 접어 차곡차곡 쌓고 서로 인사도 없이 쿨하게 헤어졌다. 누가 누구를 위해 한 합창이 아니므로 누가 누구를 치하할 자격도 없고, 아무도 그걸 원하지 않으니 할 필요도 없다는 태도였다. 3개월 동안 연습했어도 중간 휴식시간에 차 마시며 아주 가벼운 대화만 나눴을 뿐 이름도 서로 모르고 악수도 하지 않고 헤어지는 희한한 경험을 했다.

영국 리베라합창단

이상한 일은 그뿐이 아니었다. 음악회를 위한 모든 경비는 단원들이 부담했다. 첫날 총무가 넘겨주는 명단에 이름 적고 낸 참가비 30파운드(4만 5,000원)는 중간 휴식시간에 다과, 공연 포스터, 안내장, 공연 프로그램 인쇄비 등으로 쓰였다. 그래 봐야 40여 명이 낸 1,200파운드(200만 원)에 불과했다.

이 돈으로 공연일에 40여 명의 프로 교향악단을 초청했다. 그들이 받은 수고비는 400파운드(66만 원)였다. 단원 1명당 10파운드(1만 6,500원)를 받았다는 뜻이다. 프로 연주단원들이 돈을 벌기 위해 오지 않았다는 사실은 지불 금액만으로도 알 수 있었다. 그들도 재능기부의 봉사로 온 것이다.

4만5,000원짜리 악보와, 각 파트별 연습곡을 성악가가 녹음한 CD도 단원들 각자가 사서 사용했다. 결국 단원들 각자 부담은 10여만 원이었다.

자신의 시간을 내서 공연해주는 단원에게 사례는 못할망정 자비 부담을 시켰다. 그뿐 아니라 단원들은 입장권 판매도 했다. 공연장 입구에서는 동네 업체들로부터 기부받은 물품을 걸고 경품권 판매를 해서 추가 수익을 올렸다. 이때도 단원들은 모두 경품권을 샀다. 이렇게 모은 수익금 전액은 공연장을 제공해준 유서 깊은 성당 수리비로 기부했다.

공연장으로 쓰인 윔블던 성심성당Sacred Heart Church은 1877년에 지어진 빅토리아식 가톨릭 성당이다. 헨리 8세가 1534년 영국교회의 우두머리가 되는 '수장령Supreme Head of the Church of England, 首長令'을 발동시켜 로마가톨릭과 결별한 후 요한 바오로 2세가 1982년 교황으로서 처음 방문했던 유서 깊은 곳이다.

단원들이 시간·돈 투자해 봉사

결국 합창단원에게 돌아온 것은 마음속에 남는 성취욕과 행복감뿐이었다. 개인적 시간 투자와 경제적 부담을 해서라도 행복을 얻으려면 그것은 자신이 부담해야 한다고 영국인들은 여긴다. 주말이면 런던 곳곳에서 열리는 마라톤대회나 자전거 경주 등의 모든 행사가 소확행의 일환이다. 합창단 공연이 열린 성당에서도 1년 내내 자선공연이 이어진다. 성당은 그냥 종교행사만을 위한 장소가 아니라 지역주민을 위한 공연과 봉사 장소로 더 중하게 쓰였다.

특히 빅토리아시대 성당은 음향 효과를 감안해 축조되었기 때문에 소리 공명이 매우 좋다. 현대에 지은 콘크리트 음악당보다 음악 공연에는 안성맞춤이다. 그래서 종교음악은 물론 팝, 심지어는 록콘서트까지 열린다. 원래 성당은 지금처럼 엄숙한 곳이 아니었다. 예를 들어 런던에서 제일 큰 세인트폴대성당St. Paul's Cathedral은 중세 때는 장사꾼들이 진을 치고 신도들을 상대로 물건을 팔았다. 또 성경에 보면 성전 안에서 장사하는 장사치들을 예수가 쫓아내는 장면이 나오지 않는가? 그런데 요즘 록콘서트가 성당에서 열린다 해서 이상해할 일은 아니다.

합창 연습도 정말 이상했다. 한번도 악보 순서대로 연습하지 않았다. 24곡 전곡을 중구난방으로 왔다갔다하면서 연습했다. 공연 전까지 단 한번도 전곡을 처음부터 끝까지 이어서 부르지 못하고 무대에 올랐다. 연습 중간에 '언젠가 한번은 처음부터 끝까지 전곡을 불러보리라' 기대했건만 결국 전곡은 무대에서만 불렀다.

지휘자와 반주자 두 명은 현직 전문 음악인은 아니더라도 전문가였다. 윔블던 지역에서 중고교 음악교사를 하다가 은퇴한 교사들이었다. 머리가 허연 노인들이 거의 3시간을 쉬지 않고 목청 높여 정열적으로 지휘하고 건반을 두드렸다. 특별한 사명감이나 대단한 성취욕 때문이라기보다 평생 이 일을 해왔기에 일상처럼 소화하는 듯했다. 1시간 50분짜리 곡 전체를 암보해서 지휘하고 반주했다. 지휘자와 반주자 약력을 인터넷에서 찾아보니 '전문 봉사 음악인'이었다.

전문 봉사 음악인들의 삶

단원 중에는 아주 실력이 뛰어난 전문 소프라노 성악가가 한 명 있었다. 이 여성 소프라노도 일반인들과 함께하는 연습에 한번도 빠지지 않았다. 자신의 개인 합창단까지 갖고 있는 그녀의 성실함이 인상적이었다. 10년 전 암 투병을 한 이후 새로 얻은 삶을 봉사로 의미있게 살아가고 있다. 성당에서는 평일에 이러한 자선공연이 쉬지 않고 열린다. 입장료도

2~3만 원에 불과해 동네 관객들로 항상 꽉 찼다. 영국인들은 이렇게 동네에서 열리는 연주회를 찾아다니면서 사람들을 만나 안부도 묻고 자선도 하면서 저녁을 즐기고 산다.

이 공연을 통해 4,000여 파운드(660여만 원)의 수익을 올렸다. 전액을 연습장과 공연장을 제공한 성당 수리비로 기부했다. 이 사실을 공식적으로 통보받은 바도 없다. 첫날 명단 작성할 때 이름만 적었을 뿐 이메일 주소나 핸드폰 번호도 적은 바 없으니 전달할 방법도 없다. 물론 단원들도 알려 하지 않고 모금액의 용처에 대해 의문을 품지도 않았다. 연습과 공연을 통해 남은 것은 합창단원 명단이 들어간 공연프로그램이 전부였다. 공연 촬영도 없고 녹음도 없었다. 지인에게 부탁해 객석에서 핸드폰으로 한 녹음이 전부다.

이런저런 즐거움을 통해 단원 모두는 타인을 위한 자선공연이 아니라 자신의 행복을 위한 공연을 했다. 지금도 생각하면 연습할 때 내가 낸 소리가 합쳐져 성당을 울릴 때의 희열과, 전곡을 합창한 후 느낀 성취감 그리고 그 추억의 가치는 39시간의 수고와 10만 원의 투자에 비하면 10배, 100배는 더 크다. 그 기억과 성취감은 두고두고 내 삶을 풍요하게 해주고 있다.

영국인들의 소확행은 일본 작가 무라카미 하루키가 말하는 "새로 산 정결한 냄새가 나는 하얀 셔츠를 머리에서부터 뒤집어쓸 때의 기분"만이 아니다. 한번도 만나지 않은 사람을 위한 일에 참여해 무엇인가를 해내고 느끼는 뿌듯함과 내가 받은 즐거움이 본질이다.

무심한 영국인들은 그런 기분마저도 삐기는 일이라고 여길지 모른다. 그냥 이런 일은 인간으로서 반드시 해야 하는 일상적 일이라고 생각한다.

제 4부

영국의 스포츠

영국 축구의 자존심 EPL

30년 역사에 숨은 흥미로운 이야기들

축구에 목숨 거는 영국인들에게 축구가 어떤 의미인지 들려주는 가장 유명한 말이 있다.

"Football is not a matter of life and death, it's much more important than that."
- 축구는 생과 사의 문제가 아니다. 그것보다 훨씬 더 중요하다.

영국 리버풀Liverpool 축구클럽의 전설적 감독 빌 샹클리Bill Shankly가 한 말이다. 영국인들이 이 말을 어떻게 생각하는지 궁금해 영국 친구에게 "진짜 너도 그렇게 생각하느냐?" 물었다. 그의 답은 "정말 맞다"였다. 그 이유가 명답이었다.

"내가 죽은 후의 문제는 내가 모르니 알 바 아니다. 내가 살아있는 한 축구보다 더 중요한 일은 내게는 분명 없다. 심지어 죽음보다 더 중요하다."

이렇게 축구를 좋아하는 영국인들이지만 축구 종가로서 못내 창피해하는 흑역사도 있다. 국제무대에만 나가면 우승은커녕 결승에도 한 번 못

영국은 축구의 종가이다.

올라가는 성적 탓이다. 영국 축구는 1966년 안방에서 열린 월드컵 우승 말고는 무려 50년 넘게 '구들목 장군' 신세를 면치 못하고 있다. 그래서 영국인들은 자신들의 국가대표팀을 자학하는 말도 만들어냈다.

"Football is a simple game: 22 men chase a ball for 90 minutes and, in the end, the Germans always win."

- 축구란 정말 간단한 게임이다. 22명이 공 하나를 90분 동안 쫓아다니다가 결국 끝에 가면 언제나 독일이 이긴다.

영국 최고의 전직 축구선수이자 BBC 축구 해설 프로그램인 Match of the Day(MOTD)의 최장기 진행자인 게리 리네커Gary Lineker가 오래전 한 말인데 영국인들 사이에서 계속 인용될 만큼 유명해졌다. 그런데 2018년 러시아월드컵에서 직전 월드컵 우승팀인 독일이 한국에 2:0 패배를 당하는 '사건'이 벌어졌다. 독일 대표팀이 조별 리그에서조차 탈락해 짐을 싸서 고향으로 간 뒤 리네커는 트위터에서 자신의 과거 발언을 이렇게 바꾸었다.

"축구란 정말 간단한 게임이다. 22명이 공 하나를 90분간 쫓아다니다가 끝에 가서는 이제 독일이 항상 이기지 못하고 가끔은 진다. 그러므로 과거의 내 말은 이제 역사 속으로 집어넣어야 한다."

이 수정본은 독일에 항상 굴욕당한 다른 나라 축구팬들을 기쁘게 해주었다. 영국은 국가대표팀의 수모를 제외하면 진정 최고의 축구 대국이다. 잉글랜드에만 1,100여 개의 축구리그에 1만8,500여 클럽이 있다. 전부 셀 수도 없는 숱한 클럽들 중 최상위 20개 클럽이 모여 구성한 리그가 바로 잉글랜드 프리미어 리그England Premier League: EPL다. 이 EPL이 2022년 창설 30주년을 맞았다.

EPL 고정 시청자 1,230만 명, 중계료만 8조4800억

손흥민 선수가 뛰었던 EPL은 유럽의 다른 유명 축구리그 4개(스페인 라리가, 독일 분데스리가, 이탈리아 세리에A, 프랑스 리그1)와는 비교할 수 없을 정도로 인기가 높다. 영국의 한 축구 전문가는 '왜 EPL은 세계에서 가장 강력한powerful 리그인가?'라는 글에서 '풋볼 마케팅 데이터'를 이용해 "EPL은 어떤 유럽 리그보다 더 많은 1,230만 명의 중계방송 고정 시청자를 확보하고 있다"고 강조했다.

반면 스페인 라리가는 220만, 분데스리가는 200만, 세리에A는 450만으로 3개 리그를 모두 합쳐도 EPL 고정 시청자에 못 미친다. 이 통계는 EPL로 하여금 TV 중계권 협상에 엄청난 힘을 부여해준다. 그뿐 아니라 각 클럽들도 이 덕분에 광고나 후원업체와의 협상에서 주도권을 쥔다. 그렇게 EPL은 진짜 '세상에서 가장 강력한 축구 리그'가 되었다.

EPL은 다른 어떤 리그보다 더 많은 중계료를 받는다. 2022~25년 3년간 EPL 경기 중계권은 53억 파운드(약 8조 4,800억 원)로 확정되었다. 전 시즌에 비해 30%가 오른 금액이다. 프로축구는 결국 돈의 힘으로 움직인다. 더 큰 중계료 수입은 EPL 소속 각 클럽의 실력 향상에 도움을 주고, 이로 인해 EPL 소속 클럽의 인기는 더욱 높아진다.

유럽 다른 리그들과 EPL의 중계권 차이는 이미 오래전부터 나타나고 있었다. 2013~14시즌의 경우 EPL의 3시즌 중계권이 30억1,800만 파운드였던 반면 세리에A는 7억2,100만 파운드, 라리가가 5억1,100만 파운드, 분데스리가가 4억1,740만 파운드에 불과했다.

EPL은 리그 당국이 멤버 클럽 전체를 대표해 경기 방영권 협상을 하고 계약을 맺는다. 그리고 합리적으로 중계료를 배분한다. 특히 해외 중계료는 20개 클럽에 균등하게 배분한다. 예컨대 2022~23시즌 우승 클럽은 2021~22시즌의 1억5,300만 파운드에서 15% 오른 1억7,600만 파운드를 받았다. 하위 순위에 올라 챔피언십 리그로 강등되는 클럽 역시 전 시즌 9,700만 파운드에서 9% 오른 최소 1억600만 파운드를 받는다.

전 세계 부자 클럽 20개 중 11개가 EPL

이런 EPL도 더 경쟁적 분위기를 유도하기 위해 새로운 정책을 도입하고 있다. 지금까지는 해외방송 중계권을 EPL 리그 20개 클럽이 균등하게 배정받았으나 앞으로는 우승 클럽이 2,500만 파운드를 더 받고 최하위 순위 클럽은 1,600만 파운드를 덜 받는다.

EPL의 위상을 보여주는 또 다른 수치는 세계 부자 클럽 순위다. 20위 안에 EPL 클럽이 11개나 있다. 맨시티(1위), 맨유(5위), 리버풀(7위), 첼시(8위), 토트넘(10위), 아스널(11위), 레스터(15위), 웨스트햄(16위), 울버햄튼(17위), 에버턴(18위), 애스턴빌라(20위) 등이다. 돈이 있어야 실력이 향상되고 그래야 인기가 올라 수입이 더 오른다는 선순환의 논리를 EPL이 철저하게 지켜온 결과다. 세계 부자 클럽 20개 중 라리가가 3개, 세리에A와 분데스리가가 각각 2개, 리그1과 러시아 프리미어가 각각 1개뿐이어서 EPL의 숫자가 압도적이다.

영국 정론지 〈가디언〉이 선정한 세계 유명 축구선수 100명 중 EPL 소속이 29명이나 된다. 반면 라리가는 26명, 분데스리가가 18명, 세리에A가 17명 등이었다. 이를 두고 〈가디언〉은 "유럽 모든 리그의 10위권 선수들을 다 합치면 EPL에 뛰어난 선수들이 골고루 모여 있다"고 평했다. EPL 클럽들이 세계적 명선수들을 많이 보유하고 있지는 않지만 전반적으로 우수한 실력의 선수들을 골고루 가지고 있다는 말이다.

국가대표팀이 출전하는 국제시합에서 리그별 선수 배출을 봐도 EPL이 압도적이다. 예를 들어 유로 2012년에 출전한 국가대표팀 전체 선수 중 20%(74명)가 EPL 소속이었다. 그에 비해 분데스리가는 48명, 라리가가 32명, 세리에A가 31명 등이었다. 이 말은 EPL이 아주 다양한 국가의 선수를 포함하고 있으며 그들이 EPL 클럽 여기저기에 고르게 분포되어 있다는 의미다.

EPL의 실력을 가장 확실하게 증명한 것은 2019년 유러피언컵이었다. 최종 4강에 4개(리버풀, 토트넘, 아스널, 첼시)의 EPL 클럽이 올랐다. 8강전에서 메시의 스페인 바르셀로나FC Barcelona를 리버풀은 4:0으로 이겼고, 토트넘은 네덜란드의 최강호 아약스Ajax를 3:2로 이기고 올라왔다. 2019년 챔피언스리그 결승에도 EPL의 리버풀과 토트넘이 붙어 리버풀이 2:0으로 이겨 손흥민이 챔피언스리그컵을 만질 기회를 다시 한번 잃었다. 2022년 챔피언스리그에서도 8강에 첼시, 리버풀, 맨시티 등 EPL 클럽 3개가 올라왔을 정도로 EPL의 활약은 뛰어나다.

최하위 클럽이 우승을 차지하는 이변

EPL의 또 다른 매력은 우승을 노리는 클럽이 다양하다는 점이다. 유럽의 다른 리그는 보통 2개 혹은 많아봐야 3개 클럽이 우승을 놓고 싸운다. 그 외의 클럽들은 그냥 아래 순위를 놓고 다툴 뿐이다. 그러나 EPL은 빅6 클럽(맨시티, 리버풀, 첼시, 토트넘, 아스널, 맨유)이 최종 순간까지 손에 땀을 쥐게 하는 선전을 펼친다. 시즌 중반까지도 결코 누가 우승할지 알 수 없다. 전혀 예상치 못했던 최하위 클럽이 한 시즌 만에 우승을 차지하는 이변도 일어난다.

2015~16시즌에서 무명의 레스터가 EPL 우승을 차지한 일은 정말 '사건'이었다. 그 전 시즌인 2014~15년에 14위로 겨우 살아남은 레스터Leicester City FC가 선수들의 큰 변화도 없이 다음 시즌에 2위의 아스널을 10점 차로 멀리 떨어뜨리고 1등을 하는 사건이 벌어지는 곳이 EPL이다.

2020~21시즌에 전前 시즌 우승팀 리버풀이 애스턴(17위)에 7:2로 지는 일도 벌어졌다. 리버풀이 애스턴에 지던 날(10월 4일) 3위의 맨유가 6위의 토트넘에 6:1로 지는 역사적 일이 벌어지는 곳이 EPL이다. 이러한 예측 불가능한 명승부가 매주 EPL 경기장에서 일어난다. 그 때문에 세계 축구팬들이 EPL 경기로 채널을 돌린다.

그렇다면 세계의 명선수 모두가 EPL에서 뛰고 있나? 대답은 '아니오'다. 심지어 세계 명선수 중 10위권의 선수도 EPL에는 별로 없다. 그래서 EPL에는 명선수의 묘기가 매주 터져 나오지 않는다. EPL의 명승부는 명선수의 개인기에서 나오지 않고 단단한 공격과 수비에서 나온다. 축구는 누가 뭐래도 팀 스포츠이다. 그래서 명선수 한두 명이 아닌 전체 선수의 고른 실력이 EPL을 어떤 리그보다 더 흥미롭게 만드는 이유이다.

영국에서 축구는 일상이다.

유럽 리그에서 골 숫자가 제일 많이 나오기로는 네덜란드의 에레디비시 Eredivisie 리그가 꼽힌다. EPL이 골 숫자로는 도저히 못 따라간다. 그러나 축구경기가 농구처럼 골이 많이 나온다 해서 더 흥미로운 게임은 아니다. 골인은 공격수가 뛰어나서가 아니라 수비수 수준이 모자라는 데서 비롯된다. 이를 일러 축구계에서는 '싸구려 골cheap goals'이라 부른다. EPL 경기에서는 그 싸구려 골이 나오지 않는다.

EPL에 '싸구려 골'은 없다

EPL의 뛰어난 골키퍼 실력은 상대 클럽 팬들도 감탄을 자아낼 정도다. 사실 EPL에서 골은 공격수들의 실력에 비해 많이 안 나온다. 이 말은 EPL 골키퍼들의 실력이 뛰어나다는 뜻이다. 적절한 공격과 수비 실력이 갖추어져 공수 균형이 이루어져야 경기가 비로소 흥미롭고 재미있기 마련인데, EPL 경기는 그런 모든 면을 갖추고 있다.

영국 축구클럽들의 경기 스타일은 클럽마다 다르고 시즌마다 다르다. 구성 선수들의 특성에 따라 클럽마다 경기 모습이 달라진다. 이 점도 영국 축구를 더욱 흥미롭게 만든다. EPL 클럽의 영국 축구는 이탈리아 축구의 초극단 수비Ultra-defensive 위주도 아니고, 스페인 축구처럼 동료에게 공을 재빠르게 돌리다가 전광석화처럼 공격하는 티키타카Tiki-taka 전술도 아니다. 그렇다고 독일 축구처럼 정해진 공격 방법을 기계처럼 지키며 체력으로 밀어붙이는 스타일도 아니다.

EPL 클럽들은 어느 스타일이든 선수들의 능력과 기술에 맞는 전법을 채용해 최대한의 성과를 내는 잡탕식 현실 적응 스타일이다. EPL 클럽의 일관되지 않은 스타일이 팬들로 하여금 매력을 느끼게 한다.

EPL 경기는 200여 나라에서 5억 명이 시청한다. 거의 모든 경기가 중계되고 경기를 중계하는 기술과 실력도 타 리그보다 훌륭해 전 세계 시청자를 사로잡는다. 어차피 모든 유럽 리그는 같은 시간대에 경기를 하기 마련이다. 유럽의 모든 리그가 정해진 숫자의 팬들을 놓고 싸우는 셈이다. 여기에는 어느 클럽이 명선수를 확보해 더 훌륭한 경기를 펼치느냐도 중요하지만 그에 못지않게 경기 중계도 중요하다. EPL은 어떤 리그보다 중계 기술이 뛰어나 시청자들을 다른 리그에 빼앗기지 않는다.

축구 중계는 한 경기에 몇 대의 카메라가 투입돼 중요한 장면을 잡아내느냐가 가장 중요하다. EPL에서는 본경기를 중계하는 메인 카메라가 미처 잡아내지 못한 장면을 다른 카메라가 잡아낸다. 시청자들이 못 본 장면을 중간에 다시 방영한다. 이러한 중계 기술과 배려는 다른 리그가 도저히 못 따라간다고 정평이 나 있다.

현재 EPL의 모든 클럽 골라인에는 카메라가 설치되어 있다. 슈팅 즉시골 성공 여부와 골이 들어오는 순간을 포착한다. 이처럼 '골 라인 기술$_{Goal}$ $_{Line\ Technology}$'이 뛰어나 다른 어느 리그 중계보다 팬들을 더 흥분시킨다. 일단 EPL 경기를 한 번 보고 나면 다른 리그 게임을 볼 수 없다는 팬들이 나오는 이유다.

'자이언트 킬링'이 일상사로 일어난다

그러나 전 세계 축구팬들을 사로잡는 EPL의 가장 중요한 요인은 바로 EPL 내의 피 튀기는 경쟁이다. 상위 클럽 간의 경쟁은 물론 전혀 상대가 되지 않을 듯하던 하위 클럽이 상위 클럽을 무너뜨리는 일도 빈번하게 일어난다. 하위 클럽이 상위 클럽을 이기는 '자이언트 킬링$_{giant\ killing}$'으로 인해 EPL의 최종 순위는 마지막 순간까지 손에 땀을 쥐게 만든다. 2021~22년에도 마지막까지 리버풀과 맨시티의 우승 경쟁, 아스널과 토트넘의 4위 경쟁 등이 이어져 팬들이 모든 게임을 보지 않을 수 없었다.

EPL의 맨시티, 리버풀, 첼시, 토트넘, 아스널, 맨유 등 상위 6클럽의 우승 가능성은 너무나 팽팽하다. 6개 클럽의 우승 경쟁은 유럽의 다른 어떤 리그에서도 볼 수 없다. 다른 리그들은 우승 후보가 대개 2개, 많아야 3개 정도이다. 거의 10개월의 대장정을 뛰는 축구에는 기적이 있을 수 없다. 그런데 EPL에서는 그런 기적이 일어났고, 다시 일어나지 말라는 법도 없다.

EPL에서는 우승 클럽이 10위로 떨어지는 이변도 생긴다. 2014~15년 우승했던 첼시가 2015~16년에는 10위로 떨어졌고 그해에 레스터가 우승하는 이변이 벌어졌다. 더 극적인 것은 2016~17년에 다시 첼시가 우승했다는 사실이다. 세계 팬들은 격변과 격동의 EPL을 사랑하고 아낀다. 그 EPL에 우리의 손흥민 선수가 있었고, 2021~22년 최다득점자가 되었다.

22

FA컵에서
기적처럼 우승한
레스터

꼴찌였던 축구팀이 영국인에게 보여준 것

영국은 봄이 되면 바빠지기 시작한다. 영국 축구 최정상 20개 팀으로 이루어진 EPL 시즌은 5월 말경에 끝난다. 시즌 마지막 날 20개 클럽이 같은 시간에 10개 경기를 일제히 치르고 막을 내린다. 그 끝을 위해 모든 팀은 열심히 마무리를 해야 한다. 유럽의 최강자를 뽑는 유로피언챔피언 리그도 끝을 향해 달려가야 하고 거기다 영국 축구협회배 FA컵Football Association Cup도 막바지로 들어간다.

세계에서 가장 오래된 축구시합으로 평가받는 FA컵은 5월 중순에 전통의 구장 웸블리Wembley에서 결승전이 열린다. 영국 FA에 등록된 축구클럽 4만2,000개 중에서 선발된 736개 팀 중 1인자를 가린다. 2021년 결승전에서 명문 첼시와 맞붙은 레스터시티Leicester City가 우승하는 초유의 사태가 발생했다. 레스터가 클럽 창설 137년 만에 처음으로 150년 전통의 FA컵 우승을 차지했다.

영국 축구팬들은 레스터를 흔히 '디 언빌리버블The Unbelievable'이라 부른다. 질시와 존경을 담은 별명인데, 2015~16시즌에서 38전 23승 12무 3패, 승점 81점으로 전통의 명문 아스널을 10점 차로 여유 있게 제치고 우승

200

하면서 이 별명을 얻었다. 영국 축구클럽에 특이한 별명이 따라붙은 것은 아르센 벵거Arsene Wenger 감독이 지휘하던 아스널이 티에리 앙리가 뛰던 2003~04시즌에서였다. 38전 26승 무패 12무로 EPL 역사상 유일무이한 대기록을 세우며 우승했을 때 받아든 '불침함대The Invincibles'라는 별명 이후 처음이었다. 무패의 우승은 2022년까지 유일한 기록이다.

레스터는 그 전해인 2014~15시즌에서는 마지막 9경기를 남겨놓은 상태에서 꼴찌인 20등에 머물러 있다가 7경기를 파죽지세로 이기는 기적같은 열정을 쏟아내 14등으로 여유 있게 시즌을 마감했었다. 정말 상상도 할수 없는 영화 같은 기적이 일어난 것이다. 축구경기에서 꼴찌 팀이 막판에 7승을 해서 14등으로 올라오는 일은 전대미문이다. 그래서 예측 불허의 특별한 팀이라는 인상을 심어주기에 충분한 기록들을 만들어냈다.

축구 종주국에서도 가장 오래된 경기

그런 레스터가 2021년에 FA컵까지 안았다. 레스터가 안아든 FA컵은 축구 종주국 영국에서도 가장 영국다운 시합으로 평가받는다. 모든 축구선수는 유·무명을 가리지 않고 FA컵 결승전이 열리는 웸블리 구장에서 평생에 한번이라도 뛰어보기를 소원으로 여긴다.

웸블리 구장에서 뛸 수 있는 기회는 바로 FA컵 준결승전부터와 국가대표 시합이 열릴 때뿐이니 그럴 만도 하다. 거기다가 FA컵은 하루아침에 무명 선수가 신데렐라가 될 수 있는 꿈의 무대이다.

축구는 영국인에게 신앙이나 다름없다. 신앙보다 더하다. 영국인들은 이제 더 이상 신앙을 가지지 않지만 축구는 해가 갈수록 더 인기이다. 그런 영국에서 거의 모든 축구클럽이 참가할 수 있는 축구대회가 FA컵이다.

레스터는 그동안 FA컵에서 준우승만 4번 했는데 2021년 우승을 차지하면서 통한의 소원을 풀었다.

FA컵은 레벨10 리그까지의 클럽이면 누구나 참가해서 예선전부터 차례로 이기고 올라가야 한다. 도중에 단 1번이라도 지면 탈락한다. EPL과 챔피언스리그, 리그1, 리그2에 속한 92개 팀은 본선에 바로 합류한다. 그 아래 10리그까지의 수많은 팀 중에서 예선을 거쳐 선발된 644개 팀이 본선으로 올라온다. 그렇게 해서 736개 팀이 본선에서 무작위 선발 토너먼트로 경기를 벌인다.

구장도 제대로 없는 10부 리그 팀이 EPL에서 우승한 팀과 경기하는 일도 생긴다. 그 경기에서 대마大馬를 쓰러뜨리는 일이 가끔 발생해 FA컵이 가장 영국적인 시합이고 가장 인기 있는 경기이기도 하다.

보통 시즌은 결승전 전해 8월부터 시작해 다음해 5월까지 10개월에 걸쳐 735번의 경기를 치르며 진행된다. 본선에 바로 진출한 92개 팀은 3차전부터 시작하여 6번의 경기만 이기면 우승하지만 1차전부터 치러야 하는 하위 팀은 우승하려면 본선에서만 8번 승리해야 한다. 리그에 따라 예선전도 수차례를 거치며 올라와야 하기에 심한 경우 14번의 시합을 치르는 대장정이다.

FA컵을 뛰는 무명팀 선수들은 TV에서나 보는 유명 선수와 어깨를 부딪치며 볼을 뺏기도 하고 빼앗기면서 시합하는 것 자체가 너무 감격적이라 흥분을 가라앉히지 못한다. 시합 중에는 죽기살기로 뛴다. 그 결과 무명팀이 EPL팀을 쓰러뜨리는 일이 자주 일어난다. 이를 '거인의 살해giant-killing'라는 무시무시한 별칭으로 부른다. 이 자이언트 킬링이 FA컵을 관전하는 즐거움이다.

1992년 최정상의 아스널이 4부 리그 무명팀 렉섬Wrexham에 2:1로 진 사건이 대표적이다. 1988년에도 영국 축구를 휩쓸던 리버풀을 약체 윔블던 Wimbledon이 결승에서 1:0으로 이기고 우승을 차지했다. 이렇게 FA컵은 무명 선수의 인생을 일시에 바꿀 수 있는 꿈의 무대이다. 그래서 FA컵에서 수많은 휴먼스토리가 등장한다.

'자이언트 킬링' 지켜보는 게 묘미

FA컵에서는 경기 수준을 아무도 말하지 않는다. 그냥 이기면 족하고, 누구도 잘했니 못했니를 따지지 않는다. 이 점이 바로 FA컵의 매력이다.

레스터는 사실 잘 알려진 유명 팀이 아니었다. 1894년 클럽 창설 이후 영국 톱 1·2부 리그를 거의 벗어나 본 적 없는, 명문까지는 아니어도 무명이라고는 할 수 없는 나름대로 전통 클럽이었다. 유명 선수가 있지도 않았고 특별한 실적도 없어 전혀 화제에 오르내리는 팀이 아니었다. EPL 입출入出을 반복하다가 2014년 EPL에 다시 들어온 다음 해인 2015~16시즌에서 우승을 차지하는 쾌거를 만들어냈다.

EPL 역사 30년에서 17년을 견딘 팀은 그렇게 많지 않다. EPL 개편 이후 한 번도 강등되지 않았던 팀은 맨유, 아스널, 토트넘, 리버풀, 첼시, 에버턴 6개 팀뿐이다. 정말 힘들게 올라와 한두 해 버티다 떨어져나가는 팀이 대부분이다. 한때 설기현 선수가 뛰었던 서부 런던의 풀럼Fulham이 그렇다. 풀럼은 2020년에 EPL에 들어와 1년간 버티고 18등으로 강등되었다.

그래서 EPL에서는 우승은 상위 팀들에게나 중요하고 중하위권 팀은 모든 관심사가 EPL 잔류에 있다. 일단 EPL에 들어오면 1년에 적어도 1억 파운드(약 1,600억 원)의 수입을 보장받는다. 상위권 팀은 1억5,000만 파운드(2,475억 원)로 보장액이 올라간다. 일단 클럽의 살림형편이 확 핀다. 거기다가 추가로 상위권 그룹과 홈경기를 하면 관중석이 매진된다. 어떻게든 EPL로 들어가기만 하면 클럽 살림살이가 전년과는 비교가 안 되게 풍족해진다. 그렇게 주머니가 두둑해지면 좋은 선수를 사올 수 있어 성적이 더 좋아지는 선순환이 일어난다.

2020년 시즌 성적순으로 보면 1위 맨시티는 1억5,390만 파운드(2,539억 원), 2위 맨유 1억5,350만 파운드(2,532억 원), 3위 리버풀 1억5,090만 파운드(2,489억 원), 4위 첼시 1억4,830만 파운드(2,446억 원), 5위 레스터 1억4,130만 파운드(2,331억 원)를 받았다. 거기다가 EPL 4강에 들어 유러피언 리그UEFA 챔피언스리그에라도 나가면 일단 1,525만 유로(205억 원)를 참가비로 받아 살림이 확 달라진다. 4강까지 가면 3,500만 유로(472억 원)를 더 받는다.

결국 실력이 돈이 되고, 돈이 실력이 된다. 그래서 EPL에서 떨어져나가면 일단 선수들이 떠날 확률이 높아지고 경기 입장권과 광고수입도 확 떨어진다. 클럽 살림이 어려워 선수를 팔게 되면 다시 EPL에 올라갈 가능성이 확 줄어든다. 악순환이 시작되는 것이다.

레스터의 전설로 남은 짜릿한 명승부

그런데 1년에 사온 선수 5명의 총액이 맨시티 선수 1명 값도 안 되는 레스터가 2015~16시즌에 누구도 예상 못한 EPL 우승을 했으니 세상이 뒤집어졌다. 레스터의 우승은 결코 쉽게 이루어진 일은 아니었다. 레스터는 강등 5년 만인 2014년 EPL에 다시 돌아왔던 9월에 승리하면서 영국을 충격으로 몰아넣었다. 전년도 7위 맨유를 홈구장에서 맞아 5:3 대역전극을 펼쳐서였다.

대역전 상황도 드라마틱하다. 3:1로 지고 있던 레스터는 종료 30분을 남겨놓고 무려 4골을 몰아넣어 5:3으로 역전승했다. 말이 쉬워 역전승이지 30분 만에 4골, 즉 7분만에 1골은 축구를 조금이라도 아는 사람은 어떤 기적인지를 안다. 짜릿한 명승부여서 지금까지도 레스터의 전설로 입에 오르내린다. 1992년 EPL 시작 이후 어느 팀에도 2골 이상으로 진 적이 없던 맨유는 엄청난 충격을 받았다.

그렇게 EPL 팬들에게 강한 인상을 심어주며 화려하게 재등장한 레스터는 곧장 나락으로 떨어졌다. 시즌 내내 힘을 못 쓰고 하위권을 맴돌았다. 급기야 3월 21일, 29번째 경기에서 토트넘에 4:3으로 진 뒤의 성적은 4승 7무 18패, 승점 19점에 불과했다. 리그 순위 꼴찌인 20위였다. 남은 시합은 9개밖에 없었는데 최소 6경기는 이겨야 17위가 될 처지였다. 29경기에서 4승을 한 레스터의 승률은 14%에 불과했다. 그런 레스터가 잔여 경기 9개 중 6승을 하기는 사실상 불가능했다.

더군다나 레스터 클럽 내부는 분란과 불화로 날을 세우는 중이었다. 니겔 피어슨Nigel Pearson 감독과 구단주를 비롯한 경영진들 사이의 분란은 계속 악화된 상태였다. 선수들은 감독을 따르지 않았으며, 선수들 사이의 불화는 팀 성적으로 나타나고 있었다. 거기에 더해 피어슨 감독은 상대팀 선수를 경기장에서 폭행한다든지 기자들에게 욕을 하는 등 스캔들을 연이어 일으켰다.

축구 역사상 가장 극적인 생환

그런 상황에서 기적이 일어났다. 2016년 3월 21일부터 5월 24일까지 64일 만에 기적이 일어난 것이다. 이 기간 레스터는 7승 1무 1패의 믿을 수 없는 성적을 거두었다. 그때까지의 축구계 역사에서나 상식으로는 도저히 일어날 수 없는 기적이었다. 그 이후 지금까지도 그런 일은 일어나지 않았고 그럴 가능성도 없어 보인다. 레스터는 전무후무한 사건을 벌인 것이다.

레스터는 9개 경기에서 그전까지 29경기에서 이루었던 19점의 승점보다 3점이나 더 많은 무려 22점을 따냈다. 총승점 41점으로 강등권(18위)보다 4단계나 더 위인 14위에 올라 안전하게 다음 시즌을 맞았다. 마지막 경기도 박지성 선수가 뛰던 당시 약체팀 퀸즈파크레인저스Queens Park Rangers를 5:1로 대파하고 화려한 대미를 장식한다.

EPL 기록에 의하면 2014~15시즌 중간에 머물던 팀이 시즌 말에 강등을 당하지 않은 적은 30년 역사상 두 번 있었다. 그러나 레스터처럼 20위에 머물던 팀이 강등을 벗어난 일은 그때가 처음이었다. 그래서 레스터의 마지막 역전극을 두고 영국 언론들은 "세계 축구 역사상 가장 위대하고 극적인 생환"이라고까지 흥분해서 칭찬했다.

EPL 역사상 가장 빨리 우승을 확정지은 기록

이렇게 지독한 지옥에서 살아돌아온 레스터는 다음 해인 2015~16시즌에 기세를 몰아 극적 생환과는 비교도 안 되는 더 큰일을 벌인다. 클럽 132년 역사상 처음으로 꿈에 그리던 EPL 우승을 차지하는 쾌거를 이루었다. EPL 역사상 14위 팀이 우승한 유일한 기록이며, 앞으로도 가능성이 없을 기적이다. 그래서 레스터의 우승 뒤 언론들은 "스포츠 역사상 가장 놀라운 충격"이라고 평했다.

우승은 순전히 새로 영입한 클라우디오 라니에리Claudio Ranieri 감독 덕분이었다. 피어슨 감독은 레스터 경영진에 의해 시즌이 끝난 6월 말 해고되었다. 라니에리 감독은 과학적이고 부드러운 지도력으로 레스터를 시즌 초부터 기록을 깨는 순항을 시작한다. 특히 EPL의 최고 공격수로 성장하는 무명의 제이미 바디Jamie Vardy를 발굴해 꽃을 피우게 했다. 바디(29세)는 11경기에서 13골을 연속으로 넣는, 지금까지도 깨지지 않는 대기록을 세웠다.

라니에리 감독은 취임 첫해 2015~16시즌에 레스터를 38전 23승

라니에리 감독

13무 3패, 총승점 81점으로 우승으로 이끌었다. 전통의 명문 아스널을 무려 10점이나 따돌려 2위로 밀어내고 우승했다. 아스널이 남은 경기 2개를 모두 이겨도 승점 6점 밖에 안 되어 따라올 수 없는 승점차를 내면서 우승을 조기 확정지었다. EPL 역사상 가장 빨리 우승을 확정지은 기록이다.

5000배 배당을 안긴 기적의 승부

레스터가 우승하던 2016년 전까지 EPL 23년 역사에서 단 한 번이라도 우승한 팀은 5팀(맨유 13회, 첼시 4회, 아스널 3회, 맨시티 2회, 블랙번 1회)이다. EPL 우승팀은 그만큼 부자 클럽만 들어가는 폐쇄사회였다. 지금은 더 늘어 4만2,000개나 되지만 당시 영국에서 축구팀은 4만여 개가 있었다. 그 중에서 5개 팀이 23년을 독식했다. 레스터는 그 어렵다는 EPL 우승팀 클럽에 6번째 멤버가 되었다. 여기에 2019~20시즌에서 우승을 차지한 리버

풀의 합류로 '7명의 EPL 왕자Seven Princes of EPL'라는 클럽이 생겼다.

레스터의 우승으로 초상이 난 사람들은 "레스터가 우승하면 5,000배 배당률을 주겠다"고 장난삼아 승률을 내걸었던 영국 도박사들뿐이었다. 시즌 초에 레스터팬 1,000여 명이 '레스터 우승을 기도한다'는 심정으로 5파운드씩 5,000파운드(825만 원)를 모았다. 이 돈이 무려 2,500만 파운드(412억 원)로 돌아온 것이다. 도박사들이 '탈취'(당시 업계 표현) 당하는 뼈아픈 실수를 한 것이다.

시즌 초에는 꿈에도 생각 못한 레스터 우승으로 영국 도박업계는 '가장 놀라운 충격'을 받았다. 영국 도박 역사상 '단 한 번의 도박으로 가장 큰 손해'를 보았고 그 이후 지금까지도 이런 승률은 없었다.

5,000배의 배당률은 듣도보도 못한 배당률이었다. 도박사들은 그전 시즌 막판에 치고 올라와 살아남은 레스터를 놀리면서 사람들을 끌어들이려 장난스레 배당률을 걸었다. 말도 안 되게 높은 배당률에 '농담처럼 돈을 건' 레스터팬도 있었고, 간절히 기도하는 심정으로 걸었다는 팬도 적지 않았다.

50파운드(8만2,500원)를 걸어 25만 파운드(4억1,250만)를 따서 팔자를 고친 팬도 여럿 있었고, 단 1파운드(1,570원)를 걸어 5,000파운드(825만 원)라는 거액을 받은 팬도 있다. 오만했던 영국 도박사들의 손해는 세계적으로 화제가 되었는데 평소 도박사들에게 돈을 잃은 영국인들은 고소해했다.

영국인들은 아직도 레스터의 전설을 '해피엔딩으로 끝난 요정 이야기'처럼 한다. 정상은커녕 EPL에 한 번도 못 들어간 클럽들마저도 '제2의 레스터'가 되는 꿈을 꾼다. 이를 일러 어느 타블로이드신문 기자는 "그들은 세계적 인기인인 킴 카르다시안Kim Kardashian이 미국 대통령이 될 가능성만큼도 없지만, 그래도 오늘 또 꿈을 꾼다"라고 놀린다.

기적은 일어나기 힘들지만 꿈은 놀랍게도 가끔 이루어진다. 그래서 우리는 일어날 가능성이 아예 없는 기적보다는 이룰 수 있는 꿈을 먼저 꾸어야 하지 않을까.

국제대회보다
크리켓·럭비가 더 중요

스포츠 종목마다 호불호가 확실한 나라

2012년 런던 올림픽이 시작되었을 때 세계가 흥분했지만 정작 당사자인 영국인들의 표정은 덤덤했다. 영국인들은 모든 일에 냉담하고 관조적인 면이 있다. 올림픽을 대하는 영국인의 전형적 태도 역시 "그래서 뭘 어쩌란 말인데" 혹은 "그게 나와 무슨 상관있는데"라는 식의 심드렁하거나 약간 퉁명스러운 반응이다.

원래 영국인들은 떠들썩한 행사에 크게 흥분하지 않는다. 예외가 있다면 왕실과 관련된 행사나 축구이다. 왕실 행사에는 아주 열광적 반응은 아니라 해도 냉담한 반응은 보이지 않는다. 멀리는 찰스 왕세자와 다이애나 왕세자빈의 결혼식에서부터 다이애나의 장례식, 윌리엄 왕세손과 캐서린 왕세손빈의 결혼식, 2012년 엘리자베스 2세 여왕 다이아몬드 주빌리(재위 60년, 올림픽과 똑같은 해에 열렸다) 등에 대해 영국 국민은 호의적 반응을 보였다.

영국은 원래 축제의 나라가 아니다. 축제가 생활화되어 있지 않다는 뜻이고, 결국 놀 줄 모른다는 말이다. 가톨릭 성인축일을 기념해 365일 매일 전국 어디에선가 열리는 먹고 마시는 축제가 생활인 스페인, 포르투갈, 이탈리아 등 라틴계 가톨릭 국가들과는 다르다. 그나마 전통적으로 내려오던 축제마저 헨리 8세의 구교 탄압과 올리버 크롬웰의 청교도혁명을 거치면서 많이 쇠퇴해 이제는 거의 사라졌다.

그래서 자기네 땅에서 열리는 올림픽조차도 영국인은 생소하게 느끼며 그다지 열광적이지 않았다. 다른 나라에서 올림픽이 열리면 "아! 어디선가 올림픽이 열리는구나" 하는 정도가 영국인의 전형적 태도이다.

한국에서 1988년에 올림픽이 열렸는데도 아직 한국을 잘 모르는 사람이 태반이다. 그렇다 해서 그들을 무식하다고 여겨서는 안 된다. 영국인에게는 88서울올림픽도 어디에선가 열리는 국제경기 중 하나에 불과했다. 자신들끼리 여는 영연방체육대회Commonwealth Game나 올림픽이나 별반 다를게 없다는 투다.

축제를 즐기지 않는 나라

사실 영국인에게는 세계인의 축제인 올림픽보다는 축구, 크리켓, 럭비 등이 더 중요하다. 올림픽 종목에서도 육상, 수영, 체조 등의 기록경기에만 관심이 있다. 탁구, 농구, 배구, 핸드볼, 권투, 레슬링, 유도, 태권도 등 그동안 좋은 성적을 내지 못한 종목이나 생소한 구기 종목과 격투기에는 흥미가 없다. 특히 한국이 선전하는 종목에는 관심이 적어서 런던올림픽 기간 중 영국에 거주하는 한인들은 큰 혜택을 누렸다. 입장권 값도 싸고 구입도 쉬워서였다.

입장권을 판매하는 웹사이트 운영에 대해 영국인들의 불만은 이만저만 아니었다. 신문마다 항의 투고가 들어가고 인터넷의 올림픽 기사에는 반드시 불평불만 댓글이 달렸다. 어떤 기준으로 표를 내놓는지 알 수 없어서였다. 분명 아침까지는 표가 1장도 없다는 안내가 떠있었는데, 오후에 갑자기 수백 장의 표가 올라온다. 도저히 이해되지 않는다고 분통을 터뜨릴 만했다.

영국인의 크리켓 사랑

영국인이 좋아하는 운동은 다른 나라에서 별로 인기가 없거나 특수한 계층에서만 즐긴다. 영국과 영연방국가(14개)가 아닌 나라에서는 전혀 이해를 못하는 크리켓이 대표적이다. 크리켓은 미국인들이 가장 좋아하는 야구의 원형이라 할 수 있다. 방망이로 공을 치는 형식은 야구와 같으나 규칙과 방식은 전혀 다르다. 원래 미국으로 건너간 영국인들도 크리켓을 좋아했는데, 인내심 없는 미국인으로 변하다보니 시합이 며칠씩 계속되는 크리켓을 멀리하게 되었다고 전해진다.

크리켓의 규칙과 경기 방식은 무척 영국적이다. 우선 크리켓은 도루가

영국인들이 사랑하는 크리켓

없다. 도루를 비신사적 행동으로 여기기 때문이다. 크리켓은 한 팀의 타자가 아웃이 안 돼 계속해서 점수를 낼 수 있음에도 경기가 어느 정도 진행되면 공격을 중단하고 상대에게 공격 기회를 넘겨준다.

규칙 내에서 모든 수단을 동원해 승부를 갈라야 하는 냉혹한 스포츠에서는 약간 우스운 규칙이다. 그래서 크리켓은 가장 공정한 스포츠라는 말이 있을 정도로 가장 영국적인 운동이다.

영국에서 "그 일은 정당하지 못하다That's not fair"는 말과 "그건 크리켓이 아니야That's not cricket"라는 말은 동일한 뜻이다. 그만큼 영국인이 보기에 크리켓은 '오로지 영국인과 영국 식민지 마인드를 가진 사람들만 할 수 있는 운동'이라고 자랑할 정도로 공정을 게임의 기본으로 한다.

그래서 영국이 럭비나 크리켓의 국제경기에서 우승하면(물론 그런 경우도 드물지만) 온 나라가 축제 무드가 된다. 국제경기라 해봐야 영연방국가들끼리의 시합이긴 하지만!

공정한 규칙이 있는 경기가 좋다

영국인이 좋아하는 특유의 인기 종목 중에는 럭비, 하키, 승마, 폴로, 보트, 요트 등도 있다. 이 운동들의 특징도 고도의 공정한 규칙이다. 매순간 아주 위험한 육체적 충돌이 일어나는 럭비도 자세히 보면 최고의 신사도가 요구된다. 전진해서 상대의 골에 트라이Try를 해야 하는데도 달려가면서 뒤로 던지는 패스만 해야 하는 우스운 스포츠이다. 그래서 단순한 흥미를 즐기는 현대인에게는 맞지 않아 이제 영국에서도 영향력이 많이 줄었다.

럭비를 즐기는 관중의 충성도는 축구 못지않고 경기 자체도 흥미롭다.

그런데 국제적으로 왜 인기가 없고, 왜 올림픽 종목이 못 되는지 궁금하다. 럭비를 하는 나라들이 너무 적어서 그렇다는 말도 있으나 만일 올림픽 종목이 되면 럭비를 즐기는 나라들이 늘어날 것이다.

럭비는 영국이 월드컵에서 우승한 종목 중 하나이다. 그래서 영국인들은 "영국의 월드컵 우승은 두 번"이라고 말해서 외국인들을 의아하게 만든다. 세계인들은 보통 영국의 월드컵 우승이라 하면 1966년 축구 월드컵에서의 우승만을 떠올린다. 그것도 자신들의 안방에서 열려 유일하게 우승한 시합이다. 하지만 영국인들은 2003년 경기 종료 26초를 남겨놓고 조니 윌킨슨Jonny Wilkinson의 트라이로 우승한 럭비월드컵Rugby World Cup 우승도 큰 자랑으로 친다.

영국적인 또 하나의 특유한 운동은 필드하키다. 필드하키는 영국 중·고교의 기본 체육 과목 중 하나다. 불행히도 프로리그가 없어 발전을 못하고 지금은 예전에 비해 많이 줄어들었다. 그래도 영국인이라면 거의 모든 사람이 학창시절에 했던 보편화된 스포츠이다. 서울올림픽 때 한국 여자하키팀이 은메달을 따서 세계를 놀라게 했던 바로 그 종목이다.

당시 영국인들은 한국의 여자하키팀이 10개도 안 되는 숫자의 팀만 갖고도 수천 개의 팀이 있는 영국이나 호주를 꺾고 준우승을 하자 놀라움을 금치 못했다. 영국인들이 보기에 기적 같은 일이었다. 그때 영국 신문에는 한국 여자하키팀의 열악한 상황이 상세히 보도되기도 했다.

승마·요트도 수준에 맞게 즐길 수 있다

승마, 폴로, 요트 등은 서민들이 쉽게 접할 수 없는 스포츠다. 돈이 많이 들고 보편화된 운동도 아니다. 그래서 주로 귀족들이나 상류층이 많이 한다. 특히 폴로는 왕가의 운동이라 할 정도로 귀족 운동이다. 그러나 만일 이러한 운동을 서민이 꼭 하고자 한다면 불가능하지는 않다. 예를 들어 승마는 동네마다 공원에 승마클럽이 있다. 말을 개인이 소유하지 않고 공동으로 관리하는 클럽에 가서 말을 빌려 승마를 배우면 된다. 대개 구청에서 보조를 받아 경비도 크게 비싸지 않다. 한인촌이 있는 런던 뉴몰든 근처 마을 공원들에도 승마클럽이 대여섯 군데나 있다.

보트도 마찬가지다. 섬나라이므로 멀리 가지 않아도 해변이 있다. 해변가에 가면 수백 척의 보트와 요트가 떠있다. 길이가 수백 피트나 되는 어마어마한 요트도 있지만 중고차 한 대 값도 안 되는 보트나 요트도 있다. 동네를 돌아다니면 앞마당에 모터보트를 세워놓은 모습을 많이 볼 수 있다. 주말이 되면 차 뒤에 매달고 바다로 가서 즐기다 다시 차에 매달아 돌아온다.

이러한 식으로 영국 서민들은 돈 많은 사람들이 하는 스포츠나 취미도 마음만 먹으면 할 수 있다. 단지 운동을 하는 곳이 프라이비트클럽이냐 퍼블릭클럽이냐는 차이와, 어떤 장비를 가지고 하느냐가 있을 뿐이다.

그래서 영국인들은 철저한 계급사회를 살면서 서로 위화감이나 반감을 가지지 않는 이유는 모든 면에서 계급의 차이는 질의 문제이지 양의 문제가 아니어서이다. 한국에서 아직 '귀족 취미'라는 골프는 영국에서 절대 사치가 아니다. 차라리 테니스가 훨씬 돈이 많이 드는 고급 운동이다. 영국에는 골프 발상지답게 한반도와 비슷한 크기의 땅에 무려 2,270개의 골프장이 있다. 내가 사는 동네에만 차로 10분 거리에 3개 클럽이 있고 30분 내는 10여 개가 있다.

가격도 천차만별이다. 1년 회비가 싼 곳은 200만 원에 불과하다. 시골에 가면 40~50만 원의 클럽도 있다. 이 돈만 내면 1년 내내 추가 비용 없이 매일 골프를 칠 수 있다. 골프장이 한가해서 하루에 두 번 돌아도 된다. 물론 연회비가 700~800만 원 하는 곳도 있지만 그런 곳은 서민들이 상관하지 않는다. 영국 서민들은 처지에 맞지 않는 비싼 장비를 가지고 비싼 클럽에서 운동하면서 돈 자랑을 하지 않는다. 수준에 맞는 곳에서 비슷한 사람들끼리 즐긴다. 자기 클럽 옆에 아주 비싼 개인 클럽이 있어도 질시의 눈길을 주지 않는다.

총리부터 서민까지 못 말리는 축구광

영국인이 좋아하는 운동 중 공정과 신사도가 우선된 스포츠와는 너무나 다르면서도 대중화된 종목이 있다. 바로 축구다. 축구는 결코 공정한 규칙이 중시되는 스포츠가 아니며 고상한 신사정신이 요구되지도 않는다. 약육강식의 법칙에서 최고의 강자만이 살아남는 냉정하고 치열한 스포츠다. 엄살 떠는 할리우드 액션이 통하고, 오심도 통한다. 경기 후 오심이라 판정 나도 승부는 뒤집어지지 않는다. 수천만 명의 TV 시청자가 지켜보는데도 심판이 볼 수 없는 곳에서 상대 선수를 팔꿈치로 가격하는 일도 종종 벌어진다.

그런데 이 운동이 영국에서 시작되었고, 또 영국인이 가장 사랑하는 운동이 되었다. 보통의 상식적 영국인이라면 도저히 용납할 수 없는 스포츠인데도 최고 인기를 누린다. 과거에는 서민 운동이라 해서 사립학교에서는 잘 하지도 않았고, 중산층은 그다지 관심을 안 가진 운동이었다.

하지만 언제부턴가 총리를 비롯해 고위 정치인들도 어떤 프로팀의 팬이라는 것을 강조해야 인기 관리가 되었다. 물론 중산층 지식인들도 어느 프로팀의 팬이라는 것을 은근히 밝혀야 쿨cool하다고 인정해준다. 그러지 않으면 고루하고 지루한 인간으로 취급받는다.

국가대표 선수도 알아서 훈련

개인 스포츠에 대한 영국인의 사랑도 특별나다. 육상, 수영, 스키, 체조 등의 경기는 주로 개인이 하는 기록경기다. 혼자서 연습하고 혼자 경기를 해서 자신의 기록이 상대 선수보다 나으면 우승한다. 독불장군으로 해야만 성취할 수 있는 운동이다. 팀 스포츠를 좋아하는 영국인이니 이러한 개인 운동은 별로 좋아하지 않을 것이라 생각할 수 있다. 그러나 영국 TV에서 육상경기는 아주 인기가 높다.

2008년 베이징 올림픽 전까지 영국에서는 국가대표팀 선수라 해도 한국처럼 대대적인 국가 보조가 없었다. 선수촌도 없고 금메달을 땄다고 연금이 나오지도 않았다. 그나마 좀 유명한 선수에게 기업들이 후원하는 정도였다. 한국처럼 기업이 운동선수를 직원으로 취업시키고 운동만 하는 제도도 없었다. 평소에 연예인 수준의 스포트라이트를 받는 것도 아니다.

영국에서는 운동을 잘한다고 진학에 특혜를 주지 않는다. 일부 학교나 대학이 중점적으로 키워야 하는 종목의 선수에게 약간의 특혜를 줄 뿐이다. 옥스퍼드와 케임브리지 대학의 조정경기는 유명하다. 명문 사립 중·고등학교 때 조정경기로 이름을 날리면 두 대학 입학은 보증된 셈이었다. 그렇지 않은 개인경기 선수는 죽어라 연습에 매달릴 수밖에 없다. 누구도 지원해주지 않으니 자기 돈으로 큰 대회에서 좋은 성적을 낼 때까지 자신과의 싸움을 해야 한다.

그런데 런던 올림픽을 유치하면서 영국도 바뀌었다. 그 전에 열린 베이징 올림픽을 준비하면서부터 로또 자금이 투입되어 메달을 따면 경제적

부가 따라왔다. 그래서인지 영국도 메달 획득으로는 상위에 속하기 시작했다. 그 전까지 영국의 올림픽 선수들은 한국과는 전혀 다른 악조건에서 선수생활을 했다. 운동은 개인의 영광이나 성취욕 혹은 즐거움을 위해서 하는 것이지 한국처럼 국가와 민족을 위해서가 아니었다. 선수 개개인이 열심히 하다 보니 그 결과 메달이 나오고, 그것을 집계하면 영국의 총 메달 숫자가 나온다는 식으로 생각했었다.

한국처럼 메달 목표를 정해놓고, 그 종목에 집중 투자하면서 선수들을 몰아붙이는 '메달 사냥'을 국가에서 지원하지 않는다. 올림픽 메달 수가 국격을 높이는 상당한 이유가 되는 것은 아니다. 한국도 이제는 메달 숫자에 일희일비하지 말고 아름다운 젊은이들이 '더 빨리, 더 높게, 더 강하게'를 위해 쏟아붓는 혼신의 노력을 즐겨야 하지 않을까.

최경주·박세리도 울린 죽음의 링크스코스

영국인의 골프 사랑은 아무도 못 말려

2021년 9월 '2021 위민스오픈Women's British Open'에 출전한 한국 태극낭자들의 활약을 보려고 스코틀랜드 동해안 카누스티Carnoustie 골프장에 갔다. 무려 11시간을 운전해 갔는데 한국 선수들의 성적이 좋지 않아 신나지 못했다. 하지만 날씨 나쁘기로 악명 높은 카누스티답지 않게 날씨가 좋아 허무한 여행은 아니었다.

카누스티(Carnoustie) 골프장

2008년 런던 근교 서닝데일 Sunningdale 골프클럽에서 열린 위민스오픈에서 신지애 선수가 우승한 이후 위민스오픈은 열심히 관전했다. 한국 여자 프로선수들이 많이 출전하고 아기자기한 시합도 재미있어서이다. 경기 시작 전부터 신지애 선수를 따라다닌 끝에 신 선수가 우승하는 순간까지를 곁에서 지켜보았다. 1번 홀부터 한 샷 한 샷을 신중하게 쳐나가고 조금 실수해도 시종일관 웃으며 경기를 해나가는 신 선수에게 반했다. 2019년에도 케임브리지 인근 위번Wee Burn 클럽에서 열린 위민스오픈에서 고진영 선수를 따라 다니며 응원했다.

골프는 관중석에 앉아 관람해서는 재미를 못 느끼는 경기이다. 관심 있는 선수를 따라다니면서 한 타 한 타를 희비와 탄식 속에서 즐겨야 제맛이다. 한 홀에 죽치고 앉아 지나가는 모든 선수의 경기를 보는 재미도 있지만 그렇게 해서는 승부의 당사자가 된 듯한 긴박감을 느끼지 못한다.

1400년대에 시작된 골프의 발상지가 스코틀랜드라는 사실은 잘 알려져 있다. 특히 세인트앤드루스St Andrew's 올드코스가 가장 오래되었다. 1764년에 현재와 같은 18홀의 올드코스가 만들어졌다. 현재 영국 본토에는 잉글랜드(인구 5,620만, 면적 130만km^2) 1,872개, 스코틀랜드(545만, 7만 7,000km^2) 560개, 웨일스(315만, 2만km^2) 145개 등 모두 2,577개의 골프 코스가 있다. 인구 비례로 보면 스코틀랜드가 잉글랜드에 비해 3배나 더 많다. 그만큼 스코틀랜드인이 골프를 좋아한다.

골프클럽은 동네 사랑방

자린고비로 유명한 스코틀랜드인들이 골프를 고안했다는 사실에 시비를 거는 농담도 있다. 골프는 원래 공을 잃어버릴 수밖에 없는 운동이다. 공을 잃어버리면 아까워서 난리를 칠 운동을 어떻게 스코틀랜드인들이 고안할 수 있었느냐는 농담이다. 또 이런 농담도 있다.

한 스코틀랜드 골퍼가 골프 시작 전 캐디 소년에게 "자네가 내 캐디인가?" 물었다. 캐디가 "네"라고 대답하자 골퍼는 "그러면 자네는 공을 잘 찾겠네?"라고 또 물었다. 캐디는 뻐기는 모습으로 "한 번도 공을 못 찾아본 적이 없습니다"라고 답했다. 그러자 골퍼는 "그럼 우선 공 하나를 찾아 그걸로 골프를 시작하자"라고 말했다.

영국인이 축구, 럭비, 테니스 등의 구기운동을 처음 고안해냈지만 사실 축구를 제외하면 다른 스포츠를 별로 좋아하는 편이 아니다. 차라리 영국인은 육상경기를 더 좋아한다. 그래서 올림픽 중계 때도 팀 경기보다는 육상을 비롯한 기록경기 중계가 훨씬 더 많다. 상대의 능력과는 상관없이 내가 노력해서 기록을 내는 경기가 영국인에게는 더 적성에 맞는다. 그러고 보면 영국인 적성에는 골프가 최적이다. 상대의 실력에 좌우되지 않고 나와의 싸움에서 승부를 내는 운동이 바로 골프이기 때문이다.

영국의 골프클럽은 글자 그대로 '클럽'이다. 멤버들이 오전에 라운딩하고 클럽에서 점심 먹고 차 마시면서 환담하다가 귀가한다. 하루의 반을 동네 사랑방인 클럽에서 보낸다. 골프를 굳이 치지 않아도 매일 출근해 멤버들과 담소하고 카드놀이하면서 소일한다.

그래서 전통적으로 영국 골프클럽 가입은 두세 번의 인터뷰를 거치는 식으로 까다로웠다. 수준이 맞는 사람만 클럽 멤버로 환영한다. 아직도 시골 클럽들은 가입이 까다롭다고는 하지만 대도시 근교, 특히 런던 근처 골프클럽에서는 그 전통이 사라진 지 오래다.

상류층은 골프 안 쳐

영국의 귀족들과 상류층은 골프를 안 친다. 대신 말 타고 하는 폴로나 테니스를 즐긴다. 왕족 중에서 찰스 왕세자의 동생 앤드루 왕자만이 골프를 친다. 즉 영국 골프는 상류층 운동이 아니라 중산층, 심지어는 서민 운동이기도 하다. 골프장 연회비를 봐도 그렇다. 디오픈The Open Championship, The British Open이 열리는 전통의 명문 코스와 런던 근교를 제외하면 연회비는 대개 100만 원 이하이다. 골프의 본산 스코틀랜드 에든버러 근교의 아주 훌륭한 골프장도 연회비가 90만 원에 불과하다.

물론 런던 근교에는 편의시설이 훌륭한 신설 상업 골프클럽도 있다. 회원권은 1억 원 이상을 호가한다. 이러한 코스는 몇 개 되지 않을 뿐더러 영국인들은 졸부들이 가는 클럽이라고 비하한다. 1라운드 그린피는, 디오픈이 열리는 프라이빗 명문 코스 수준은 50만 원대에 이르지만 지방 골프장은 그 가격의 10%도 안 된다.

특히 디오픈이 열리는 세인트앤드루스 올드코스는 명성에 비해 그린피가 대단히 저렴하다. 2021년 여름 시즌에 195파운드(약 32만 원)에 불과했다. 사실 올드코스는 골프 발상지이자 골프 성지라는 명성 때문에 2배의 그린피를 받아도 골퍼들이 줄을 서리라 여겨지지만 그렇게 하지 않는다. 이유는 올드코스 링크스가 세인트앤드루스시 소유이고 공익재단에 의해 운영되기 때문이다.

코로나19 전만 해도 올드코스에서 여름 휴가철 라운딩하는 일은 하늘의 별 따기였다. 이틀 전에 세인트앤드루스 링크스 재단의 웹사이트(https://www.standrews.com)에 추첨ballot을 등록해 놓으면 다음 날 당락 통보가 온다. 올드코스를 성지로 여기는 광적인 미국 골퍼가 당첨되었다는 통보를 받자마자 바로 비행기를 타고 다음 날 아침 에든버러에 도착하는 일도 있었다. 그가 오후에 골프를 치고 저녁 비행기로 미국으로 돌아갔다는 전설 같은 이야기가 전해진다.

일요일은 일반인 코스 관광

올드코스의 특징 중 하나는 1번 홀과 18번 홀 중간에 보행로가 있다는 점이다. 프로들의 시합 때가 아니면 사람들이 걸어다니므로 골퍼들은 유의해야 한다. 또 하나, 모든 일요일에는 휴장한다는 점도 명심해야 한다. 그래서 일요일에는 일반인도 올드코스를 걸어다니고 그린에도 올라갈 수 있다.

올드코스는 세계 남자 4대 골프 메이저 중 가장 역사가 오래된 디오픈 (1860년 창설)의 10개 링크스코스 중에서도 특별난 곳이다. 디오픈이 다른 3개 메이저대회인 PGA챔피언십(1916년), US오픈(1895년), 마스터스대회 (1934년)와 확실하게 다른 점은 경기가 열리는 모든 코스가 링크스코스links course라는 점이다. links는 link(연결)라는 의미와 상관없다. 옛 영어에서 유래했는데 해변의 '물결치는 모래 들판undulating sandy ground'이라는 뜻이다.

링크스코스에는 나무나 호수가 거의 없다. 유난히 좁은 페어웨이 주변에 깊은 러프가 도사리고 있어 타수가 늘어나는 요인이 된다. 특히 러프 근처의 관목덤불과 입구가 좁고 깊은 항아리 벙커pot bunkers에 공이 들어가면 한 타로 빠져나오기 힘들다. 오죽했으면 일본 골프의 전설 토미 나카지마Tommy Nakajima, 中島]가 1978년 디오픈 때 올드코스 17번 홀 벙커에 공이 들어가 5번의 시도 만에 나왔겠는가. 그가 파 4홀에서 5오버파를 기록한 이후 악명 높은 17번 홀의 그 벙커는 '나카지마 벙커'로 불린다.

프로와 아마추어 골퍼들을 울리는 올드코스의 난관은 이뿐이 아니다. 14번 홀 그린 앞의 벙커는 '지옥'이란 별명으로까지 불릴 정도로 대단하다. 벙커 넓이가 무려 $250m^2$(76평)나 되고 깊이는 5m가 넘는다. 여기서는 절대 그린으로 바로 올릴 수 없다. 반드시 뒤로 뽑아서 올려야 한다.

링크스코스는 영국 해변을 이용한 자연 그대로의 골프 코스이다. 1400년대에 골프가 막 시작하던 때의 모습을 지니고 있다. 설계자의 의도 대로 짓지 않고 자연이 만들어낸 원래의 모습으로 보존하려는 노력이다. 바닷가의 거센 바람이 소금기 가득한 모래를 육지 쪽으로 밀어올려 언덕을 만들고 그 위에 비가 내려 페어웨이를 아주 단단하게 만든다. 소금기와 강풍 등으로 작물을 키울 수도 없어 골프 코스 말고는 쓸모가 전혀 없는 땅이다. 링크스코스는 모래로 이루어진 땅이라 빗물도 고이지 않아 겨울에도 문을 닫지 않는다. 골프장으로는 최적의 조건이다.

아주 잘 깎여지고 잘 다듬어지고 평화로운 골프장에서 골프를 치려면 왜 골프를 치느냐고 스코틀랜드 골퍼들은 묻는다. 골프란 자연이 설계해 준 대로, 자연이 만들어주는 대로 비가 오든 바람이 불든 그날의 조건에 순응하면서 그리고 자신과 싸우면서 치는 스포츠로 여긴다.

박세리 "시멘트 바닥에서 공 치는 듯"

링크스코스의 페어웨이는 무척 딱딱하다. 세월이 오래돼 뿌리가 깊이 박힌 잔디 자체도 두껍고 거의 바닥에 붙어 있는 느낌이다. 2007년 박세리 프로가 처음으로 올드코스에서 시합한 뒤 사석에서 런던 교민들에게 털어놓은 말이 있다.

"흡사 시멘트 바닥에서 공을 치는 듯했다."

박 선수는 링크스코스에서 열린 위민스오픈에서는 전성기 때도 우승을 못했다. 7년 뒤 후배 신지애 선수가 우승한 파크랜드 코스인 서닝데일에서만 2001년 1회 우승하고 말았다.

'물결치는 모래 들판'에 만들어진 링크스코스의 페어웨이나 그린은 공도 잘 감춘다. 공이 조금만 멀리 있으면 숨어 있는 듯 보이지 않는다. 거기다가 그린이 워낙 크고 높낮이 차이가 심해서 공을 거의 예술적 감각으로 쳐야 한다.

여기에 얽힌 일화가 있다. 1986년 유일한 국가대표팀 골프경기이던 알프레드던힐컵Alfred Dunhill Cup이 세인트앤드루스 올드코스에서 열렸다. 그때 대만이 국기 문제로 불참하는 바람에 한국팀(최상호, 최윤수, 조호상)이 갑자기 출전했다. 한국 프로들이 동남아권을 벗어나 갖는 첫 국제시합이었다. 한국 선수들은 난생처음 겪는 악천후에도 선전했으나 토너먼트 첫날 일본팀에 3:0(최윤수 78타, 최상호 79타, 조호상 74타)으로 지고 바로 런던으로 내려왔다. 해풍이 워낙 세게 불어 많은 선수가 오버파를 쳤으니 우리 선수들의 성적이 나쁜 편은 아니었다.

첫날 패배한 한국 선수들을 런던 주재 상사 지사장들이 초대해 한인타운의 쿰힐클럽에서 라운딩하면서 경험담을 들었다. 그중 18번 그린에 얽힌 에피소드가 놀라웠다. 18홀 귀퉁이에 공을 올린 뒤 현지 캐디에게 퍼터를 달라고 하자 캐디가 "당신 프로선수 맞냐"고 묻더라고 했다. 그린에서는 반드시 퍼터만을 써야 하는 줄 알고 있던 한국 프로로서는 이상한 반응이었다.

캐디가 그런 반응을 보인 이유는 공이 있는 지점에서 홀까지 30m도 넘었기 때문이었다. 그 캐디는 "당신 샌드나 웨지로 그린을 상하지 않게 하고 어프로치할 수 있느냐?"고 묻자 "그럴 수 있다"고 하자 그제야 "그 먼 거리는 퍼팅보다는 어프로치가 훨씬 정확하지 않느냐! 그럼 당연히 어프로치로 해야지"라고 말했다.

한국 골퍼는 그때 난생처음 그린에서 웨지로 어프로치샷을 해서 핀에 붙였다. 한국의 프로 선수들도 그린에서 어프로치 클럽으로 공을 깃대에 붙어야 하는 줄은 몰랐다. 그렇게 18번 홀의 그린은 넓다.

"PGA 프로는 우리도 인정"

영국 골프계의 관행 중 우리가 이해하기 이상한 일들이 있다. 골프클럽에 소속된 클럽프로에 대한 대우다. 클럽프로들은 20~30년 전만 해도 골프클럽의 심부름꾼 정도로 취급받았다. 이들은 클럽 멤버들이 라운딩하고 들어와 라운지에서 한잔하고 있을 때 골프채를 씻어주면서 팁을 받고, 프로숍을 운영하면서 생계를 유지했다. 심지어 명문 클럽들은 멤버 라운지에 프로들 출입을 금하기도 했다. 아직도 그런 전통이 남아서인지 클럽프로들은 나이 든 멤버들이 자신들을 '2급 시민' 취급한다고 불평한다.

물론 영국에서도 투어를 뛰어 수입이 많은 투어프로는 클럽프로들과는 다른 취급을 받는다. TV가 프로골프 시합을 중계하면서부터 투어프로들은 명사가 되었다. 특히 미국 PGA 투어를 뛰는 프로는 사회 저명인사 수준의 존경을 받는다. 그만큼 어려운 관문을 거쳐 업적을 이뤘다는 인식 때문이다.

PGA라는 단어를 보통 미국의 프로골퍼협회Professional Golfers Association라고 알고 있지만 사실은 영국프로골퍼협회를 말한다. 미국 PGA는 원래 America가 뒤에 붙어 PGAA라 해야 하는데 편의상 빼면서 사람들이 착각하게 만든다.

영국에서도 PGA 프로 자격 따기는 대단히 어렵다. 몇 단계의 테스트를 거쳐도 자격을 딸까말까한다. 가장 먼저 선수능력시험Player Ability Test: PAT을 치른다. 테스트 코스의 난이도에 따라 다르지만 하루에 36홀을 돈 성적이 모두 싱글이어야 한다. 이후 필기시험을 본다. 그 뒤 8년 안에 3단계의

견습생 경험을 거친 뒤 골프 관련 직업을 가져야 한다. 이 조건을 갖추면 일단 PGA 회원이 될 자격이 생기지만 투어 자격을 갖는 것은 또 다른 차원의 일이다. 콘페리투어Korn Ferry Tour 같은 마이너 투어 생활을 하면서 PGA 투어 자격을 받는 먼 길을 가야 한다.

현재 미국 PGA에는 회원이 2만 8,000명이다. 그중에서 전년도 상금 총액 125위까지만이 꿈의 투어라는 PGA 투어를 뛸 수 있다. 이 단계까지 와야 최소한의 생계비용을 벌 수 있다. 그러나 미국에만 2만 8,000명이 경쟁을 벌이는 프로 중에서 125명 안에 든다는 것은 하늘의 별 따기이다.

PGA 투어 경기를 보면서 프로들이 실수하고 나쁜 성적을 내면 "프로가 저런 공도 못 치냐"고 비판한다. 그러나 그들이 얼마나 처절한 연습을 하고 피 튀는 경쟁을 하는지 몰라서 하는 소리다.

어떤 일이든 경지에 달한 명인들은 남모르는 엄청난 노력과 애타는 갈등을 겪으면서 그 자리에 올라섰다. 백조가 호수 위를 우아하게 떠다니는 듯해도 물 밑의 두 발은 열심히 물질을 해야 하는 것과 마찬가지다.

제5부

영국의
교육과 문화

돈에 굶주린
영국 대학들

대학생이 늘어나면서 겪어야 하는 골치 아픈 일들

영국이라는 국가의 입장에서 볼 때 대학은 분명 중요하지만 일반 영국인에게는 별로 중요한 존재가 아니다. 왜냐하면 73.7%의 고교 졸업생이 대학 진학을 하는 한국과 달리 영국 고교 졸업생의 대학 진학률은 24%밖에 되지 않아서다. 그나마 1960년의 4%에 비하면 무려 6배나 늘었다. 지금도 영국 고교 졸업생 4명 중 1명만 대학에 가고 3/4은 취업한다.

그만큼 대학에 가지 않아도 만족하는 직업이 많다는 뜻이며, 대학에서 얻는 지식을 필요로 하는 직장이 별로 인기가 없다는 뜻이기도 하다. 그래서 영국 사회에서 대학이란 굳이 머리 싸매고 공부해서라도 반드시 들어가야 하는 곳이 아니다.

60년 전에 비해 6배의 고교 졸업생이 대학에 간다는 것은 과거에 비해 현재는 직장 얻기가 그만큼 어려워졌다는 방증이다. 더구나 학비를 전혀 안 받던 때에도 가지 않던 대학이 이제는 학비를 받는데도 그렇다. 이 사실을 달리 보면 영국 내에서 지적 직업의 수요가 늘었다는 의미도 된다.

영국 대학이 국내 학생들에게 학비를 받기 시작한 해가 1998년이다(스코틀랜드 대학생들은 아직도 학비를 내지 않는다). 그전에는 등록금 없이 다닐 수 있었고 심지어 생활비까지 보조받았다. 그럼에도 대학을 가지 않았다. 이는 당시 직업들이 현재보다 단순해서 굳이 대학을 나오지 않아도 원하는 직장에 갈 수 있었기 때문이다.

대학 졸업생들 평균 빚 1억1,200만원

영국 대학의 등록금은 영국 학생은 연간 9,250파운드(1,480만 원)이니 적은 금액이 아니다. 재학 중 이 등록금을 다 내는 경우는 별로 없다. 정부 기관에서 융자받고 졸업 후 취직해서 갚아나간다. 평균적으로 영국 대학 졸업생은 약 4만 파운드(6,400만 원)의 학비 융자 빚을 짊어진 채 사회생활을 시작한다. 거기다가 생활비 융자(1년에 최대 1만1,000파운드)까지 더하면 최소 7만 파운드(1억1,200만 원)의 빚을 지고 졸업한다. 이는 대졸자 초봉의 3년치에 해당한다.

대학 졸업생이 직장을 구해 연봉이 2만7,295파운드(4,367만 원)가 넘으면 매년 연봉의 9%를 의무적으로 상환하기 시작한다. 현재 1.5%인 연간 이자는 곧 6.5%로 오른다. 대학 졸업 후 계속 실업이거나 실직하면 상환하지 않아도 된다. 실업 후 복직하면 다시 상환이 시작된다. 그렇게 30년이 지나면 잔액이 있더라도 상환하지 않아도 된다. 실제 40%의 졸업생이 전액 상환을 못하는 것으로 알려져 있다. 이런 악조건임에도 1960년대부터 60년 만에 대학 진학률이 6배가 되었다.

영국 정부가 대학생들로부터 학비를 받기로 결정한 이유는 걷잡을 수 없이 늘어난 재정적자 때문이었다. 영국 정부의 대학 지원금은 2021~22년 회계연도에 47억 파운드(7조8,400억 원)나 됐다. 2020~21년의 49억 파운드보다 줄었으나 2019~20년의 43억 파운드, 2018~19년의

46억 파운드에 비하면 조금 늘어났다. 그러나 2010~11년의 150억 파운드에 비하면 엄청나게 줄었다. 2021~22년 영국 정부 예산이 4,790억 파운드이니 대학 지원금 47억 파운드는 전체 예산의 1%가 안 된다.

영국 대학생들이 내는 학비 총액 18억 파운드가 정부 지원금이 줄어드는 데 도움을 준 셈이다. 그래도 이를 2021년 대학생 숫자 56만2,000여 명으로 단순히 나누면 대학생 1명당 8,362파운드(1,337만 원)의 정부예산이 아직도 들어간다. 영국 대학은 학생들이 내는 등록금만큼의 정부 보조를 받아야 겨우 살아남는다.

영국 대학들은 궁여지책으로 학비를 많이 내는 외국 학생들을 유치하려 혈안이 되어 있다. 그렇게도 채워지지 않은 예산은 다른 방법을 당연히 강구해야 한다. 결국 기부금과 재단기금endowment fund이나 부동산 투자 수익으로 잔액을 채워 넣는다. 영국에서도 재단기금의 원금 사용은 엄격하게 제한되어 있다. 학교마다 다르지만 대개 재단 기금의 5% 내에서만 사용이 가능하다.

재단 규모도 옥스브리지가 타 대학의 10배

영국 최고의 대학 재단은 역시 케임브리지(71억 파운드)와 옥스퍼드(63억)가 꼽힌다. 그다음 대학들의 재단 규모는 두 대학의 1/10도 안 된다. 에든버러(5.6억), 킹스칼리지(3억), 맨체스터(2.4억), 런던정경대(2.2억), 임페리얼(2.2억) 순이다. 이는 미국에 비하면 극히 소액이다. 미국 최고의 대학 재단은 하버드(392억 파운드)이고 그 뒤를 예일(385억), 스탠퍼드(378억), 프린스턴(377억), MIT(211억) 등이 잇는다. 영국 최고인 케임브리지도 미국 대학 리스트 중 86위 포드햄대학(77억)에도 못 미친다. 결국 영국 대학들은

재단기금 면에서는 아예 미국 대학들과 비교가 안 된다.

영국 대학들의 외부 기부금은 2017년 처음으로 총액 10억 파운드(1조 6,000억 원)를 넘겼다. 이후 5년 연속으로 10억 파운드 이상을 기록했다. 이를 두고 대학 기부금 모금에 도움을 주는 기관들은 상당히 긍정적 현상이라 평가한다. 영국 대학 전체가 2019~20년에 받은 총 기부액은 10억 3,000만 파운드였고 2020~21년에는 10억9,000만 파운드였다. 기부자 숫자는 21만4,000여 명으로 2019~20년의 20만4,900명보다 늘었다. 금액 기준으로는 66%가 기업과 자선단체 등이었고 34%가 개인이었다.

역시 역사가 오래된 대학들이 기부도 많이 받았다. 최고 상위 대학인 옥스브리지(Oxbridge: 옥스퍼드와 케임브리지)가 전체의 46%를 받았다. 두 대학의 기부금 총액은 영국 내 22개 러셀그룹대학(Russell Group: 미국의 아이비리그 개념) 총액을 넘어선다. 러셀그룹 1대학 당 평균 기부액이 연간 1,000만 파운드(160억 원)를 넘는데도 그렇다. 빈익빈 부익부인 셈이다.

대학들이 다른 자선단체보다 거액의 기부를 많이 받는 이유는 대학에 대한 믿음이 있어서다. 대학들은 오랜 역사를 지니고 있어 거액 기부금을 현명하게 쓰고 관리할 줄 안다고 기부자들은 믿는다. 장학금, 연구비, 시설 확충, 학과 신설, 교수 채용, 건물 등에 기부자의 이름을 넣어준다. 세상을 바꿀 수 있는 연구에 지정 기부할 수도 있고, 자신의 이름을 딴 건물을 짓도록 할 수도 있다.

또 다른 이유는 대학을 중심으로 이루어진 공동체의 일원이 되기 때문이다. 역사가 오래된 대학연구소에 기부하면 그 연구소를 거쳐간 졸업생은 물론 연구소를 중심으로 이루어진 공동체의 일원이 되어 사회활동에 도움이 된다. 그런 연줄을 통해 또 다른 비즈니스의 가능성과 함께 사교를 즐길 수 있다. 이러한 혜택은 다른 자선단체에는 없다.

돈을 기부하는 사람은 조건도 달 수 있다. 특별한 목적이나 장학금에만 사용할 수 있게 조건을 단다. 2015년 케임브리지 경제학부에 미국 벤처기업가 제인웨이Janeway 부부가 1,750만 파운드(280억 원)를 기부했다. 기부 조건이 케임브리지 경제학부 내에 '제인웨이교수직'을 신설해달라는 것이었다. 영국 최대의 단일 기부액은 임페리얼칼리지Imperial College가 헤지펀드 매니저 알란 하워드Alan Howard에게서 받은 2,010만 파운드(321억 원)였다. 이는 미국 하버드에 기부된 4억 달러(5,200억 원)에 비하면 약소한 금액이지만 영국 대학으로서는 엄청난 금액이다.

미국과 달리 졸업생의 기부 전통 없어

〈선데이타임스〉 2022년 통계를 보면 영국 상위 200명의 기부자는 영국이 아닌 세계 228개 대학에도 6억4,000만 파운드를 기부했다. 이들이 기부한 상위 5위 국가는 미국, 노르웨이, 이스라엘, 홍콩, 독일이었다. 기부자

200명의 재산 총액은 235억 파운드이니 자기 재산의 2.7%에 해당하는 금액을 해외 대학에 기부했다. 이들의 90%는 자신이 설립했거나 직접 연관이 있는 자선재단을 통해 기부했다.

특이하게 영국 대학에는 미국과 달리 졸업생들이 기부하는 전통이 없다. 세금만 내면 대학생들의 학비가 조달되고 대학을 유지할 돈이 마련된다고 생각하기에 별도로 모교에 기부를 하지 않았다. 영국 중·고교와 대학들은 동창이라는 개념도 별로 없다. 전교생이 기숙사 생활을 하는 일부 명문 사립 중·고교와 옥스브리지 등 상위 몇 개 대학을 빼고는 동창이라는 인식이 생길 수 없는 시스템이다. 대학은 그냥 학위만 따는 곳에 불과하니 동창회라는 말도 들어본 적이 없다.

학비를 받기 시작한 1998년 이전만 해도 영국 대학생들은 모든 대학이 예산을 정부에서 받는 국립대학이라 생각했다. 실제 당시에 영국 대학생들의 학비는 지자체가 학교에 바로 제공했다. 엄밀히 말해 영국 대학들이 학비를 받기 시작하기 전까지 영국에는 사립대학이 없었다고 할 수 있다.

영국에는 자선단체를 후원하기 위한 기프트에이드gift aid라는 특유의 제도가 있다. 한국말로 전혀 번역이 안 되는 이 제도는 영국인들이 공익단체 등에 더 많은 기부금을 내도록 영국 정부가 만들었다. 개인들이 낸 기부금액을 그 단체가 정부에 신고하면 그 기부금의 25%에 해당하는 금액을 추가로 준다. 이 단체들을 영국법으로는 자선단체charitable organization라 규정한다. 상당히 광범위한 단체들이 여기에 속해 있다. 대학은 물론 미술관, 박물관, 연구소, 병원, 동네 아마추어 스포츠클럽 등도 해당한다.

세계 대학의 우수성 순위를 따지는 데는 여러 조건이 있다. 세계 대학 랭킹을 보면 항상 영미권 대학이 수위를 차지한다. 그중에서도 옥스퍼드는 영국 내에서 부동의 1위이고 뒤를 이어 케임브리지, 임페리얼, 런던정경대, UCL 등 최소 4개 대학이 10위권에 포진한다. 저명한 QS 세계 대학 2022년 순위 1위는 미국의 MIT가 차지했다. 그 뒤를 옥스퍼드, 스탠퍼드, 케임브리지, 하버드, 캘리포니아공대, 임페리얼, EHT취리히, UCL런던, 시카고대학 등이 이어진다. 어찌되었건 여기에도 영국 대학이 4개나 포함되어 있다.

공립도 아니고 사립도 아닌 영국 대학들

왜 영미 대학이 강한가에 대한 답은 여러 가지가 있다. 하지만 영국에 국한하면 대학이 공립도 아니고 사립도 아니라는 점이 가장 중요한 이유이다. 실제 영국에는 국립대학도 없고 공립대학도 없다. 미국 주마다 있는 주립대학도 없다. 그렇다고 영국 대학은 한국에서 생각하는 사립도 아니다. 대학이 특정 개인이 설립한 재단 소유가 아니기 때문이다. 누구의 소유도 아닌 순수한 학교재단 소유이다.

영국 대학은 오랫동안 국가 재정으로 학생들의 학비를 전액 부담해 주었을 뿐 아니라 정부 지원도 받았다. 그런데도 정부 간섭을 받지 않고 자율적으로 운영되어왔다. 영국의 모든 대학은 정부의 간섭도, 소유주가 있는 재단의 간섭도 받지 않는다. '국립도, 공립도, 사립도 아닌 대학'이다. 대학을 움직이는 정책을 결정하는 운영위원회 구성은 학교마다 다르지만 거의 모든 대학이 교수, 학생, 직원, 졸업생, 전문 외부인들로 구성되어 있다. 이들이 결정한 정책을 바탕으로 전문 부총장Vice Chancellor이 실제 운영을 책임진다. 총장은 명예직이거나 대개 학교 기부에 관한 활동만 관여한다.

세계 대학 순위를 유심히 살펴보면 우수 대학들의 재단기금과 순위가 묘하게 일치하는 것을 알 수 있다. 그 말은 우수 대학을 만드는 요인은 결국 돈이라는 뜻이다. 우수한 교수진, 연구시설, 연구비 지원 등에는 분명 돈이 든다. 결국 대학이 얼마나 많은 기부를 받고 그 기부금을 어떻게 운용해서 우수한 교수진을 구성하고 연구시설을 확충하고 연구비를 더 많이 지불하느냐에 따라 대학 순위가 올라가고 내려간다.

그런데 유감스럽게도 〈선데이타임스〉 기부 명단에 등장하는 영국 상위 200명 기부자가 기부한 해외 대학에 한국 대학은 등장하지 않는다. 한국 사회가 한국 대학의 세계 순위에 연연하기 전에 기부금에 관심을 더 기울여야 대학이 발전한다. 또한 대학도 정부 보조에만 목을 매지 말고 외부 기부에 신경 써야 한다. 그리고 국내뿐 아니라 외국에서도 기부받을 방법을 강구해야 한다. 그러기 위해서는 비용을 들여서라도 외국 전문가들의 도움도 받아야 한다.

대학은 과거와는 달리 돈과는 관련이 전혀 없는 지고지순하고 고상한 상아탑이 아니다. 좀 과하게 이야기하면 대학은 살아 움직이는 동물이다. 그 동물은 돈이라는 먹거리가 있어야 더 크고 더 강해져 쟁쟁한 세계 대학들과의 치열한 경쟁에서 이길 수 있다.

26 영국 교육청엔 '표현의 자유 수호자' 직책이 있다

진보, 보수 모두 상대의 의견을 막을 권리가 없다

영국 정부는 2021년 2월 '표현의 자유 수호자Free-Speech Champion: FSC'라는 이름의 직책을 교육부 외청인 대학생교육청Office for Students 안에 신설했다. 중세의 시대착오적 명칭 같은 이 직책은 대학 내에서 표현의 자유와 관련해 불이익을 당한 사람들을 도와 표현의 자유가 침해받지 않도록 하는 일을 한다. 표현의 자유가 침해받는지 감독하고, 최악의 경우 벌금을 부과할 수 있는 권한도 부여했다.

이 직책이 필요했던 이유는 가장 활발하고 자유로워야 할 대학의 표현의 자유가 극심하게 침해받고 있다는 판단에서다. FSC를 통해 대학과 연구기관, 학생 단체들에서 만연하고 있는 '침묵과 검열' 풍조를 막겠다는 목적이다.

영국의 보수우파 지식인들은 표현의 자유를 침해하는 가장 큰 적을 '시대정신'으로 평가받는

---

1. 정치적 공정성politically correctness : 인종, 성별, 종교, 직업 등 다양한 집단에 대한 편견이나 차별을 없애고 중립적으로 존중하는 것.

2. 각성 문화awake culture : 사회적 약자와 소수자의 권리와 정체성을 적극적으로 옹호
   하는 것.
3. 문화전쟁culture wars : 가치, 도덕, 생활방식 등 문화적 이슈를 중심으로 벌이는 대립
   과 갈등.
4. 역사전쟁history wars : 역사적 사실이나 해석을 두고 벌어지는 논쟁, 갈등.
5. 취소 문화cancel culture : 특정 인물이나 단체가 사회적 논란을 일으켰을 때 대중이 집
   단적으로 지지를 철회하는 것.

등이라고 규정한다. 영국 정부는 이러한 시대사조에 맞지 않는 의견은 '열린 토론'의 기회마저 갖지 못하고 침묵을 강요당한다고 판단해서 FSC를 신설했다. 특히 대학 내에서 보수우파적 시각은 연구나 발표 기회를 제공받을 가능성조차 없다고 강조한다.

예를 들어 대영제국 시절 식민지를 경영하던 동인도회사에 대한 연구는 무조건 적폐로 보는 시각이다. 이러한 주제의 논문은 채택되지도 않을 뿐 아니라 이를 연구하는 학자는 학계에서 왕따당할 정도로 대학 내의 성향이 진보좌파 일색이다.

제국주의와 식민제도의 옳고 그름을 떠나 다양한 의견이 존재해야 할 대학 내에서조차 침묵과 검열이 가해지면 자유로운 학문적 의견과 활발한 토론이 '냉각효과'를 만들어낸다고 영국 교육부는 지적했다. FSC의 목적이 바로 이 냉각효과를 막으려는 이유이다.

'냉각효과'는 "흑인의 생명도 중요하다Black Lives Matter: BLM"는 운동을 계기로 시작된 '역사 재해석 운동'의 여파이며, 표현의 자유가 침해받는 상황에서 많이 쓰이는 문구이다. 예를 들어 표현의 자유가 침해받으면 "창작 의욕이 냉각되는 효과가 생긴다"는 식으로 쓰인다.

옥스퍼드대에서 번진 역사 재해석 논쟁

이러한 분위기는 최근의 각성 문화나 BLM운동 이전부터도 영국 대학 내에서 번지고 있었다. 대표적인 역사 재해석 논란은 2015년 시작된 옥스퍼드대 오리얼칼리지Oriel College의 거액(1,250만 파운드·206억 원) 기부자 세실 로즈Cecil John Rhodes 석상 철거운동이었다. 이 철거운동은 단순해 보이지만 영국 역사전쟁의 가장 상징적 사례로 상당한 파문을 일으켰다.

옥스포드대학 도서관

세실 로즈는 대영제국의 대표적 인물로 극단적 백인우월주의자이며 엄격한 식민정책과 인종차별로 유명하다. 대영제국을 지탱한 성공적 식민지 경영의 사례를 논할 때 제일 먼저 등장하는 인물이기도 하다.

지금은 짐바브웨로 국명이 바뀌었지만 세실 로즈 개인 이름을 딴 남아프리카의 '로디지아'라는 국가가 1979년까지 존재했다. 오리얼칼리지 졸업생인 그가 유산으로 남긴 거액으로 조성한 장학금이 유명한 로즈장학금Rhodes Scholarship이다. 장학생 중에는 빌 클린턴과 미국 컨트리음악 가수이자 배우인 크리스 크리스토퍼슨Kris Kristofferson 등이 있다.

그런데 칼리지 내 로즈하우스 건물 정면 벽에 있는 로즈 석상을 식민지에서 저지른 악행, 특히 노예무역을 통한 치부와 흑인들에 대한 학대를 이

세실 로즈 석상

유로 철거해야 한다는 주장이 예전부터 있어왔다.

로즈 석상은 학생들의 청원에 따라 2016년 철거가 결정됐다가 번복되었다. 2020년 BLM운동이 전 세계적으로 번질 때 다시 불이 붙어 특별위원회가 만들어져 논의가 시작되었다. 교수와 학생들로 이루어진 위원회 대다수는 1902년에 세워진 석상 철거에 찬성했으나 학교 측은 '경비와 잡다한 건축법규 문제'를 들어 철거하지 말자는 입장이었다. 결국 현 위치에 보존하기로 결정을 내렸다.

국가 2급문화재인 역사적 건물에 손을 대려면 지방정부와 중앙정부의 허가와 충분한 이유, 정당성 등이 있어야 한다는 현실적 어려움도 있었다. 나아가 역사 수정 시도를 정면에서 반대하지 않고 세월에 맡긴다는 깊은 뜻도 있었다. 오리얼칼리지 학장은 이렇게 말했다.

"우리들의 결정이 영국을 비롯한 해당 국가에 주는 영향에 대해 깊은 우려를 하고 있다. 우리들의 미묘한 결정이 어떤 이들에게 실망이 됨을 잘 이해하고 있다. 그러나 우리는 흑인과 소수인종 학생들이 겪는 일상생활의 어려움을 해결하는 일에 더 집중하고자 한다 ---- 차라리 철거 경비와 노력을 대학 공동체 내의 소수인종 학생들에 대한 교육의 균등과 다양성, 포용성의 성과를 내는 데 쓰도록 노력하겠다."

당연히 진보좌파 성향의 옥스퍼드대 교수들과 시의원들을 비롯해 지식인 사회는 그 결정을 극렬하게 비난했다. "부끄럽고 수치스러운 과거와 결별하고 새로운 미래의 일원이 되려면 과거 치욕의 상징들을 제거하여 희생된 국가의 국민들에게 영국의 각오를 보여주어야 한다"는 주장이었다.

'우리의 역사로부터 도망쳐서는 안 된다'

그러나 영국 교육부 장관은 오리얼칼리지의 '분별 있고 균형 잡힌 결정'을 칭찬했다. 그러면서 "우리는 우리들의 역사를 검열할 일이 아니라 과거에서 배워 불평등을 줄여나가는 데 초점을 맞추어야 한다"라고 지적했다.

'역사 재해석 운동'에 대한 영국 정부의 입장, 특히 보수당 정권의 반대 입장은 확고하다. "영국 역사가 아무리 공정하지 못했다 해도 우리는 이제 와서 그 위에 세워진 우리의 모든 역사로부터 도망치거나 말살해서는 안 된다"가 공식 입장이다. 문화언론체육부 장관은 "영국의 기반을 무너뜨리려는 시끄러운 소수의 활동가로부터 우리의 문화와 역사를 방어하겠다"고 말했다.

영국 정부는 문화자연유산보존재단National Trust이 학생들을 대상으로 실시하는 '식민지 시골 계획Colonial Countryside Scheme'을 "자라는 학생들에게 자신들의 국가 역사가 수치스러웠다는 쪽으로 가르치는 일방적 교육 프로그램"이라는 이유로 강력히 반대했다. 이 프로그램은 15만 파운드의 공적자금을 투입해 영국 식민지 역사와 노예무역의 흑역사를 학생들에게 가르치자는 목표이다.

영국 정부가 '표현의 자유 수호자'라는 생뚱맞은 직책을 만들어냈을 정도로 영국은 대학뿐 아니라 사회에서도 표현의 자유가 심각하게 침해받고 있다. 시대사조에 어긋나는 보수우파적 견해나 의견을 발표하면 당장 사회적으로 매장될 정도의 분위기이다. 그만큼 영국 지식인 사회와 문화계, 학계, 예술계를 진보좌파가 점령하고 있다.

그래서 지식인 중 보수우파적 견해를 발표하려면 상당한 용기와 각오를 다져야 한다. 특히 SNS의 발달로 시대정신에 어긋난 발언을 하면 바로 '취소문화'의 희생자가 되어 치도곤을 치른다.

판타지소설 〈해리포터〉 작가 조앤 롤링의 경우를 보자. 대표적 보수우파로 평가받는 그녀는 트랜스젠더(성전환) 여성에 대한 혐오 표현을 공개적으로 해서 영국뿐 아니라 전 세계 문화계와 지식인 사회로부터 엄청난 비난을 받았다. 그럼에도 롤링은 정치적 견해를 계속 밝히며 행동까지 한다. 2014년 스코틀랜드 독립 투표 때는 반대 단체에 100만 파운드를 기부해 가장 큰 기부자로 기록되었다.

또 작가로 성공하기 전 이혼녀로 아이를 키우면서 "글을 쓸 때 국가의 도움을 받지 않았다면 굶어죽었을 것"이라면서 엄청난 인세를 받았지만 "소득세 절세를 위해 조세회피 지역으로 가지 않을 것"이라고 공언했다. 자신이 옳다고 생각하면 곧바로 행동하는 대표적인 사람이다.

역사적 기념물 중에 과연 몇 개나 남겠는가

진보적 시대사조에 따라 영국 역사를 부정하는 역사 재해석 운동은 유명 자선단체 베르나르도Bernardaud 어린이재단을 비롯해 공익법인들에 의해서도 많이 시도되고 있어 영국 정부의 근심거리이다. 그래서 문화언론체육부 장관이 25개 대형 자선단체장들을 불러 "소수의 행동에 의한 정치적 목적의 역사 재해석 운동에 대한 주의"를 당부했다. 또 재단 관계자들

앞에서 이런 우려도 전달했다.

"우리는 자랑스럽고 확신에 찬 나라의 역사를 직시해야 한다. 결코 역사로부터 도망쳐서도 안 되고 정치적 목적을 가진 소수에 의해 자의로 수정해서도 안 된다. 역사란 도덕적으로도 복잡다단하기 마련이라 지나치게 단순화해서 설명해서는 안 된다. 그렇게 하다보면 우리들의 전 세대가 이룬 수많은 성취는 묻히고 그들이 저지른 잘못만 비난받는 일이 생기기 마련이다. 그렇게 해서 우리들의 불편한 요소들만 제거하다 보면 결국 우리들의 과거를 제대로 이해조차 할 수 없게 되는 지경에 이른다."

영국 공익법인과 자선단체의 설립 근거가 되는 〈공익법인법〉에 의하면, 자체 강령에 따르는 활동만 해야지 정치적 목적을 가져서도 안 되고 정치 활동을 해서도 안 된다. 정당과 연계되어서도 안 된다. 특히 회원들의 회비와 자선모금을 통해 조달한 자금을 정치적 목적에 사용해서는 안 된다. 영국의 16만8,000개의 사회운동단체, 자선단체, 종교단체를 관장하고 감독하는 독립기구인 공익법인감독기구Charity Commission 위원장은 이를 더욱 명확하게 설명한다.

"좁은 편견에 사로잡힌 익명의 개인들이 자신의 정치적 적들과의 투쟁의 장으로 악용하려는 요구에 사로잡히지 말아야 한다. --- 사상적 독단과 각성의도(woke agenda)에 기인한 역사 재해석 활동에 특히 문제가 많다. 자선단체들은 특정 사안에 대해 도전할 수도 있고, 사안을 흔들어 뒤집을 수도 있고, 심지어는 세상을 바꿀 수도 있다. 그러나 자선단체는 사람들 사이를 가르는 갈등을 유발해서는 안 되고 할 수 있어서도 안 된다. 우리는 우리의 역사를 제대로 보존하고 설명하는 방식으로 접근해야 한다. --- 만일 동상 같은 문화적 유산을 단순히 당대의 정치적 공정성에만 의거해 철거한다면 과연 우리의 역사적인 기념물 중에 몇 개가 남아 있겠는가."

도 넘은 '소수'에 대한 피로감

2021년 6월, 미국 흑인 조지 플로이드George Floyd 사망과 관련해 소요가 한창일 때 영국 브리스톨 항구의 노예무역상이었던 에드워드 콜스턴Edward Colston 동상을 군중들이 끌어내려 바다에 내던졌다. 또 카디프와 에든버러의 흑인 노예상인들의 동상도 철거되었다. 데번에 있는 영국의 영웅 중 1명인 프랜시스 드레이크Francis Drake 동상마저 그가 노예상인이었다는 이유로 철거 논란이 있었을 정도다. 심지어 국회의사당 정면의 윈스턴 처칠 동상도 제국주의의 원흉이고 인도를 탄압했던 인종차별주의자라고 지탄받으며 낙서로 더럽혀졌고, 군중들에 의해 철거 움직임까지 있었다.

2002년 BBC 여론조사에서 100만 표 중 44만7,000표를 받아 가장 위

프랜시스 드레이크

대한 영국인으로 뽑힌 영웅인데도 그러한 대접을 받았다. 런던 시장도 분위기에 휩쓸려 "런던 내 모든 동상과 기념물들을 재평가하는 작업을 시작하겠다"고 말했다. 만일 그런 식으로 기념물 재평가를 하면 런던은 물론 영국 전역의 기념물 중 2/3가 사라져야 한다. 영국 역사는 현대 기준으로 보면 제국주의와 식민제도 등으로 점철된 역사이기 때문이다.

물론 파도가 지나가자 재평가 작업은 없던 일이 되어버렸다. 브리스톨 항구의 콜스턴 동상도 바다에서 다시 건져 현재 시 박물관에 전시돼 있고 철거 주동자 4명은 재판을 받았다. 콜스턴 동상은 그가 브리스톨에 기부를 워낙 많이 해서 시민들에 의해 세워졌다. 지금도 브리스톨 시민들이 혜택을 누리는 건물들이 그의 기부로 지어졌다. 많은 자선활동으로 브리스톨 시민들에게 존경받는 인물이었다.

옳은 일도 과해져 도를 넘으면 옳은 일이 아니라 해를 끼친다. 영국에서도 도를 넘는 정치적 공정성뿐 아니라 각종 사회문제에 관심을 가지라는 각성 운동, 지구의 위기를 일깨우려는 기후운동 등에 이제 피로감을 호소한다. 특히 자신들만이 세상을 구한다면서 도덕적 우위를 점하려는 소수에 대한 반발이 많다. 한 여론조사에서는 49%의 영국인이 5년 전에 비해 "자신이 생각하는 바를 말하기 어렵다"고 느낀다고 했다.

한쪽의 주장이 워낙 여론 주도층을 장악하고 있으니 영국 사회에서 '열린 토론'의 가능성이 없어지고 있다. 거기다가 '취소 문화'가 거세 감히 반대 의견도 발표하지 못한다. 이 세태에 대해 우파 언론 〈선데이텔레그래프〉는 "자유롭게 말하지 못하다 보면 자유롭게 생각하지 못하게 된다"고 경고했다. 대학과 학계, 연예계, 문화계가 '사상경찰'에 의해 통제되고 있다는 한탄도 나온다.

학자들의 역사 연구 결과가 옳은 의견인지 잘못된 의견인지는 당대가 판단할 일이 아니다. 학자들이 다양한 시각으로 바라본 진실은 세월이 흘러 언젠가는 드러난다.

영국인들은 '스카이캐슬'을 꿈꾸지 않는다

학벌이 아닌 스스로의 능력으로 행복하게 사는 것이 핵심

평소에 한국 드라마를 잘 안 보는 편이다. 외국에서 살기 때문에 일부러 찾아보기도 어렵고, 한번 보기 시작하면 밤을 새우면서 끝장을 보는 성격이라 '드라마 폐인'이 되기 싫어서다.

그런데 한국 언론에서 난리가 났기에 '스카이캐슬'은 찾아서 보았다. 영국 교민사회에서도 워낙 화제가 되어 얼마나 대단한 내용인가 궁금해서였다. 신분상승 또는 유지를 위한 한국 학부모들의 피 튀는 노력과 정성을 막상 TV 화면에서 보니 입을 다물 수 없었다.

영국에도 미국 아이비리그에 해당하는 러셀그룹Russell Group 소속 명문대에 가기 위한 입시생 부모들의 노력이 없는 것은 아니다. 그러나 스카이캐슬 부모들의 극성에 비하면 새 발의 피다. 영국에 사는 한국 교민 부모들도 다른 영국 부모들에 비하면 나름대로 극성을 떨긴 하지만 한국 부모들에 비하면 손을 놓고 있다시피 한다. 한국과 같은 지옥을 겪지 않고 대학에 간 자녀들이 행운아라고 생각하면서도 마음 한구석에는 부모로서 최선을 다하지 못한 게 아닌가 하는 미안함이 깃드는 것은 사실이다.

고교 졸업생의 80%가 대학에 가는 한국과 달리 영국은 40%만 간다.

그래도 유사 이래 최고의 비율이라고 시끌벅적하다. 한국 드라마를 보면서 너무나 대비되는 영국의 현실이 떠오르는 것을 막을 수 없었다. 정말 한국에서는 학벌과 신분이 모든 것을 다 걸 만큼 그렇게 중요한 걸까? 하는 의문과 함께.

고교 졸업생 60%가 대학 안 가는 이유

단순한 질문 하나로 영국의 현실을 보자. 고교 졸업생의 60%는 왜 대학을 가려 하지 않을까? 영국인은 신분상승에 대한 욕구나 의지가 전혀 없나? 여기에 대한 답은 단순하지 않다. 그러나 가장 간단하게 답하면 "욕구와 의지, 필요가 없어서"가 정답이다. 상당히 놀라울 수도 있지만 사실이다. 영국은 누가 뭐래도 계급사회이다. 영국인이 다른 영국인을 만나면 5분 내로 상대의 계급을 파악한다. 말과 태도, 복장 등 외형적 요소만 봐도 금방 알아챈다.

그렇다고 그 계급 때문에 상대를 자신보다 높다, 낮다 하는 일차원적으로 대하지 않는다. 영국의 계급은 예로부터 노력한다고 올라갈 수 있는 것이 아닌, 타고나야 했다. 지식이나 재산의 유무가 신분을 결정 짓는 요소도 아니었다. 신분은 태어날 때부터 정해져 있었고 그 신분을 바꾸는 것은 거의 불가능한 일이었다. 봉건제도가 사라진 지 수백 년 된 지금도 변하지 않았다. 한국처럼 족보를 돈 주고 산다 해서 되는 일도 아니다.

그래서인지 영국인들은 자신의 계급에 만족하고 다른 계급에 대해서는 거의 신경 쓰지 않는다. 높은 계급을 부러워하지도, 낮잡아 보지도 않는다. 그냥 그러려니 할 뿐이다. 거기다가 신분 구분도 한국과 다르다. 역사적으로 영국은 한국과 달리 지식이 상류층으로 올라가는 필수불가결의 조건이 아니었다. 그렇기에 고급 학벌에 대한 사회적 욕구가 한국에 비해 훨씬 낮았다.

예나 지금이나 영국 귀족들은 지식인이 아니다. 그나마 근대사회로 들어와 중산층이 형성된 이후에야 지식 욕구가 생겨나기 시작했지만 부모덕에 '은수저'(영국에서는 'silver spoon'이라 한다)를 물고 태어나거나 '피 색깔이 푸른'(blue blood, 귀족이나 왕족) 계급은 여전히 대학에 연연하지 않는다. 대학 진학은 자수성가하는 중산층 출신의 의사, 회계사, 기업 중역, 고급공무원 집안에서나 하는 것으로 여겨졌다.

영국에서는 돈이 없다고 명문대 코스를 밟을 수 없는 것은 아니다. 1998년부터 대학이 등록금을 받기 시작했지만 그 전에는 내국인 학생은 구청에서 내주었다. 그러다가 내국 학생에게도 학비를 받기 시작했으나 융자받으면 되고, 취업 후 갚아나가면 된다. 그래서 영국에서는 돈이 없어 대학에 못 갔다는 말이 성립되지 않는다.

사립학교에 다니는 학생은 명문대학에 갈 수 있는 가능성이 더 높다. 그들의 부모는 대부분 재력이 뒷받침되는 전문직업인이다. 사립학교는 대학 진학을 목표로 교육을 시키기에 진학 성과가 더 좋다.

놀랍게도 한국 대학교수들과 달리 영국 대학교수는 이 재력의 범주에 포함되지 않는다. 영국의 어떤 대학교수라도 연봉에 거의 버금가는 1년 학비가 4,000만 원에 해당하는 사립학교에 자녀를 보낼 재간이 없다. 그만큼 지식인에 대한 영국의 경제적 대우와 사회적 존경은 약하다.

전문직업인들도 그냥 직업을 유지하기 위한 기술자 수준의 지식만 있으면 된다. 소위 말하는 인문지식이 필요하지도 않다. 조선시대 관아 아전衙前의 지적 수준이 양반을 뺨칠 정도이지만 신분은 중인에 불과한 점과 비슷하다. 옛날에는 가톨릭 사제들이 유일한 지식인이었다고 보면 된다. 그래서 영국은 옛날부터 가방끈이 길다고 존경받거나 사회적으로 대접받는 사회가 아니었다. 지금도 그렇다. 40%의 대학 진학생들도 자세히 살펴보면 그중 30% 이상이 학문과는 거리가 먼, 취직을 위한 직업학교 수준의 대학에 다닌다.

영국에서는 1960년대에는 진학 연령층의 5% 정도만 대학에 갔다. 대학생 비율을 올리기 위해 1998년까지 학비를 받지 않는 정책을 취했음에도 대학생 숫자는 크게 늘지 않았다. 차라리 1년에 1만 파운드(1,500만 원) 가까운 등록금을 받기 시작한 요즘에 들어서야 그나마 40%대의 고교 졸업생이 대학에 진학한다. 그만큼 영국도 취업이 어려워진 탓이다.

그동안 영국 젊은이들이 대학 진학을 하지 않은 이유는, 굳이 어려운 공부해서 대학을 나오지 않더라도 좋은 직장을 얻는 데 아무 문제가 없어서였다. 거기다가 대학 출신이라고 더 우대해주는 '학력 편견'이 없는 점도 대학 진학을 하지 않는 이유였다. 영국 사회에서는 대학을 나오지 않은 전문가가 대학 출신을 많이 고용하는 사례를 볼 수 있다.

계급은 있어도 계급 간 갈등은 없다

영국인 사이를 가르는 계급은 있어도 계급 사이에 긴장이나 갈등은 존재하지 않는다. 상류층이 다른 계급보다 스스로 더 우월하다고, 하류층 노동계급 스스로 다른 계급에 비해 더 열등하다고도 느끼지 않는다. 그래서 신분 상승에 대한 욕구도 없고, 신분 이동을 꾀하지 않기 때문에 계급 위화감도 없다.

중세의 신분제도 아래서는 계급 이동이 거의 불가능했기에 영국인은 자신에게 주어진 신분에 맞는 삶을 불만 없이 살아왔다. 보통 영국인의 이러한 삶의 자세를 국외자들은 '포기 체념' 혹은 '선택 체념'으로 본다. 그러나 이는 태생적 체념이기에 '절대 체념'이라 해야 옳다. 포기라는 말은 자신의 의지가 들어가 있는 능동적 개념인데 비해 영국인 의식 속에는 신분 상승 욕구가 아예 존재하지 않기 때문에 결코 체념이 아니다. 그냥 아무런 반감 없이 태생적으로 받아들인다.

자신의 능력을 잘 알기에 이루지 못하는 욕망에 대한 갈구가 없으니 현실에 불만이 있을 이유도 없고 자신을 학대할 이유도 없다. 그냥 현재 위치에 만족하면서 삶을 긍정적으로 살아간다. 어찌 보면 '무뇌충' 같기도 하다. 그에 비해 한국인들은 신분 상승을 위해 노력해야 한다고 믿는다. 자기 능력보다 훨씬 큰 목표를 잡고 자신을 혹사하고 안달한다. 대기업, 고급공무원, 각종 전문직 등 사회 상층을 점할 수 있는 비율은 한정되어 있는데 대학 졸업생 거의 모두가 능력 밖의 신분을 위해 수년을 허송세월한다.

영국에서도 전문직 자격증 취득을 위한 공부는 몇 년을 해야 한다. 그러나 대기업 취직시험에 합격하려고 수년을 취준생이라는 신분으로 부모의 경제적 도움을 받는 일은 생각할 수도 없다.

'너의 자리를 알아라'

영국인들이 잘 쓰는 말 중에 "You know your place"라는 관용어가 있다. "너의 자리를 알아라"라고 직역할 수 있지만 원래는 "너의 신분을 알아라" 혹은 "너의 주제를 알아라"라는 의미로 볼 수 있다. 너에게 주어진 자리에서 벗어나 능력 밖의 일을 넘보지 말고 살라는 뜻이다. 이렇게 영국인은 능력 안에서만 무엇인가를 얻으려 하고 능력 내에서만 즐기려 한다. 영국 사회에는 신분이동, 신분상승, 신분세탁의 욕구가 없어 사회적으로 침체되어 있다고 말하기도 한다. 반면 한국과 달리 그런 요인으로 인한 사회불안이나 갈등도 없다.

이제 "자신에게 주어진 조건과 능력 안에서 단조롭고 편안하게 사는" 보통 영국인의 삶을 '애써 무심하기', '우아하게 가난하기', '누구에게나 당당하게 살기', '소소한 행복 찾기' 등으로 정의해 보자.

우선 '애써 무심하기'부터 보자. 아일랜드 출신 작가 오스카 와일드는 〈The Importance of Being Earnest〉(진지함의 중요성)에서 영국인의 특성을 잘 풍자했다. 소

오스카 와일드

설 제목과는 달리 영국인의 삶의 자세는 'Importance of Not Being Earnest'(진지하지 않기의 중요성)가 더 적합하다. 그걸 알고 와일드는 모든 걸 비비 꼬는 성격답게 제목도 비틀어서 지었다. 영국인은 아무 때나 진지해지고 심각해지는 인간형을 가장 싫어한다. 일상에서는 진지하지 않고 적당한 유머와 재치, 풍자 속에서 진심을 전해야 멋쟁이라 여긴다.

'애써 무심하기'는 바로 그러한 인생철학에서 나온 삶의 태도이다. 불만이 있어도, 인생이 고달파도 밖으로 드러내지 않고 누구한테 하소연하지도 않는다. 영국인을 나타내는 표현 중에 'Stiff Upper lip'이라는 유명한 말이 있다. "잘 참고 견딘다"는 뜻이다. 또 'Keep Calm and Carry On'이라는 말도 있다. 영국인이 가장 좋아하는 말이기에 각종 기념품에서 많이

볼 수 있는 문구이다. 난관이 닥쳐도 "호들갑 떨지 말고 하던 일이나 계속하라"는 뜻이다. 2차대전 중 국민을 계몽하기 위해 영국 정부에서 만든 포스터 문구이기도 하다. 이렇게 영국인은 무슨 일이든 호들갑 떨지 않아야 영국인답다고 믿는다.

영국 중산층 정원은 언뜻 보면 잡초밭 같다. 화초 종류도 중구난방이라 높낮이도 맞지 않고 색깔도 통일되지 않는다. 그냥 버려진 들판에 제멋대로 자란 야생초와 야생화밭 같다. 굳이 내세우지 않고 '있는 듯 없는 듯' 자연스럽게 사는 영국인의 삶의 태도와 닮았다.

가난하지만 우아하게 살아가기

그 다음 '우아하게 가난하게 사는 삶'을 보자. 영국인의 연평균 임금은 3만 파운드(4,800만 원) 정도이다. 그런데 영국 물가는 한국의 2배 이상이니 영국인들의 삶은 결코 여유롭지 못하다. 소득세율은 20%가 기

영국의 벼룩시장

본이다. 건강보험료 등 각종 세금을 제하면 1달 실질소득은 1,500파운드(240만 원)에 불과하다. 부부가 번다 해도 500만 원이 안 된다. 영국에서 이 월급으로는 외식 한 번 하기 힘들다. 중고물품 가게가 많은 이유는 결코 검소해서가 아니다. 궁여지책으로 아나바다(아껴 쓰고 나눠 쓰고 바꿔 쓰고 다시 쓰자)를 하기 때문이다.

그런 가운데서도 영국인은 인간으로서 해야 할 일을 다 하고 산다. 영국인의 핏속에 들어 있는 봉사와 희생, 자선 정신은 오랜 종교국가 국민다운 모습이다. 결코 여유로워서 주변을 돕는 것이 아니다. 그냥 봉사와 희생, 자선을 통해 자신의 존엄을 확인한다. 그래서 영국인들은 아무리 가난해도 결코 궁색하고 비참하다고 여기지 않는다.

다음은 '당당하게 살기'다. 영국인들은 주위의 잘사는 사람이나 출세한 사람과 자신을 비교하면서 상대적 박탈감을 느끼지 않는다. 또 그런 사람들 앞에서도 쫄지 않고 움츠러들지도 않고 당당하다. 권력이나 부를 가진 사람 앞에서 당당하지 못하고 비굴해지는 이유는 두 가지이다. 권력자나 부자들에게서 정당하지 않은 무언가를 얻으려 하거나 떳떳하지 못한 일을 했기 때문이다. 더 중요하게는, 영국의 권력자는 정당하지 않게 누군가에게 무엇인가를 해줄 힘이 없다.

영국의 부자들도 사회구조상 갑질을 할 수 없으며 노동계급도 무작정 당하고 살지 않는다. 오랜 세월을 두고 만들어진 국민 권익보호 제도가 있어서이다. 영국 공무원들을 대하면 때로는 무책임하고 태만할지언정 권한 남용은 하지 않는다. 영국인은 자신에게 주어진 한도 내에서 살아가려 하고, 그 이상도 이하도 바라지 않는다. 그러다가도 부당한 강요를 당하면 강렬하게 반응한다.

우리 모두 대단한 존재가 아니다

'소소한 행복 찾기'를 볼 차례다. 영국인들은 부자를 부러워하기는 해도 미워하지는 않는다. 그들은 부를 정당하게 이루었다는 믿음이 있어서이다. 사실 영국에서는 부당하게 돈을 벌 방법이 극히 드물다. 다른 사람보다 더 잘살려면 희생하고 살아야 한다. 돈을 더 벌거나 지위가 올라가면 그만큼 개인 시간과 가정생활을 희생해야 하는 줄 안다. 해서 영국인들은 필요로 하는 돈만큼 일한다. 보통의 영국 평민들은 진급이나 출세에 대한 욕망도 없다. 심지어는 간부로 진급시켜 준다 해도 대다수 서민들은 사양한다. 퇴근시간도 늦고 주말에도 간혹 일해야 하기 때문이다.

또한 직장 일에 대한 기대도 별로 없는 편이다. 영국인에게 일은 일일 뿐이다. 일에서 보람을 느끼면 더할 나위 없이 다행이지만 그렇지 않더라도 별로 개의치 않는다. 매일 반복되는 동일한 일이 지겨울 수도 있으나 다른 곳에서 즐거움을 찾고, 일을 증오하거나 싫어하지 않는다.

더욱이 일과 후에는 '삶이 있는 저녁'이 있어 인생이 힘들지 않다. 영국인들은 "인생은 그렇게 대단한 것이 아니다. 내 삶의 가치는 우주보다 더 무겁기는 해도 우리 모두가 다 대단한 존재는 아니다"라고 믿는다. 자신이 하나의 부속품임을 자각하고 일상에 불만을 갖지 않는 자세다. 1년 중 한 달을 가족들과 휴가 가는 재미로 살고, 다녀와서는 가족들과 나누는 추억과 다음 휴가를 위한 준비로 일상을 견딘다.

소소한 수입으로도 평생을 함께하는 취미는 하나씩 갖고 산다. 예를 들어 '모으기'이다. 옛날 유리 약병을 모으고, 도기 변기도 모으고, 포도주 병도 모으면서 삶의 즐거움을 찾는다. 주말이면 정원 가꾸고, 집 고치고, 차 손보면서 소소하게 살아간다. 이른바 '소확행'의 삶이다.

이렇게 보면 영국인들은 한국인과는 완전히 다른 종족이다. 그들에게는 없는 것투성이다. 신분상승의 욕구도, 성취욕도, 장래에 대한 막연한 불안도 없다. "노력하지 않고 맥 놓고 있으면 세상이 나만 놔두고 달려가는 것 아니냐"는 조바심도 없다. 단순 직업에 만족하면서 '9시 출근 6시 퇴근'의 삶을 무심히 살아간다.

행복이란 한국에서처럼 큰 평수의 집에, 좋은 차에, 명품 옷 입고 살아야 더 행복하다고 영국인들은 느끼지 않는다. 평생 이렇게 평범하고 단란하게 살아가는 것에서 행복을 느끼는 영국인은 한국인과는 분명 다른 인간들이다.

총리의 산실
옥스퍼드 PPE는
왜 '위대한' 학과가 됐나

이제 순수 인문학보다는 정치·철학·경제 융합 학문으로

한 나라를 전적으로 움직이는 특정 대학, 특정 학과가 과연 세상에 존재할까? 대답은 "영국에는 있다"이다. 옥스퍼드대학의 '철학·정치·경제 융합전공Philosophy, Politics and Economics: PPE' 과목이 그렇다. 이 학과는 영국을 이끌어 간 전·현직 총리를 비롯해 온갖 사회지도층의 산실이다.

창설 102년이 된 옥스퍼드 PPE는 기존 3명의 총리(노동당의 해럴드 윌슨[Harold Wilson], 보수당 에드워드 히스[Edward Heath]·데이비드 캐머런[David Cameron])에 이어 네 번째 총리 메리 엘리자베스 "리즈" 트러스Mary Elizabeth "Liz" Truss를 배출한 학과가 되었다.

영국 일간지 〈가디언〉은 2017년 2월 23일 '영국을 움직이는 학위The degree that runs Britain'라는 기사에서 이렇게 보도했다.

노동당 당수 에드 밀리밴드Edward Samuel Miliband가 총선 정강정책을 발표했다. BBC 정치부장이 사회를 맡은 좌담회에 BBC 경제부장, 국가재정연구소 소장이 참석해 노동당 정강정책을 논평했다. 데이비드 캐머런 총리는 노동당 정강정책을 비판했고, 이를 노동당 그림자내각 재무장관이 다시 반박했다. 동시에 지방에서는 이미 총선 선거운동이 벌어지고 있었다. 재무장관이 약세 지역구인 킹스턴, 서비튼에 와서 (당시 보수당과 연립정부를 구성하고 있던 자민당 소속) 환경에너지 장관인 에드 데이비Ed Davey 의원을 도와주었다.

이 기사에서 거론된 8명은 공통점이 있다. 바로 모두 옥스퍼드에서 PPE를 전공한 선후배 사이라는 점이다. 〈가디언〉 기사는 보수, 노동, 자민 등 정당이나 정치 노선과 관련 없이 모두 같은 과 동문임을 강조한 것이다.

이 기사는 각종 정치평론을 한 언론계 9명 이름을 일일이 거론하면서 이들 역시 모두 PPE 출신이라 지적했다. 옥스퍼드 PPE라는 일개 학과가 영국 정치·사회계에 얼마나

영국 총리와 보수당 대표를 지낸 리즈 트러스

큰 영향을 미치고 있는지를 〈가디언〉은 기사 하나로 보여주었다. "어느 대학의 어떤 과이든, 어떤 명망있는 사립학교이든, 옥스퍼드 PPE가 영국 정치에서 만연하는 영향력의 정도를 다른 어느 민주 국가에서도 볼 수 없다"고 단언했다.

한 학과에서 네 번째 총리 배출

〈가디언〉은 이어 PPE 출신이 영국 사회를 얼마나 철저하게 지배하고 있

는지를 사회 각계각층을 조목조목 언급하며 지적했다.

좌에서 우, 정치 중심에서 변두리, 분석가로부터 선동가, 통합주의자로부터 혁명운동가, 환경운동가로부터 극단의 자본주의자, 통계학자로부터 자유주의론자, 엘리트주의자로부터 인기영합주의자, 관료로부터 홍보 조작 전문가, 불량배로부터 매력적인 인간까지, 옥스퍼드 PPE 전공자들의 영향력이 대대로 이어지는 연줄을 통해 영국의 모든 정치 부문에 작동하고 있다. 학과가 창설된 이후 100년 넘게 때로는 눈에 확 뜨이게, 때로는 보다 더 조용하게 지금까지도 작동하고 있다.

이 기사에는 "영국 사회지도층을 가를 때 옥스퍼드 PPE 출신과 비출신을 가르면 간편할 수도 있다"라는 댓글도 달렸다. 사실 해외 정치인 중에도 PPE 출신이 적지 않다. 빌 클린턴, 파키스탄 총리 베나지르 부토, 미얀마 국가 고문 아웅산 수치, 호주 총리 말콤 프레이저John Malcolm Fraser와 로버트 호크Robert James Lee Hawke 등도 이 학과 출신이다. 또한 영국 사회에 지대한 영향을 끼치는 영국 최대 언론 〈더선〉과 최고 정론지 〈더타임스〉 소유주인 호주 출신 언론 재벌 루퍼트 머독도 PPE 출신이다.

원래 PPE는 좌파 성향이 강한 졸업생을 많이 배출해 노동당 정치인들의 산실로 불렸으나 최근 들어서는 보수당 총리를 비롯해 보수파 정치인들을 더 많이 배출하는 추세다. 그래서 나온 이야기가 "PPE 출신들은 무소부재하다PPEists are ubiquitous"이다.

영국에서 원래 사회지도층은 대부분 그리스·로마 고전문학Classic, 예술사, 역사, 지리, 철학, 수학 등 순수인문학을 전공한 사람들이 많았다. 지금은 사회지도층이 되고자 하는 젊은이들이 선택하는 필수 코스가 되었다. 원래 옥스퍼드에서는 그리스·로마 고전문학만을 '위대한' 전공이라 칭했다. 여기에 대해서는 '과목'이란 단어도 생략하고 그냥 경건한 마음으로 '위대한'이라 불렀다. 케임브리지에는 PPE가 없다는 말로 은근히 케임브리지를 비하할 정도로 PPE에 자부심을 가졌다.

옥스퍼드가 PPE를 개설한 것은 1920년이다. 러시아 10월혁명과 1차 세계대전을 겪으며 혼란해진 세상을 구한다는 목적으로 순수인문학만이 아닌 정치·철학·경제 융합 학과를 개설했다. 이후 영국에는 옥스퍼드 외에도 20여 대학이 PPE를 개설했다. 미국과 유럽의 다른 대학들도 비슷한 과목을 개설했다.

대입시험 최상위 6.9%에게만 입학 자격

한국을 비롯해 세계 각국에서 순수 인문학과가 인기를 잃어가고 있지만 영국 PPE 코스는 신입생이 넘쳐난다. PPE 코스에 입학하기 위해서는 입학 학력시험 A레벨에서 A+ 3개를 받아야 할 정도로 고수준의 성적을 요구한다. 그만큼 경쟁이 심하다. A+ 3개의 성적은 2021년의 경우 응시자의 6.9%만이 받았고, 2010년은 4.3%, 2019년은 1.6%만이 받았다. 해서 옥스퍼드 PPE는 영국 최고의 학생들만 들어갈 수 있는 학과라는 결론이 자연스럽게 도출된다.

2022년에는 1,994명이 PPE 입학원서를 제출해 264명이 합격했다. 1,994명은 당연히 A+ 3개라는 높은 성적을 받은 학생들인데도 733명에게만 입시 인터뷰 기회가 주어졌다. 현재 PPE의 최종 경쟁률은 7.5:1이다. 영국 최고의 인재들이 응시하더라도 100명 중 13명만이 들어갈 수 있는 경쟁이다.

영국인들은 보통 PPE를 전공했다고 하면 정치인, 특히 총리가 되기를 원하는 사람이라고 여긴다. 그만큼 영국 정치인 중 옥스퍼드 PPE를 전공한 사람이 많다. 결국 영국인들은 정치·철학·경제를 지도자가 갖추어야 할 덕목으로 여긴다는 말이다. 그래서 PPE를 제왕학帝王學, disciplines of kingship까지는 아니더라도 재상학宰相學, disciplines of premiership)이라고도 부른다.

총리를 꿈꾸는 젊은이들 몰려

보리스 존슨 총리는 장래 총리가 되겠다는 꿈을 품고 옥스퍼드 PPE를 지원했으나 낙방했다. 대신 그는 고전문학을 전공했다. 영국에서 PPE를 전공하면 엄청난 자격증을 받는 것과 다름없다. 옥스퍼드를 나온 것만으로도 모든 문이 열리는데 거기에 더해 PPE를 전공하면 열린 문 중에서도 골라 들어갈 수 있는 선택권이 주어진다.

그래서 PPE 졸업생들이 정치만이 아니라 각계로 퍼져나가는 추세다. PPE 과정을 소개하는 웹사이트를 보면 졸업생들이 진출하는 업계 1순위로 정치보다는 금융계를 먼저 들었다. 그만큼 PPE 전공이 금융 쪽에서 유용하게 쓰인다. 그 외에는 언론, 방송, 법조, 정치단체, 교육, 사회운동, 자선단체, 회계, 경영진단, 홍보, 각종 연구소, 국제기구, 공무원 등을 주요 분야로 꼽았다.

어떻게 단일 학과 졸업생들이 이렇게 다양한 분야로 진출할 수 있을까? 그 비밀은 PPE 교육과정에 숨어 있다. 이는 PPE 졸업생들이 올린 경험담을 보면 잘 나타난다. 졸업생들은 우선 이 학과의 동료들을 통해 많이 배우고 자극을 받았다고 입을 모은다. 재학생 모두가 단순한 직업인을 지향하는 인물들이 아니라 주로 정치에 관심을 가지고 있으며, 사회 어느 부문에서든 지도자 역할을 하려는 동료들로부터 많이 배우고 서로 영향을 받았다는 것이다.

동시에 지도자로서 갖추어야 할 자질을 자연스럽게 습득했다고 말한다. 과목을 이수해가는 동안 사물과 세상을 비교 분석하는 비판적 눈을 갖게 된다. 또 각종 정보를 이해해 자기 것으로 만드는 방식도 배운다. 하지만 더 중요한 '기술'은 토론 방법이었다는 것이 졸업생들의 말이다. 학과 과정을 통해 부단하게 행해지는 학생들 간의 토론에서 자신의 주장을 어떻게 전개하고 상대의 주장을 반박해야 하는지, 진정한 토론 방법을 배웠다는 것이다. 또 경제 과목에서도 단순히 경제이론만을 배우는 것에 그치는 것이 아니라 각종 경제 관련 통계를 이해할 수 있게 만들어준다. 경제 공부를 하면서 수학도 배운다.

한 졸업생은 이런 말도 남겼다.

"정치 과목에서는 토론을 어떻게 하고 세상이 어떻게 돌아가야 하는지를 배우는 줄만 알았다. 또 표현의 자유를 어떻게 보호해야 하는지를 토론하는 줄 알았다. 그런데 실제 정치학 공부는 그런 이론보다는 역사적 방식과 정보 분석 학습을 통해 이루어졌다. 교수가 주는 실증적 자료를 읽고 분석하는 일에 가장 많은 시간을 보냈다. 주어진 조사자료를 읽고 유권자의 투표 방향이 왜 그렇게 나타났는지 분석해서 설명하는 과제 등이었다. 이러한 식으로 세상에서 일어나는 일을 나름대로 이해하는 방법을 터득해갔다."

PPE 졸업생들은 과제의 양이 시간적·육체적으로 힘들었다고 입을 모은다. 적어도 주당 2편의 에세이를 제출해야 하고, 주당 최소 5권의 전공서적이나 논문을 읽어야 하기 때문이다. 이러한 '압력'을 견디려 노력하다가 포기하는 경우도 비일비재하다. 하지만 압력을 견디는 일도 지도자의 덕목이라고 배운다.

짧은 시간에 결론 내는 법을 배운다

PPE는 한 과목만을 집중해서 공부하는 여타 전공들과는 기본적으로 성격이 다르다. '일반적인 주제를 다루는 학위'라는 평가답게 전반적인 문제를 짧은 시간 내에 효과적으로 성취하는 방법을 배워야 한다. PPE 과정 자체가 "짧은 시간에 중대한 결론을 내리는 것"에 맞춰져 있다. 중대한 결정도 모든 조건을 감안해 신중하게 시간을 두고 하기보다 신속에 더 익숙해져야 한다.

당연히 양날의 칼이라는 비판도 나온다. 신속한 결정은 좋지만 주변의 말을 듣지 않고 자신의 결정만이 옳다는 잘못된 판단으로 이끌 수도 있다. 〈가디언〉은 PPE 교육을 받은 캐머런 총리가 브렉시트 국민투표에서 실패한 것을 그 사례로 들었다. 캐머런은 2014년 스코틀랜드 독립 투표에서 이긴 후 굳이 하지 않아도 될 브렉시트 투표를 2016년 실행해 영국을 EU로부터 탈퇴하게 만들었다는 비난을 받고 있다. 급하고 미성숙한 사고를 가진 PPE 출신들의 지나친 확신과 허세가 세상에 악영향을 끼친다는 비판이다.

영국에서 현재 방식의 총리 선출제도가 시작된 1721~42년까지 21년 동안 총리를 지낸 로버트 월폴Robert Walpole부터 존슨 총리까지 역대 총리들의 출신 대학을 살펴보면 옥스퍼드가 28명으로 압도적이다. 케임브리지가 뒤를 이어 14명이고 글래스고대학 3명, 에든버러대학 3명, 버밍엄대학 2명이다.

이른바 옥스브리지 두 대학이 거의 총리 배출을 독점한 듯하지만 사실 1096년 옥스퍼드, 1209년 케임브리지 개교 이후 거의 1,000년간 잉글랜드에는 대학이라고는 옥스브리지 두 곳밖에 없었다. 1824년 맨체스터 대학이 문을 열면서 잉글랜드에 다른 대학들이 비로소 들어서기 시작했다. 스코틀랜드에는 윌리엄 왕세자와 그의 부인 케이트 미들턴이 나온 세인트앤드루스대(1413년), 글래스고대(1451년), 에버딘대(1495년), 에든버러대(1583년) 등이 이미 세워졌었다.

옥스퍼드가 케임브리지에 비해 총리를 2배 정도 많이 배출한 이유는 기본적으로 영국 유권자의 보수 성향 덕분이다. 더 많은 기간 보수당이 정권을 잡았기 때문에 보수 성향으로 유명한 옥스퍼드 출신들이 더 많이 총리가 될 수 있었다.

반면 케임브리지는 진보 성향으로 평가받는다. 1642년부터 9년간 벌어진 시민전쟁 때 영국 역사상 유일무이하게 왕(찰스 1세)을 참수한 올리버 크롬웰이 케임브리지 출신이다. 찰스 왕의 본부가 옥스퍼드 크라이스트처치Christ Church 칼리지에 있었다는 사실이 양 대학의 정반대 성향을 보여준다. 크라이스트처치칼리지는 영국 총리 13명을 배출한 산실이다.

<table>
<tr><td>29</td><td>

제인 오스틴 탄생
250주년에
들썩이는 영국

"셰익스피어, 세르반테스와 맞먹는 대문호"

</td></tr>
</table>

2025년은 영국의 18세기 소설가 제인 오스틴Jane Austen 1775~1817이 탄생한 지 250주년이 되는 해다. 영어를 모국어로 하는 민족에게 오스틴은 특별한 의미를 갖는다. 그래서 탄생 250주년인 12월 16일이 다가오기 전부터 언론들은 집중조명을 했다.

영어에는 '제이나이트'(Janeite: 제인주의자)라는 특이한 단어가 있다. 제인 오스틴의 이름 '제인'에서 유래된 단어이다. 오스틴에게 광적으로 열중하는 두 종류의 사람들을 일컫는다. 오스틴 작품을 연구하는 학자들과 오스틴에 관한 모든 것을 '우상 숭배의 열정idolatrous enthusiasm'으로 떠받드는 광팬들이다.

오스틴의 작품이 지금도 사랑받는 이유는 간단하다. 인간의 가장 주요한 감정인 사랑과 그에 따르는 일화를 여인들의 끝없는 수다로 풀어가기 때문이다. 널리 알려진 6편의 소설은 영어 민족에게는 잘나가던 시절에 대한 향수를 자극하는 '굿 올드데이 노스탤지어Good Old Day Nostalgia' 소설이기도 하다.

자신이 믿는 바를 행하는 당시로는 보기 드문 여성

오스틴의 모든 소설은 드라마틱한 일이 일어나지 않으면서 지극히 통속적 이야기를 다룬다. 6편의 소설에서 여주인공들은 모두 멋진 남편을 만난다. 〈오만과 편견〉의 여주인공 엘리자베스는 키 크고, 잘생기고, 돈 많은 다아시와 결혼한다. 그러나 곧 다아시가 '오만하고, 남을 무시하는 까다로운 인물'로 밝혀져 모든 사람에게서 미움받는다.

페미니스트로서의 철학을 보여준 제인 오스틴

다아시의 속물적 무관심과 엘리자베스의 상처 입은 자존심이 맞부딪치는 순간부터 소설은 본격적으로 시작된다. 엘리자베스는 오스틴의 입을 빌리자면 "지금까지 활자화된 인물 중에서 가장 유쾌한 주인공"이다. 다른 보통 여인들과 달리 자신이 믿는 바를 서슴지 않고 행하는 당시로는 보기 드문 인물이다.

이러한 모든 엘리자베스의 성격 묘사는 실제로 오스틴 자신이 모델이었다. 프랑스대혁명(1789년)이 유럽을 휩쓸고, 산업혁명이 절정에 달하던 시기였기에 오스틴은 소설을 통해 사회참여적인 발언을 많이 했다. 얼핏 보면 오스틴 작품의 모든 여주인공은 가장 순종적이고 시대에 적응하여 행동하는 듯해도 자세히 살펴보면 그렇지 않다.

페미니즘이라는 말조차 없던 시대에 현대의 여성 전사들이 내뱉을 말들을 여주인공들은 서슴없이 발설한다.

오스틴은 혁명가가 아니다. 소설을 통해 여성권리와 함께 여성의 사회적 지위 향상을 꾀하려는 위험한 시도를 하지 않았다. 그냥 여주인공이나 주위 인물들의 조용하고 은근한 언행을 통해 그런 생각을 슬쩍슬쩍 내비칠 뿐이다. 그 시대 여성들에게는 발언권이 제대로 없었다. 항상 아버지나 오빠 심지어는 어린 남동생의 보호하에야 외출이 가능했다. 그래서 런던 극장에는 여성 화장실이 엄청나게 적다. 휴식시간에는 여성 화장실 대기 줄이 아주 길다.

헤어짐과 평생의 그리움, 그리고 파혼

그런 시절에 오스틴은 세상의 통념과 다른 페미니스트로서의 사상과 철학을 몸소 보여주었다. 20살에 이웃의 톰 레프로이Thomas Langlois Lefroy라는 가난한 아일랜드 변호사 수련생과 한때 깊은 연애를 했다. 오스틴은 언니 카산드라Cassandra에게 쓴 편지에 레프로이를 "대단히 신사답고, 뛰어난 미남이며, 유쾌한 청년"이라고 묘사하면서 진한 호감을 표시했다.

그러나 둘은 각자의 신분과 이해관계 때문에 맺어지지 못했다. 가난한 변호사 수련생인 레프로이는 경제적으로 보살펴주던 증조부가 신분이 맞지 않는 오스틴과 사귀는 것을 싫어하자 결국 변호사 수업을 계속하기 위해 런던으로 떠나버렸다.

오스틴은 41살로 죽을 때까지 그를 다시 만나지 못했다. 오스틴이 레프로이의 안부를 궁금해했다는 주변의 증언은 많다. 후에 수많은 연구자가 오스틴의 소설에서 오스틴과 레프로이의 관계를 암시하는 대사나 스토리를 찾아내 여러 이야기가 만들어졌다.

오스틴은 1802년 12월 순간적인 판단으로 청혼을 받아들이고 다음 날 바로 파혼한 일도 있다. 가족의 오랜 친구 집에 방문했다가 그 집 아들에게서 청혼을 받자 그 자리에서 받아들였다. 사랑보다는 조건에 맞추어 집안의 이해를 따지는 일종의 정략결혼이었다.

즉석에서 청혼한 신랑감은 지나치게 덩치가 큰 청년이었다. 말이 없다가도 일단 말을 시작하면 더듬기 일쑤였고, 외모는 전혀 매력이 없었다. 그럼에도 오스틴 집안이 절실하게 필요로 하는 조건을 갖추고 있었다. 옥스퍼드대학을 막 졸업했고, 집이 워낙 부자였다. 27살의 오스틴은 부모와 언니 카산드라를 위해 그의 청혼을 받아들여야 했다. 그것이 당시 처녀들의 도덕이었고 한 집안의 딸로서의 의무였다.

그러나 오스틴은 사회적 관습이나 가족의 의무에 얽매이는 성격이 아니었기에 다음 날 청혼을 거절했다. 사랑하지 않으면 결혼하지 않겠다는 의지였다. 가족들은 절망하고 격분했다. 이 이야기를 담은 영화가 앤 해서웨이가 오스틴으로 열연한 2007년 작품 〈비커밍 제인Becoming Jane〉이다.

오스틴의 유산이 남아 있는 초턴마을의 오스틴박물관

유럽 유일의 한인촌인 런던 서부 뉴몰든에서 차로 30분이면 닿는 초턴Chawton에는 오스틴박물관Jane Austen's House Museum이 있다. 원래 오스틴의 오빠 에드워드Edward가 소유한 집이었다. 이곳에서 오스틴은 엄마와 언니 카산드라와 함께 1809년 7월부터 1817년 5월까지 살았다. 이 집에는 오스틴과 관련된 수많은 유품과 수집품이 알차게 전시되고 있어 1년에 약 4만 명이 방문한다. 상당히 큰 2층 건물로 영국이 전성기를 누리던 1700년대 중반의 전형적인 중상층 가정집이다.

영국 최고의 대표적 교외 지역인 햄프셔의 평화로운 들판과 구릉이 펼쳐진 한가운데에 초턴마을이 있다. 영화의 배경으로 손색없는 아름답고 고즈넉한 펍pub과 레스토랑이 있어 주말 오후를 보내기에 안성맞춤이다.

박물관에는 오스틴이 읽었던 책들과 세계 곳곳에서 번역한 오스틴의 소설들이 전시돼 있다. 가구들은 대부분 가족이 소유하던 물건들로 손때와 숨결이 배어나오는 듯 정겹다. 특히 길거리와 맞닿은 창문 옆에 놓인 호두나무 책상은 오스틴이 글을 쓰던 책상으로 옛날 그 자리에 그대로 있다. 창밖을 보면서 글을 쓰던 영국 시골 여인 오스틴의 모습이 떠오른다.

오스틴이 간직했던 보석 3점도 있다. 가장 최근에 수집한 물품은 2012년 경매에 나왔던 금반지이다. 미국 가수 켈리 클락슨Kelly Clarkson이 낙찰받았으나 영국 정부가 역사적 가치를 들어 반출을 금지했다. 영국 법에 의하면 일정 기간 영국 내의 개인(혹은 기관)이 낙찰가에 해당하는 자금을 마련하지 못하면 국외 반출이 가능하다. 다행히 익명의 기부자가 10만 파운드를 제공해 박물관이 소유하고 있다.

〈오만과 편견〉 초판본

오스틴은 이곳에서 주옥같은 작품들을 저술하고 출판했다. 〈이성과 감성〉(Sense and Sensibility 1811년 10월 30일 토머스이거턴 출판), 〈오만과 편견〉(Pride and Prejudice, 1813년 1월 28일, 토머스이거턴), 〈맨스필드 파크〉(Mansfield Park, 1814년 7월 2일, 토머스이거턴), 〈엠마〉(Emma, 1815년 12월 23일, 존머레이)를 이곳에서 완성해 출판했다. 〈노생거 사원〉(Northanger Abbey, 1817년 12월 20일, 존머레이)과 〈설득〉(Persuasion, 1817년 12월 20일, 존머레이)은 사후 출판되었다.

첫 작품집 〈이성과 감성〉은 '어떤 숙녀에 의해By a lady'라는 이름으로 출판되었고, 두 번째 책에는 '〈이성과 감성〉을 쓴 저자가 쓴By the Author of Sense and Sensibility'이라는 저자명이 등장한다. 사후 출판된 〈노생거 사원〉과 〈설득〉에서 처음으로 제인 오스틴이라는 본명이 등장했다.

1938년부터 미국 교과서에 실리기 시작

그 시대에 출판사와 저자의 관계는 대등하지 않았다. 저작권은 작가의 생존 여부에 상관없이 14년까지만 인정했다. 작가는 유명·무명을 막론하고 을z의 위치였다. 더군다나 여류작가라는 직업은 아예 존재하지 않았다. 거의 모든 18세기 영국 여류작가들은 남자 이름을 쓰거나 무명으로 출판하는 상황이었다. 오스틴도 생전에는 자신의 이름으로 출판된 책이 없었다.

더구나 시詩가 본격 문학으로 인정받았고, 소설은 그냥 소일거리 정도로만 여겨졌다. 오스틴이 초턴에 있을 때 발간된 소설들은 판매되는 만큼 출판사가 10%의 인세를 가져가는 식이었다. 출판사가 전액을 내고 출판한 뒤 팔리는 책에서 10%를 가져갔다. 만일 책이 안 팔리면 저자가 책임을 져야 했다.

다행히 초턴 시절 출판된 소설들이 상업적으로 성공해 오스틴은 경제적으로 안정되었다. 그녀 나이 30살에 아버지 조지George 오스틴의 갑작스러운 죽음으로 어려움을 겪던 집안의 형편이 나아지기 시작했다. 오스틴은 41살에 세상을 떠날 때까지 큰 경제적 어려움 없이 가장으로서의 역할을 해냈다.

오스틴이 생전에 가졌던 개인적 감정이나 의견이 많이 남아 있지 않은 이유는 언니 카산드라가 오스틴의 편지 3,000여 장 중에서 160여 장을 남겨놓고 모두 불태웠기 때문이다. 편지에 담긴 세상에 대한 부정적 의견이 어린 조카들에게 나쁜 영향을 미칠까 싶어 편지를 불태웠다.

1800년대 중반부터 영국과 미국에서 오스틴의 소설은 제대로 인정받기 시작했다. 미국에서는 1938년부터 교과서에도 실렸으며, 유명한 작가이자 비평가인 헨리 제임스Henry James에게서 "셰익스피어, 세르반테스와 맞먹는 대문호"라는 평을 받았다.

제6부

영국 여행

'환상의 섬' 시칠리아에서 더 놀란 것

잊을 수 없는 시칠리아 커피와 진짜 이탈리아 피자

정말 감개무량하지 않을 수 없었다. 국민학교(우리 때는 국민학교라 불렀다) 때 소풍 전날 흥분돼 잠이 안 오던 기억이 났다. 2020년 2월 코로나19 사태가 시작된 후 처음으로 해외여행, 그것도 수많은 사람의 버킷리스트인 이탈리아 지중해 시칠리아를 7박 8일 동안 갔다왔다.

　시칠리아 여행은 그 전해 초여름에 갑자기 결정되었다. 유럽 최대 저가항공 이지젯Easyjet의 런던~카타니아(Catania 시칠리아 제2의 도시) 왕복요금이 겨우 47파운드(7만2,850원)밖에 되지 않는다는 것을 알고 그 자리에서 예약했다.

　하지만 시칠리아 여행은 생각보다 쉽지 않았다. 까다로운 절차를 인터넷으로 신청하고 여러 서류를 발급받아야 했다. 비행기 안에 앉기까지 귀찮을 정도로 준비를 많이 해야 했다. 유럽연합EU이 요구하는 승객위치확인서digital Passenger Locator Form: dPLF가 첫 관문이었다. 등록해야 하는 사항도 많고 시칠리아 내 숙소 주소도 모두 등록해야 했다.

　다음이 백신접종 완료 증명서를 영국 국민건강서비스 웹사이트에서 발급받는 일이었다. 이 증명서 발급 절차는 영국 여권 만들기보다 더 어려워

디지털 세대가 아니면 엄청난 공력을 들여야 했다. 그리고 마지막 절차가 코로나19 감염 검사였다. 모든 준비가 끝나 내일 출발해야 하는데 혹시라도 확진 결과가 나오면 어쩌나 걱정했으나 다행히 기우로 끝났다.

모르면 당하는 렌터카 보험료

시칠리아 여행은 카타니아에서 출발해 당일에 섬 반대쪽에 있는 시칠리아 주도 팔레르모Palermo로 올라가 4박한 후 섬 북부를 둘러보고 내려와 카타니아에서 다시 3박하면서 섬 남부를 둘러보는 일정이었다.

카타니아공항에서 렌터카를 빌리면서 현장 추가 요금에 거의 기절할 뻔했다. 출발 전 5인승 폭스바겐 SUV 렌터카 비용이 예상 외로 싸서 이지젯 웹에서 예약했었다. 8일간 추가 운전자 1명을 포함해 165.64파운드였으니 하루에 20파운드(3만3,000원)밖에 안 했다.

그러나 현장에서 '숨은 경비'가 쏟아져 나오기 시작했다. 추가 운전자 1인 요금(42파운드)은 비싸지 않았으나 유럽 메이저 렌터카마다 기본으로 포함된, 사고나 자동차 결함 시 도움을 주는 '로드 어시스턴트' 비용 17.5파운드를 따로 냈다. 덧붙여 인터넷으로는 도저히 찾을 수 없는 'Onere Apt'라는 정체불명의 요금은 무엇인지도 모른 채 30파운드를 냈다.

가장 놀라운 것은 풀옵션 보험비였다. 유럽 렌터카의 기본 보험에는 전손사고 시 보험부보保險付保가 되어 있지만 여기에 아주 큰 함정이 숨어 있다. '초과 부담Excess Charge'이라는 조항이다. 사고가 나면 보험회사에서 보전해주는 금액 외에 운전자가 부담하는 최소한의 금액인데, 이 금액을 렌터카 회사 마음대로 정할 수 있다. 놀랍게도 2,000~3,000파운드나 한다. 조그만 접촉사고가 나서 수리비가 400~500파운드밖에 안 들어도 운전자는 무조건 3,000파운드를 부담해야 한다.

이를 모르고 렌터카 회사에서 주는 계약서에 서명한 후 이탈리아 차와 약간 스치기라도 하면 여행 경비보다 더 큰 금액을 물어내야 한다. 렌터카 회사는 신용카드를 받아 이 금액을 일단 확보해 놓는다. 그리고 사고가 나면 수리비용에 상관없이 무조건 해당 금액을 여지없이 빼간다.

풀옵션 비용(123파운드·20만 원)이 워낙 비싸 약간 투덜댔지만 위험에 대비할 수 있었다는 점에서 좋은 선택이었다. 시칠리아 렌터카 회사의 풀옵션비는 유럽 대형 렌터카 회사의 2~2.5배는 되는 듯했다. 8일간 렌트비로 모두 425파운드(70만원·1일 8만7,000원)가 들었다.

음식값은 영국의 절반

이제 시칠리아 여행을 시작해 보자. 여행을 떠나기 전 이야기를 나눈 거의 모든 사람은 ―이유는 모르지만― 시칠리아에 대한 로맨틱한 환상을 갖고 있었다. 시칠리아에 간다고 했을 때 주변 친지들의 첫 반응 역시 '환상의 섬'에 간다는 것에 대한 질투였다. 어쨌든 만일 누군가 "시칠리아를 언제 여행하면 최적이냐?"고 묻는다면 '지금'이 정답이다.

여전히 이탈리아 음식은 맛있었다. 값도 영국의 반이었다. 일행과 식당에 갈 때면 항상 계산서에 표시될 금액 맞히기 내기를 했다. 거의 모든 식당에서 일행이 예상한 가장 낮은 가격보다 더 싸게 나왔다. 전설의 영화 〈시네마천국〉의 촬영 장소인 체팔루 성당Duomo di Cefalù 광장 앞 해변의 골목 식당에서만 예상한 가격의 거의 2배가 나왔다. 메뉴 제일 아랫단에 보일 듯 말 듯 적힌 '1인당 2.5유로 서비스비'를 놓쳤기 때문이다.

메뉴를 주문받으면서 '감자튀김'을 하겠냐고 묻기에 영국식으로 함께 나오는 요리로 생각하고 오케이했는데 그것도 1인당 2.5유로가 붙었다. 해서 모두 10유로가 추가되었고, 이런 식으로 이것저것 붙여 예상의 거의 2배가 나왔다. 런던 깍쟁이들이 이탈리아, 그것도 시칠리아 시골 식당에서 바가지 쓸 수는 없다는 자존심으로 티격태격한 끝에 20%를 깎았다.

면류족麵類族에게는 이탈리아가 천국이다. '진짜' 이탈리아 스파게티를 맛보려면 인터넷 맛집을 찾아가지 말고 시골 동네 식당을 찾아가야 한다. 그곳이 바로 한국의 기사식당처럼 동네 사람들만 가는 식당이다. 그곳에는 이탈리아인들이 먹는 진짜 스파게티를 만든다.

알카모Alcamo라는 시골 동네에서 우연히 들어간, 가든Garden이라는 생뚱맞게 영어 이름을 붙인 식당에서 맛본 화이트 크림 스파게티는 잊을 수 없다. 메뉴를 보여달라 하자 주방장이 직접 나와 가슴을 두드리면서 서툰 영어로 "내가 메뉴다I am menu"라는 말을 믿고 주문했는데 대성공이었다.

"내가 메뉴다" 시골 식당의 감동

어느 식당에서 손님 중 한 명이 홀에 있던 피아노를 치기에 일행 중 한 명이 런던에서부터 연습한 '오 솔레미오'를 불러 이탈리아인들의 환호와 박수를 받았다. 나오다가 아주 익숙한 장면을 보았다. 문 앞에서 서로 인상 쓰면서 밀고 당기는 두 사람이었다. 처음에는 싸우는 줄 알았다. 알고 보니 서로 돈을 내려 언쟁을 벌이는 중이었다. 이렇게 이탈리아는 한국인과 너무 닮았다. 똑같은 반도이고, 땅 모습이나 자라는 나무들 하며 사람들의 성품도 한국인처럼 다혈질이고 가족 중심이다.

시칠리아 여행에서는 평생 먹은 양보다 더 많은 오렌지를 먹었다. 특히 시칠리아 특산 '피의 오렌지Blood Orange'는 천상의 맛이었다. 40년 전 영국에 처음 와서 이 오렌지를 먹고 충격을 받은 이후 영국에서는 찾으려 해도 쉽게 찾을 수 없어 가끔씩만 접했었다. 시칠리아에 와서야 오랜만에 원없이 먹었다.

이탈리아 국기 색깔을 토마토, 올리브, 모차렐라치즈 색이라고 사람들은 칭한다. 그만큼 세 가지가 이탈리아인의 주식이다. 약간 과장하면 아이 주먹 크기의 시칠리아산 자이언트올리브는 정말 대단하다. 그 맛도 일품이다. 영국에 이탈리아 올리브와 오렌지가 없겠는가마는 이상하게 영국 슈퍼에는 '피의 오렌지'는 물론 보통의 시칠리아 오렌지도 없다. 물론 자이언트올리브도 보기 힘들다. 질투가 강한 이탈리아인들이 자신들이 먹는 음식을 수출하지 않는가 보다라고 생각할 수밖에 없다.

'신들의 계곡'이라 불리는 그리스 신전이 있는 아그리젠토Agrigento 해변 언덕 마을에서는 식당에서 가격 실랑이를 했다. 간단하게 점심을 먹기 위해 정식 식당이 아닌 제과점에 들어가 커피와 빵을 시켜 먹었다. 또 계산서 금액 맞히기 내기를 했다. 접시 크기의 샌드위치 2개, 피자빵 1개, 소프트치즈크림빵 2개, 디저트 도넛 1개, 카푸치노 2잔, 아메리카노 2잔 등 최소 40유로를 예상했다.

계산을 마치고 돌아온 총무는 계속 고개를 갸우뚱했다. 장난기 가득한 표정으로 "얼마일까?" 물었고 우리는 "또 바가지야!" 비명을 질렀는데 대반전이 일어났다. 점심은 고작 13.80유로, 즉 1만8,600원에 불과했다. 서울에서 스타벅스 카페라테 4잔 가격이었다.

"무언가 빼놓고 계산했다"면서 양심적인 한국인의 모습을 보여주어야 한다는 도덕심으로 총무가 계산서를 들고 다시 카운터로 갔다. 종업원이 찬찬히 들여다본 뒤 대답했다. "빠진 것이 없습니다." 그래도 우리는 혹여 주인이 "잠깐만요!" 불러 세울까봐 후다닥 카페를 나왔다.

일생에 한 번쯤 쉬어가는 저녁

시칠리아에서 음식과 관련해 가장 놀란 것은 생선값이 비싸다는 점이었다. 생선도 비쌌지만 특히 굴이 엄청나게 비쌌다. 어시장에서 자그마한 석화 1개가 1유로, 즉 1,350원이었다. 영국도 비싸긴 하지만 이 정도는 아니었다. 이탈리아인 새댁 친정 부모가 한국에 와서 가장 놀란 것이 싼 굴값이었다는 말을 유튜브에서 본 적이 있었는데 실감했다.

여행을 마치고 돌아와 가장 그리운 것은 시칠리아 커피였다. 물론 스파게티, 오렌지, 올리브, 치즈 모두 그립지만 하루에 몇 잔씩 마시던 커피가 가장 그립다. 입맛은 한번 올려놓으면 내릴 수 없다는데 정말 그렇다. 시칠리아의 아메리카노는 딱 영국 아메리카노와 에스프레소 더블샷의 중간 맛이다. 약간 수사적으로 말하면 에스프레소 쪽으로 15% 정도 기운 맛이다. 왜 런던의 이탈리안 레스토랑에서마저 그러한 스파게티와 커피의 맛을 못 내는지 모르겠다.

시칠리아를 돌아본 솔직한 느낌은 '여러 가지가 열악하다'였다. 그래도 옛것을 간직하며 살아가는 모습에 정이 갔다. 시골 도로는 아스팔트를 깐 지 10년도 넘은 듯해서 차는 털털거렸다. 포장도 제대로 안 된 좁은 길을 시칠리아 운전자들은 잘도 달렸다. 그리고 그들은 양보를 모르는 듯했다. 런던에서는 경적 소리를 하루에 한 번 들을까 말까인데 수시로 경적을 울렸다. 처음에는 대단히 짜증났는데 나중에는 그 경적에 두 가지 이유가 있다는 사실을 깨달았다.

자신이 옆으로 지나가니 조심하라는 이유와 빨리 가라는 재촉의 의미였다. 이탈리아에는 좌우 어느 쪽이 우선인지가 없고 양보선도 없다. 먼저 머리를 들이밀면 우선이다. 정말 이탈리아인들은 한국인만큼 참을성이 없

시칠리아의 아름다운 풍광

었다.

시칠리아를 떠나기 전날 마지막으로 들른 타오르미나_{Taormina} 해변 언덕에서는 시칠리아의 제일 큰 매력인 에트나_{Etna} 화산 정상이 보였다. 그리스 신화에 따르면 괴물 티폰이 제우스에 의해 에트나산에 갇혔고, 헤파이스토스의 대장간이 산 아래에 있다는 신비한 전설의 에트나 화산은 떠나기 하루 전날 분화를 시작해 흰 연기가 나고 있었다.

특수차량을 탔음에도 분화구 근처는 가지 못하고 케이블카를 타고 올라가 멀찍이서 보고 내려왔다. 해변 휴양마을 타오르미나 언덕에서 보니 전날 흰색이던 연기가 붉은색으로 바뀌어 올라오고 있었다. 분화가 시작되어 불꽃이 타오른다는 뜻이다. 그날 저녁 한밤중에 본격적으로 화산이 터져 불꽃이 하늘로 터지는 장면이 신문과 TV에 나왔다. 카타니아 공항이 일시 폐쇄되기도 했다. 그래도 하루 전날 갔기에 케이블카를 타고 중턱까지 갈 수 있었다. 하루만 늦게 갔으면 못 올라갈 뻔했다.

7박 8일 동안 여러 곳을 다녔으나 관광지 한 곳만 추천하라면 팔레르모에서 아주 가까운 몬레알레Monreale 언덕 마을을 추천한다. 흡사 다니엘 크레이그의 007 영화 〈노타임 투 다이〉의 자동차 애스턴마틴DBX가 질주하던 이탈리아 바실리카타Basilicata의 마테라Matera 산마을 같다.

아름다운 산골 마을의 골목길과 성당은 고즈넉하다. 그 마을에서 하룻밤 묵으며 조그만 레스토랑에서 촛불을 켜고 이탈리아 와인으로 동네 요리를 즐기면 일생에 한 번쯤 쉬어가는 저녁이 되지 않을까 한다.

<table>
</table>

31 스코틀랜드
'천국의 길'을 아십니까

태고의 원시가 그대로 살아있는 곳

런던에서 출발해 '혁'라는 이상한 이름을 지닌 영국 최북단 해변마을 '텅Tongue'을 돌아오는 긴 여정을 소화했다. 차로 7박 8일 동안 달린 1,970마일(3,152km)의 길은 내가 세상에서 가장 사랑하는 여행 코스 중 하나이다.

이 여행에서는 스코틀랜드 북부인 하이랜드Highland와 서부 해안의 연륙섬 스카이Skye섬이 주 목적지였다. 하지만 욕심을 더 내서 호수지방Lake District과 하워스Haworth가 속한 요크셔도 더했으니 가히 영국 전역을 7박 8일에 섭렵했다 해도 과언이 아니다.

'호수지방'은 산이 거의 없는 잉글랜드에서 유일하게 산과 호수가 있어 영국인들의 해외여행이 일반화되기 전 최애의 휴양지였다. 하

소설 〈폭풍의 언덕〉의 무대인 하워스

워스는 영국 최고의 문학작품 중 하나인 〈폭풍의 언덕〉을 태동시킨 에밀리 브론테Emily Bronte 자매들의 애환이 담긴 곳이다.

이 코스는 한국의 친지들이 오면 기꺼이 핸들을 잡고 이미 여러 번 다녀온 길이다. 또 평소 주위에도 많이 권하는 여행 코스다. 특히 스코틀랜드 북부 하이랜드는 영국에 살려고 오는 친지들에게 "제대로 영국을 보려면 일반 관광지만 다니지 말고 반드시 한번은 하이랜드를 갔다오라"고 강하게 권한다. 이 코스는 짧은 일정으로는 소화가 불가능하다. 시간을 충분히 잡아야 영국의 속살을 볼 수 있다. 7박 8일 일정도 친지들에게 많은 것을 보여주려는 욕심이 지나쳐 다소 무리가 있었다. 최소 9박은 해야 제대로 볼 수 있는 여정이다.

3,000여km를 8일 만에 주파하려면 하루 평균 4시간은 운전해야 한다는 계산이 나오지만 실제는 1.5배 시간이 더 든다. 이 코스 중에서 특히 스카이섬과 하이랜드는 장시간 운전을 계속해야 한다. 1시간을 운전해도 앞뒤에 차 한 대 없는 황량한 벌판이 이어지고 산과 호수만 끝없이 보인다. 대부분의 길이 차 한 대만 다닐 수 있는 좁은 외길이라 앞에서 차가 오면 '통과 대기 장소passing place'에서 기다려야 한다.

귀한 경험을 하기 위해서는 오가는 거리에 비해 시간이 많이 걸린다는 단점을 감안해야 하지만 좁은 시골길 양옆으로 끝없이 펼쳐지는 풍광은 아름답기 그지없다. 사실 이곳의 경치는 아름답다는 차원을 넘어선다. 까마득한 원시시대에서 하나도 변하지 않은 듯한 황량한 벌판, 나무 한 그루, 바위 하나 없는 얕은 풀과 관목만 자라는 민둥산…. 이런 풍경에서는 조물주가 만든 태초의 모습이 주는 숭고함을 느낀다. 셰익스피어의 〈맥베스〉 첫 장면에 나오는 스코틀랜드 마녀 3명이 나타날 듯한 곳이기도 하다.

문명의 빛이 닿지 않는 오지

어느 한 곳도 인간의 손길과 발길이 닿지 않은 풍경을 접하면 인간세상에 이런 곳이 남아 있구나 안도감마저 든다. 하이랜드의 독특한 풍경은 유럽 어디에서도 쉽게 접할 수 없다. 북극에 가까운 시베리아 툰드라 지역에서나 그것도 여름에만 볼 수 있는 풍경이다. 도로를 따라 세워진 눈기둥은 이곳이 겨울이 되면 인간의 발길을 전혀 허용하지 않는 난공불락의 공간이 된다는 사실을 일깨운다.

현재도 텅에서 내려오는 A836 도로는 외길 도로이다. 문명의 빛이 보이는 스티텐햄 코티지Stittenham Cottage까지의 100㎞는 거의 원시세계의 길 같다. 세계 경제 규모 5위의 강국에 이런 오지가 있을까 할 정도로 좁고 험한 도로가 이어진다.

텅에서 남쪽으로 내려오는 유일한 길인 A836 도로를 탈 때 주의사항이 있다. 이 길에는 주유소와 잡화상이 없다. 기름이나 요소수가 떨어지면 큰 소동을 겪게 된다는 점을 꼭 기억해야 한다. 전화가 안 터지는 곳도 부지기수다. 만일 스마트폰으로 목적지를 설정해 길을 찾아간다면 갈림길에서 혼선을 겪는 일도 수없이 마주친다. 지도를 보면서 도로번호와 이름을 적어두는 아날로그식 준비를 해야 한다.

이렇게 하이랜드는 아직도 현대문명의 외곽에 자리 잡고 있다. 바로 그점이 여기에 와야 하는 이유이기도 하다.

잉글랜드인들이 영어 단어 하늘Sky과 연계해 '천국처럼 아름다운 섬'이라 포장하는 스카이섬은 사실 '구름의 섬Island of Clouds'이라는 뜻의 게일어Gaelic가 어원이다. 스카이섬은 기대에 어긋나 약간 실망할 수도 있다. 특히 이미 하이랜드를 거쳐 왔다면 더욱 그렇다. 하이랜드 서쪽 해안에 바짝 붙

하이랜드 서쪽 해안

어 내려왔다면 아마 스카이섬과 비슷한 경치를 많이 보았을 터이다.

　이 길을 달리면 항상 느끼는 것이지만 영국 본토 섬은 여러 면에서 한반도와 비슷하다. 그중에서도 특히 해변의 모습이 똑같다. 굴곡이 심한 해안과 섬을 뿌려 놓은 듯한 모습은 한국의 서해안을 닮았고, 반면 섬이 거의 없고 해안도 민숭민숭한 동해안도 두 나라가 흡사하다.

　팅에서 A836 도로를 따라 서진하면 렉스포드Laxford-A894-울라풀Ullapool-B869-A837-네드Nedd-A835-레드백Ledbeg-가이르로크Gairloch-A832-아흐나쉰Achnasheen-A890-도르네Dorne를 거쳐 스카이섬으로 들어가는 연륙교를 타게 된다. 이 하이랜드 서해안 400km의 길은 천국의 해변을 여행하는 듯한 환상의 길이다. 한반도 서해안처럼 굴곡이 심한 해안을 돌고 돌아 내려오면서 인근 바다에 깔린 섬들을 보는 경치는 정말 대단하다.

천사의 길엔 천사들이 산다

수없이 거치는 바닷가의 조그만 마을들을 보면 "여기서 무얼 하면서 생계를 유지하는지" 묻고 싶을 정도로 호젓하다. 해변 마을의 식당 아무 곳에나 들르면 흐뭇한 하이랜드 인심과 요리의 풍미를 맛볼 수 있다. 우선 스코틀랜드 음식은 양이 잉글랜드의 두 배이다. 거기다가 맛없기로 유명한 잉글랜드와 달리 바다에서 잡아올린 각종 어류와 어패류의 신선도는 물론 요리 솜씨까지 잉글랜드와 비교가 안 된다.

무뚝뚝하고 완고하기까지 한 스코틀랜드인들이 어찌하여 요리를 이렇게 잘하는지 알 수 없다. 예로부터 스코틀랜드는 '적'의 '적'인 프랑스와 친했으니 그럴 수도 있다는 엉터리 추측도 할 정도로 스코틀랜드 요리는 모두 감동의 연속이었다.

만일 누구라도 아침에 텅에서 출발해 서해안을 따라 내려온다면 다음 행선지를 정하지 말고 여유롭게 여행하라고 권한다. 저녁이 되면 아무 마을 식당에나 들러 요리를 즐기면 된다. 주인에게 근처의 호텔이나 민박집B&B을 물어보면 하룻밤 편하게 묵을 수 있다. 손님이 많은 여름 시즌철에도 그들은 어떻게 해서라도 방을 구해 줄 것이다.

우리 일행도 이러한 친절을 경험했다. 텅을 떠나 얼마 안 되어 디젤엔진에 필수인 요소수를 채우라는 경고등이 들어왔다. 런던에서 요소수를 채우고 출발했는데 반환점인 텅 근처에서 떨어진 것이다. 인근 60~70㎞에는 요소수를 파는 대형 주유소가 없었다. 더구나 시간도 저녁 7시라 그때까지 장사를 할 동네 잡화상도 없었다.

할 수 없이 전에 한번 묵고 식사도 했던 텅 유일의 호텔에 들러 직원에게 도움을 청했다. 전형적 스코티시Scottish 미인인 그녀는 한 곳을 알고 있다며 직접 전화를 걸었으나 재고가 떨어졌다는 소식을 전해주었다. 이제 여기서 열심히 내려가도 세인트앤드루스 인근 도시 던디Dundee까지 가려면 거의 400km를 5시간 걸려 가야 했으니 아찔한 상황이었다. A836 도로에는 100km를 달리는 동안 주유소는 물론 인가도 없다. 가다가 허허벌판에서 차가 멈추면 밤을 새워야 할 판이다.

그런데 천사 같은 호텔 아가씨가 갑자기 영감이 떠올랐는지 어딘가로 전화를 했다. 환한 웃음을 짓고는 바로 아래 무인 주유소 뒤에 자동차 서비스센터가 있는데 요소수가 있다는 것이었다. 쌀쌀맞은 잉글랜드인과 달리 스코틀랜드인들은 생면부지 여행객들에게도 이런 친절을 베푼다.

그렇게 해서 당초 자정쯤 도착하려던 목표 지점에 새벽 3시에 도착했다. 그날 점심과 휴식 2시간을 빼면 스카이섬에서 하이랜드 서해안을 돌고 도는 800km를 16시간 동안 운전하는 귀한 경험을 했다. 다행인 것은 텅에서 요소수를 채우고 저녁 10시 무렵 출발했는데도 북극에 가까워서인지 해가 지지 않았다는 점이다. 밤 12시가 되어서야 해가 졌다. 마침 보름달에서 이틀밖에 지나지 않아 밤길도 환했다. A836의 100km를 한밤중에 2시간 달리는 동안 지나치는 차를 단 1대 보았을 뿐이다. 환한 달빛이 비치는 길 양옆의 허허벌판은 태고의 신비를 간직한 듯했다.

스코틀랜드가 자연을 누리는 값은?

이렇게 낭만적으로 묘사해도 이 여행길은 잠시도 긴장을 늦출 수 없는 난코스이다. 대부분의 길이 들판을 가로지르고 있어 편안하게 경치를 감상하면서 갈 수 있지만 때때로 천길 낭떠러지가 내려다보여 오금이 저리는 고갯길을 만난다. 이러한 풍경은 한번 경험하면 도저히 잊을 수 없다.

삶에 지칠 때면 머릿속으로라도 다시 찾아가 위로를 받고 싶어진다.

보통 스코틀랜드 여행은 에든버러에서 시작한다. 그러나 런던에서 에든 버러까지의 700㎞를 하루 만에 주파하기에는 너무 멀다. 중간에 한 번도 안 쉬고 달려도 10시간이 걸린다. 그래서 대개 중간에 호수지방을 넣는다. 이번에도 영국 낭만파 시인들, 일명 호수파Bards of the Lake라 불리는 시인들의 발자취가 남아 있는 호수지방을 다시 찾았다.

이곳은 아름다운 호수와 산 경치 외에도 찾아야 할 이유가 분명하다. "하늘의 무지개를 볼 때마다 내 가슴 뛰느니"라고 시작하는 '무지개'의 시 인 윌리엄 워즈워스William Wordsworth가 살았던 아담한 도브코티지Dove Cottage 등이 발길을 잡기 때문이다. 그뿐 아니라 이곳에서 그리 멀지 않은 곳에 어린이 그림동화 〈피터 래빗Peter Rabbit〉의 작가 베아트릭스 포터Beatrix Potter의 기념관 힐탑Hill Top도 있다.

호수지방의 호수 중에서도 가장 아름답다는 버터미어Buttermere를 보고 한두 군데 더 호수와 동네 마을들을 찾다보면 어느덧 한나절이 지나간다. 이제는 진짜 에든버러로 길을 떠나야 한다. 에든버러로 올라가는 스코틀 랜드 남부 로랜드Lowland의 완만한 구릉지대를 거치는 고속도로 경치도 인 상적이다. 산도 호수도 없이 그냥 들판과 구릉만 이어지는 잉글랜드는 별 다른 관광자원이 없다. 그래서 스코틀랜드인들이 잉글랜드인들을 까는 유머가 있다.

조물주가 스코틀랜드를 만들고 나서 주위 신하들에게 자랑했다.

"봐라! 저 스코틀랜드의 수려한 자연과 용맹스럽기 그지없는 남자들, 아름답고 부지런한 여인들, 그리고 맛있기로는 따라올 술이 없는 위스키 까지… 내가 봐도 자랑스럽다!"

그러자 옆의 신하들이 항의했다.

"잉글랜드에 비하면 너무 스코틀랜드를 편애하시는 것 아닙니까?"

조물주는 다른 말없이 간단히 말했다.

"이웃 잉글랜드인들을 봐라!"

악한으로 유명한 잉글랜드인들을 옆에 두어 고통을 두고두고 받게 했다는 뜻이다.

이제 잉글랜드인들이 지상의 천국이라 믿는 스카이섬으로 들어가 보자. 우선 여름에 스카이섬에 들어가면 한국에서 깔따구 혹은 각다귀라 부르는 스코틀랜드 날벌레cotland midge를 조심해야 한다. 눈에 잘 보이지 않는 작은 날벌레인데 수백 마리가 순식간에 달려들어 쏜다. 특히 머리칼 밑을 집중 공격해 아주 혼이 난다. 최소 일주일은 피부가 부풀어 오르면서 고통스럽다. 반드시 목까지 내려오는 모자로 머리를 덮어쓰고 마스크를 써야 한다.

죽기 전에 반드시 아일러섬

제주도보다 조금 작은 스카이섬은 매우 아름다운 경치를 간직하고 있으나 진가를 맛보려면 트레킹을 해야 한다. 차로 후다닥 하루에 돌면 가치를 못 느끼는 섬이다. 트레킹을 하지 않더라도 진가를 알 수 있는 곳이 더 있다. 끝에 등대가 있는 네이스트포인트Neist Point이다. 왕복 5km를 굳이 걸어갈 필요 없이 주차장에서 멀리 바라만보아도 경치를 즐길 수 있다.

스코틀랜드에서 한 곳만 더 가보고 싶은 곳을 묻는다면 대답은 아일러Islay섬이다. 이 섬은 스카치위스키 산지 5곳(스페이 사이드, 하이랜드, 로랜드, 캠벨타운, 아일러섬) 중 하나로 아일러 싱글몰트Single malt를 생산한다. 싱글몰트 위스키 중에서도 보리를 말릴 때 쓰는 토탄土炭에 의한 그을음 향기로 인해 가장 스모키smoky하다는 평을 듣는다.

만일 스코틀랜드 싱글몰트 위스키에 특별한 관심이 있다면 에든버러 성 앞의 위스키 익스피리언스Whiskey Experience에 들르면 된다. 전문가들이 말해주는 5가지 싱글몰트 위스키 이야기를 듣고 직접 냄새를 비교해보고 그 자리에서 맛보면 많은 것을 배우게 된다. 일본 작가 무라카미 하루키는 아일러 싱글몰트를 '갯내음'이 난다고 평했다. 아일러섬 사람들은 갯벌 냄새smell of the tideland marsh라고도 한다.

천국과 지옥이 동시에…
발칸반도 1,000㎞ 여행기

하나의 나라가 7개 나라로 갈라지면 벌어지는 일들

동족을 해친다는 동족상잔同族相殘이라는 말은 있어도 가깝게 살던 이웃을 해친다는 뜻의 근린상잔近鄰相殘은 없다. 그걸 보면 예로부터 이웃을 해치는 일은 특별한 일이 아니었을지 모른다. 이제는 한 세대가 지나 일반인들 기억에서조차 이미 희미해졌을 엄청난 살육의 현장들을 찾았다.

1990년대 초 발칸전쟁이 벌어졌던 크로아티아, 보스니아-헤르체고비나, 몬테네그로, 알바니아 등 발칸 4개국을 2주간 여행하면서 계속 머릿속에 떠오르던 말이 바로 근린상잔이었다.

발칸의 마을들은 아름다웠다. 멀리서 보면 흡사 바위에 붙은 따개비 같은 붉은 지붕과 흰 벽의 집들이 늘어선 평화로운 풍경이다. 그런 마을에서 이웃이 이웃을 죽이는 처참한 비극이 벌어졌다는 사실을 여행 내내 믿을 수 없었다. 아름다운 아드리아Adriatico의 리비에라Riviera 해안도 슬픔을 품고 있어 왠지 애잔해 보였다.

이탈리아 반도의 동해안과 발칸반도의 서해안 사이가 남북 800㎞의 아드리아 바다이다. 그 2/3를 훑었다. 크로아티아 관문인 두브로브니크Dubrovnik를 출발해 길쭉하게 펼쳐져 있는 크로아티아 해안을 따라 트로지르Trogir까지 올라갔다가 다시 남쪽으로 내려와 보스니아-헤르체고비나로 들어갔다. 거기서 몬테네그로와 알바니아를 여행하고 다시 크로아티아로 들어와 두브로브니크에서 영국으로 돌아오는 1,000㎞의 여정이었다.

그 길에서 아름다운 풍경을 숱하게 접했지만 특히 크로아티아 두브로브니크에서 트로지르까지의 해변길은 눈을 뗄 수 없는 절경이었다. 동

아드리아 바다

화책에나 나올 법한 집들이 즐비한 해변 마을들은 눈에 담지 않고는 그냥 지나칠 수 없었다.

아드리아해는 2주 동안 제대로 된 파도를 본 적이 없을 정도로 잔잔했다. 바다인지 호수인지 헷갈릴 정도로 얌전한 바다였다. 그런 바닷가 언덕에 세워진 붉은 기와지붕과 흰 벽의 주택들은 그야말로 그림 같다.

바닷가 언덕 위 흰 벽의 마을로는 그리스 산토리니가 워낙 유명하지만 아드리아 해변의 마을들 역시 산토리니 못지않다. 아드리아해는 바다뿐 아니라 산까지 품고 있어 더 이채롭고 다양하다. 게다가 연중 300일은 화사한 햇살이 비춘다.

동화책에나 나올 법한 집들과 풍경

발칸반도는 한국에서도 새로운 관광지로 떠오르는 지역이다. 어디를 가도 한국어가 들린다. 심지어는 크로아티아의 두브로브니크 공항 면세점 화장품 코너 중간에 크로아티아 특산 천연화장품 설명 안내판이 있는데, 첫 줄이 한글이었다. 영어보다 2배 크기로 한글 안내문이 적혀 있었다. 두브로브니크 올드시티에서도 한국인 관광그룹 서너 팀을 만났다.

사실 한국인에게만 늦게 알려졌을 뿐 발칸반도는 원래 서유럽인들에게는 인기 관광지였다. 특히 지금은 7개 국가로 갈라진 유고슬라비아연방은 티토Josip Broz Tito 대통령이 다른 동유럽과 달리 독자적 개방 노선을 택한 덕분에 유럽인들이 자유롭게 여행할 수 있었다. 여행비용이 저렴한 휴양지로도 유명했었다.

1982년 영국에 처음 왔을 때만 해도 유럽의 다른 관광지에 비해 유고는 물가가 저렴해 꼭 가보고 싶은 마음이 굴뚝같았었다. 특히 베네치아에서 오스트리아 빈으로 올라가는 내내 오른쪽 도로 이정표에 유고로 향하는 표지판이 이어져 있었기에 호기심을 자극했다. 그때 유고는 사회주의 국가로 분류되어 있어 언감생심이었지만!

'정말 더럽게 싸다'

전통적으로 유럽인들에게 유고는 지중해의 햇빛과 그 햇빛이 만들어낸 포도주를 가장 싸게 즐길 수 있던 휴양지였다. 지금은 가격이 많이 올랐으나 아직도 런던 물가에 비하면 '정말 더럽게 싸다'라는 뜻의 'steal'(훔친다)이 실감난다. 예를 들어 바닷가 고급 레스토랑에서 마을 앞바다에서 금방 잡은 오징어 6마리로 만든 요리는 2명이 먹어도 푸짐했다. 마늘을 많이 넣은 발칸의 오징어 요리는 한국인 입맛에 딱이었다. 여기에 탄산수 1병, 디저트, 영국 커피보다 2배는 더 진한 커피 한 잔을 모두 합해 17유로(2만 3,800원)밖에 안 받았다. 런던 같았으면 최소 35~40파운드(5만6,000~6만 4,000원)는 지불했을 것이다.

발칸반도는 유럽 대륙 어디와 비교해도 아직 때를 덜 탄 곳이다. 상인들도 야박하게 굴지 않는다. 크로아티아의 한 호텔에서 시장을 가기 위해 "안전하냐?"고 물으니 직원은 별소리를 다 들어본다는 표정을 지었다. 그러면서 "물건 살 때 반드시 깎으라"고 조언했다. 아직도 유럽에서 가격 실랑이를 할 수 있는 나라가 있다는 것이 놀랍다. 거기다가 발칸반도는 이제 안전하다. 싼 물가, 안전, 경치를 모두 갖추고 있으니 관광지로 인기를 끌 수밖에 없다.

발칸반도는 서방과 동방의 중간에 위치하고 있다. 기독교 문화권인 유럽으로 봐서는 무슬림 튀르키예가 항상 노리는 최전방이었다. 그래서 늘 유럽 역사의 중심에 있었다. 멀리는 1400년대 오스만제국의 점령으로 시작해 1914년 1차대전 패전으로 영토를 내놓기 전까지 500년 동안 발칸반도는 유럽이 아니었다. 2차대전 후에는 제대로 불붙기 시작한 냉전으로 발칸반도 국가들은 다시 한번 고통을 당한다. 그러다가 소련이 해체되던 1990년부터 독립의 불길이 거세지기 시작한다.

특히 1991년 3월 크로아티아의 유고연방으로부터의 독립 선언 이후 발칸에는 그야말로 지옥문이 열렸다. '발칸의 화약고Balkan Powder Keg'라는 말이 무색하지 않게 유고연방공화국 내의 지방 공화국과 종족들끼리의 살육전이 10년간 이어졌다. 2001년 유럽연합EU의 공습을 비롯한 서방의 적극적 참전으로 막을 내릴 때까지 발칸반도는 '지하의 지옥보다 더한 지상의 지옥'으로 변했었다. 그 역사의 현장들이 반도 여기저기에 아직 펼쳐져 있다. 지나치기 쉽기 때문에 반드시 의식적으로 찾아다녀야 한다.

수많은 학살 중 그나마 기록이 남아 있는 것들만 나열해도 현기증이 날 정도이다. 달, 부코바르, 로바스, 에르투트, 슈카 부르나, 크바르, 시로카 쿨리, 사보르스크, 크라비카, 키야니, 골로빅, 그리고 가장 큰 학살이 이루어진 스레브레니차Srebrenica 등이 있다. 특히 이곳에서는 8,000명 넘는 무슬림 민간인이 세르비아인 민병대에게 살해되었다.

올드브릿지 마을의 학살박물관

보스니아-헤르체고비나의 모스타르Mostar에는 올드브릿지Old Bridge라는 아름다운 다리가 있다. 이 다리에서 다이빙 대회도 열린다. 그런데 이 고풍스럽고 아름다운 동네에 학살박물관이 있다. 박물관의 전시품과 사진은 맨정신으로 볼 수 없을 정도로 잔인하다. 막연한 오해와 편견으로 인한 증오로 인간이 얼마나 잔인해질 수 있는지를 그대로 보여준다.

1918년 창설된 유고연방공화국은 1992년 해체되었다. 해체될 당시 유고 인구는 2,353만 명이었다. 지금은 7개국으로 갈라져 국경을 넘을 때면 비수기인 3월에도 거의 30분~1시간을 허비해야 하는데, 관광 성수기인 여름이 되면 3~4시간이 걸린다. 그러하기에 옛 유고 국민 중 상당수가 과거 유고연방을 그리워한다.

국제사회에서 현재 발칸 각국들이 받는 지위와 대접 등을 생각하면 그럴 만도 하다. 유고 국가 7개 중 크로아티아와 슬로베니아만 EU 국가이고 나머지는 EU 가입 절차를 밟고 있거나 신청 중이다. 이들 발칸 국가의 생활수준은 발표된 숫자보다 훨씬 낫다. 1인당국내총생산 기준으로는 슬로베니아 5만2,000달러, 크로아티아 4만 달러 등 한국보다 더 부유한 나라도 있다. 그 뒤로 몬테네그로 2만7,000달러, 세르비아 2만5,700달러, 북마케도니아 2만1,000달러, 보스니아-헤르체고비나 1만800달러, 코소보 1만5,000달러이다.

숫자로는 한국보다 분명 아래인데 한국보다 못 산다는 느낌을 받지 못했다. 생활 물가가 서유럽보다 저렴하고 특히 주택가격은 반값도 안 된다. 이들 국가의 집 크기는 영국보다 2배는 크다. 그 덕분인지 행복지수도 뒤지지 않는다.

특히 알바니아는 과거 유고연방 국가도 아니지만 겉보기보다 훨씬 더 잘산다는 느낌을 받았다. 주거 환경은 한국의 아파트보다 더 좋아 보였다. 1인당국내총생산이 5,000달러가 안 되는데도 여유가 있고 표정들이 밝았다.

이제는 일상이 된 인종과 종교의 혼재

발칸 국가들을 돌아보면서 느낀 점은 하나의 민족이 단일 국가로 독립한다는 것이 왜 중요한가 하는 의문이었다. EU에서 국경과 국가의 존재 자체가 희미해지는 것을 보면서 과연 정치인들이 주장하는 민족과 독립이 실제 국민들의 삶에 얼마나 중요한지 명확하게 따져봐야 한다는 생각이 들었다. 정치인들의 이기심과 선동에 놀아나 국민들이 부화뇌동하면 발칸 국가들처럼 이웃 간의 살육전이 벌어질 수 있다.

다행히 2001년 이후 평화가 유지되고 있다. 어느 곳에서건 긴장의 분위기나 후유증은 보이지 않는다. 전쟁 무렵 어렸던 30대 이하 세대는 당시를 직접 기억하지도 못한다. 이제 다시는 그런 참상이 일어나지 않을 것이라고 30대 중반 현지 가이드는 강조했다. 무슬림 국가인 보스니아에 가톨릭 성당이 있고 가톨릭 국가인 크로아티아에 무슬림 옷차림의 사람들이 다니는 것을 보면 이제 종교와 인종의 혼재는 일상이 되었다.

유령도시 사이프러스는 어떻게 관광지가 되었나

지중해의 분단국가 사이프러스에는 슬픈 역사가 있다

14박 15일 일정으로 지중해 섬나라 북사이프러스를 다녀왔다. 믿기지 않을 정도로 매력적 일정과 가격이어서 여행 충동을 막기 힘들었다. 왕복 항공권과 가이드가 딸린 1주일 버스투어가 포함된 15일 여행 경비가 249파운드(약 39만 원)라니 믿기는가.

더구나 투어가 끝나면 나머지 7일을 코발트색 지중해 바다가 내려다보이는 바닷가 5성급 호텔에서 공짜로 묵게 해주는 조건이었다. 런던 출발 조건으로 35파운드(약 5만 원), 날짜 지정 비용으로 60파운드(약 9만 원)를 추가해 모두 344파운드(약 55만 원)를 지불했지만 이해가 가지 않는 싼 가격이었다.

사이프러스에서도 지중해 섬들의 지난한 역사를 느끼고 볼 수 있다. 무엇보다 사이프러스에서는 주변 강대국의 입김에 의해 분단된 비극의 역사를 접할 수 있다. 1974년 터키(튀르키예)의 침공으로 분단되어 50년간 분단 상태가 이어지고 있다.

사이프러스 섬은 제주도(1,846㎢)의 5배 크기(9,251㎢)인데 한국처럼 남북으로 분단되어 있다. 북부는 튀르키예의 영향에 있고, 남부는 그리스 영향권이다. 공식적으로 남부는 사이프러스공화국Republic of Cyprus이고 북부는 북사이프러스튀르키예공화국Turkish Republic of Northern Cyprus이라 부른다. 북공화국은 전 세계에서 튀르키예만 국가로 인정한다. 2004년 5월 EU 회원국으로 가입되었는데 EU법에는 북부도 포함되었으나 튀르키예 지배에 있다는 이유로 회원국 혜택을 전혀 못 받는다.

미의 여신 아프로디테가 탄생한 사이프러스

보통 한반도를 세상에 마지막 남은 분단국가라 말한다. 좀 심하게 이야기하면 이는 무식의 소치다. 아마도 가장 유명했던 분단국가인 동·서독과 남·북 베트남이 통일된 후 모두 그렇게들 알고 있다. 그러나 세상에는 분단국가가 아직도 많다. 그중 하나가 아일랜드이다. 아일랜드 역시 한국처럼 강대국인 영국의 이기심 때문에 분단되었다. 그다음이 아직도 분쟁 중인 북아프리카 수단이며, 세 번째는 사이프러스다.

사이프러스는 지중해 안의 섬이다. 지중해는 유럽과 아프리카, 아시아의 3대륙으로 둘러싸인 바다이다. 그래서 지중해 안의 모든 섬에는 세 대륙 문명의 흔적이 살아있다. 세상에서 가장 복잡한 문화와 역사가 혼재되어 매력적인 역사의 현장이다. 사이프러스에는 페니키아, 아시리아, 이집트, 페르시아, 로마, 비잔틴, 아랍, 잉글랜드 사자왕, 십자군, 베네치아공화국, 오스만제국, 영국 등 강대국의 부단한 침탈을 받은 비운의 역사를 지니고 있다.

고대 역사에 의하면 사이프러스는 원래 그리스 소속이었다. 사이프러스 바다에서 미의 여신 아프로디테가 탄생했다. 그러다가 1571년 오스만 투르크가 섬을 점령해 1878년 영국이 실질적 지배를 하기까지 300년간 터키 지배를 받았다. 1878년 러시아-터키 전쟁에서 터키가 패전국이 되면서 영국이 실질적 지배자가 되었다. 그 이후 1912년 영국보호령British protectorate이, 1922년에는 대영제국의 왕령 식민지crown colony가 되었다. 그러다가 1960년 8월 16일 영국으로부터 독립했다. 영국은 사이프러스 안의 두 개 지역에 영국군 독립기지UK Sovereign Base Areas: SBAs를 두는 조건으로 독립을 허용했다.

사이프러스는 대영제국 시절 지중해 입구의 지브롤터, 몰타와 함께 최고의 군사기지 역할을 했다. 이곳을 기점으로 영국은 북아프리카, 중동, 인도, 동남아 식민지들을 경영했다. 또한 이 섬들은 러시아의 남진정책을 저지하는 '그레이트 게임'의 전초기지였다. 지금도 65km 밖의 시리아에 있는 러시아군과 리비아, 이라크, 레바논을 한꺼번에 감시·관찰하는 기지 역할을 한다.

미의 여신 아프로디테

'피의 성탄절' 유혈사태

현재 남북으로 분단된 사이프러스의 두 민족 공동체는 오스만투르크 지배 시절에는 큰 긴장 없이 공존했다. 그러다가 영국 지배 때 두 공동체가 각각 독립운동을 벌이면서 긴장이 생겨났다. 영국도 지배를 쉽게 하기 위해 '분할과 통치'를 구사해 두 공동체 사이에 반목을 부추기기도 했다. 특히 섬 인구의 3/4을 점하는 그리스계가 그리스와 합병하자는 에노시스 Enosis 운동을 벌이면서 두 공동체는 공존이 불가능해졌다.

그리스계의 독립운동에 위협을 느낀 터키계는 영국 지배가 계속되기를 원했다. 그러나 1960년 영국으로부터 독립했다. 두 공동체는 한 지붕 두 가족의 공동정부와 의회를 구성했으나 언제든 터질 수 있는 시한폭탄이었다. 독립 후 20여 차례에 이르는 크고 작은 유혈사태가 벌어졌으며, 1963년 '피의 성탄절Bloody Christmas'이 가장 상징적이다. 364명의 터키계와 174명의 그리스계가 사망했으며, 2만 5,000명의 터키계는 살던 마을을 떠나 동굴로 피난갔다. 그 사이에 터키계 마을은 그리스계 폭도들에 의해 약탈당했다. 이를 계기로 사이프러스 정부에 터키계 참여가 없어졌고 두 공동체는 영원히 돌아올 수 없는 강을 건넜다.

1963년 유엔 안보리는 유엔평화유지군을 파견해 1964년부터 수도 니코시아Nicosia에 주둔하면서 활동을 시작했다. 그러던 와중에 친그리스계가 일으킨 쿠데타가 1974년 일어난다. 쿠데타 5일 뒤 터키계를 보호한다는 명목으로 터키군이 바다를 건너 북사이프러스를 침공해 사이프러스의 36%를 차지하고 현재에 이르렀다. 이후 북부는 그리스계 15만 명을 남부로 추방했고, 남부는 터키계 6만 명을 북부로 추방했다.

침공 시 터키군이 진군을 멈춘 곳에 한반도의 비무장지대DMZ와 같은 유엔 완충지대UN buffer zone가 생겼다. 사이프러스 남북을 가르는 이 경계선을 '그린라인'이라 부른다. 그린라인은 수도 니코시아 중심을 지난다. 시내 한복판 가장 번잡한 상가 골목 끝에 국경을 건너는 초소가 있다. 그렇기에 니코시아는 유럽의 유일한 분단 수도이다.

분단된 북사이프러스는 1983년 남부와의 통일을 포기하고 독립선언을 하면서 북사이프러스튀르키예공화국이 되었다. 문제는 튀르키예 외에는 전 세계 어느 국가도 국가로 승인하지 않는다는 점이다. EU는 회원국인 사이프러스공화국과 그리스의 반대에도 북사이프러스와 교역하기 위해 노력을 계속하고 있다. 현재로서는 남·북 사이프러스의 통일은 요원하다. 두 민족 간 유혈의 기억이 워낙 선명해서다.

급히 피난 떠난 마을이 관광지로

남·북 사이프러스 비극의 상징이 북사이프러스 해변도시 파마구스타 Famagusta 바로샤 Varosha 지역에 있다. '유령도시'라 불리는 6.19km^2의 철조망 쳐진 지역이다. 1974년 터키 침공 때 급히 피난을 떠난 그리스계 주민 4만여 명의 집 4,000여 채가 48년간 빈 채로 무너져가고 있다.

버려진 마을의 집에는 흡사 주인이 외출 나간 듯 식탁에는 아직도 접시와 수저가 놓여 있다. 옷장에는 옷들이, 책장에는 책들이 꽂힌 채 낡아가고 있다. 워낙 터키군이 휘몰아치며 쳐들어오는 바람에 집주인들은 귀중품도 제대로 챙겨나갈 수 없었다. 그래서 마을 곳곳에 보석들이 숨겨져 있다는 소문도 있다. 현재 남부에 사는 그리스계 주민들은 이곳을 자유롭게 왕래한다.

튀르키예 정부는 바로샤의 전성기를 다시 만들어보려 시도 중이다. 2020년 에도르안 Recep Tayyip Erdoan 튀르키예 대통령의 방문으로 시작된 개방정책 이후 관광객들에게 아주 매력적 장소로 떠올랐다. 길도 재포장하고 관광객들에게 마을이 개방되면서 약 20만 명이 다녀갔다. 만일 한반도에서도 남북이 통일되면 휴전선의 비무장지대가 바로샤처럼 대단한 관광자원이 될 듯하다.

1960~70년대에 바로샤와 인근 파마구스타는 유럽에서 유명한 관광지였다. 서구의 유명인사들이 휴양하고 이곳에 별장을 가지고 있었다. 엘리자베스 테일러와 리처드 버튼 부부를 비롯해 영화배우 라켈 웰치, 브리지트 바르도 등이 이곳에 개인 별장을 가지고 있었다. 여름이면 스타들이 쉬어가는 유럽 최고의 휴양지였다. 폴 뉴먼이 1960년 영화 〈엑소더스〉를 촬영하면서 휴식을 취한 곳이라고 파마구스타 가이드는 자랑한다.

주택뿐 아니라 해변에 즐비한 고층 고급호텔도 지금은 모두 비어 있다. 튀르키예와 북사이프러스 정부는 이를 수리해 관광자원으로 사용하고 싶어 하지만 그리스계와의 재산소유권 문제로 쉽게 손을 댈 수 없다. 튀르키예가 EU 회원국이 되지 못하는 이유는 독재, 인권, 사형제도, 종교뿐 아니라 이 사이프러스 문제도 큰 부분을 차지하고 있다.